Vade Mecum für Unternehmenskäufe

Ulrich Blum · Werner Gleißner · Peter Nothnagel
Michael A. Veltins
(Hrsg.)

Vade Mecum für Unternehmenskäufe

Herausgeber
Ulrich Blum
Martin-Luther-Universität Halle-Wittenberg
Halle, Deutschland

Center für Ökonomik der Werkstoffe
Halle, Deutschland

Werner Gleißner
Future Value Group AG
Leinfelden-Echterdingen, Deutschland

Peter Nothnagel
Wirtschaftsförderung Sachsen GmbH
Dresden, Deutschland

Michael A. Veltins
LSV Rechtsanwalts GmbH
Frankfurt, Deutschland

ISBN 978-3-658-20754-0   ISBN 978-3-658-20755-7 (eBook)
https://doi.org/10.1007/978-3-658-20755-7

Die Deutsche Nationalbibliothek verzeichnet diese Publikation in der Deutschen Nationalbibliografie; detaillierte bibliografische Daten sind im Internet über http://dnb.d-nb.de abrufbar.

Springer Gabler
© Springer Fachmedien Wiesbaden GmbH, ein Teil von Springer Nature 2018
Das Werk einschließlich aller seiner Teile ist urheberrechtlich geschützt. Jede Verwertung, die nicht ausdrücklich vom Urheberrechtsgesetz zugelassen ist, bedarf der vorherigen Zustimmung des Verlags. Das gilt insbesondere für Vervielfältigungen, Bearbeitungen, Übersetzungen, Mikroverfilmungen und die Einspeicherung und Verarbeitung in elektronischen Systemen.
Die Wiedergabe von Gebrauchsnamen, Handelsnamen, Warenbezeichnungen usw. in diesem Werk berechtigt auch ohne besondere Kennzeichnung nicht zu der Annahme, dass solche Namen im Sinne der Warenzeichen- und Markenschutz-Gesetzgebung als frei zu betrachten wären und daher von jedermann benutzt werden dürften.
Der Verlag, die Autoren und die Herausgeber gehen davon aus, dass die Angaben und Informationen in diesem Werk zum Zeitpunkt der Veröffentlichung vollständig und korrekt sind. Weder der Verlag noch die Autoren oder die Herausgeber übernehmen, ausdrücklich oder implizit, Gewähr für den Inhalt des Werkes, etwaige Fehler oder Äußerungen. Der Verlag bleibt im Hinblick auf geografische Zuordnungen und Gebietsbezeichnungen in veröffentlichten Karten und Institutionsadressen neutral.

Gedruckt auf säurefreiem und chlorfrei gebleichtem Papier

Springer Gabler ist ein Imprint der eingetragenen Gesellschaft Springer Fachmedien Wiesbaden GmbH und ist ein Teil von Springer Nature
Die Anschrift der Gesellschaft ist: Abraham-Lincoln-Str. 46, 65189 Wiesbaden, Germany

Vorwort

Das vorliegende Handbuch schließt das sogenannte Headquarter-Projekt ab, das beginnend mit dem Jahr 2012 am Lehrstuhl für Wirtschaftspolitik und Wirtschaftsforschung der Martin-Luther-Universität Halle-Wittenberg durchgeführt wurde. Ziel war es, im Rahmen der Untersuchung „*Wirtschaftspolitische Strategien zur Kompensation bzw. zum Überwinden der Headquarterlücke – eine M&A-Build-Strategie für Sachsen-Anhalt*" Vorschläge zu unterbreiten, wie das Unternehmenswachstum in den östlichen Bundesländern, insbesondere auch in Sachsen-Anhalt, nachhaltig gestärkt werden kann. Ein Schwerpunkt war dabei das Herausarbeiten von Strategien, die es ermöglichen, Unternehmen durch eine mittelständische Fusion oder Übernahme zügig zu einem Größenwachstum zu verhelfen. Dieses erlaubt es, die Globalisierung leichter zu bewältigen und die zum Teil sehr hohen Wachstumshindernisse, die sich aus institutionellen Gründen ergeben, zu überwinden. In seinen verschiedenen Kapiteln stellt dieses Buch die Werkzeuge zum Führen eines „Unternehmenskaufbuches" und zum Abwickeln einer Übernahme bereit. Es enthält alle wesentlichen Elemente, die ein Unternehmer benötigt, um seinen Willen zum Wettbewerb auf breiter Ebene zu realisieren und damit seinen Erfolg in einer globalen Wirtschaft zu verstetigen.

Die Verfasser danken dem Land Sachsen-Anhalt für die großzügige Förderung des Projekts. Eine Vielzahl von Institutionen hat zum Gelingen dieses Projekts entscheidend beigetragen, hierzu zählen Unternehmen, mit denen gemeinsame Workshops durchgeführt wurden, Wirtschaftsförderer, Mitarbeiter von Banken sowie interessierte politische Entscheidungsträger. Ihnen allen sei vielmals gedankt. Zudem danke ich im Namen der Herausgeber den an der Entstehung des Werks Beteiligten für Ihr Engagement und ihre Disziplin, die in einer Anfangsfassung von Frau Claudia Lubk und Frau Christin Varchmin, in der Endfassung von Frau Anja Seifert, Frau Margit Gröbke und Herrn Felix Seifert redaktionell organisiert bzw. umgesetzt wurde.

Halle
im Frühjahr 2018

Die Herausgeber

Inhaltsverzeichnis

1	**Einleitung: Der Wille zum Wachstum**................................		1
	Ulrich Blum		
	Literatur..		9
2	**Der Unternehmenskauf**		11
	Werner Gleißner, Michael A. Veltins, Claudia Lubk und Laura Mahl		
	2.1	Matching zwischen Unternehmenskäufer und -verkäufer............	11
		2.1.1 Weshalb sind das Matching und das Führen eines Kaufbuches relevant?.................................	11
		2.1.2 Welche Theorien, Modelle und Konzepte gibt es in der Literatur?..	12
		2.1.3 Folgen für die Wachstumsstrategie und das Kaufbuch	13
	2.2	Grundlegender Ablauf eines Unternehmenskaufs....................	14
		2.2.1 Einführung..	14
		2.2.2 Hintergründe für Unternehmenskäufe.....................	14
		2.2.3 Folgen für die Wachstumsstrategie	15
	2.3	Ziele des Kaufs und Potenziale der Mehrwertgenerierung	16
		2.3.1 Positive und negative Synergien eines Unternehmenskaufs ...	16
		2.3.2 Theorie des ökonomischen Unternehmenswerts	17
		2.3.3 Bewertung von Wachstumsstrategien – die Methodik........	18
		2.3.4 Folgen für die Wachstumsstrategie	20
	2.4	Kommunikationsstrategien im M&A-Prozess.......................	20
		2.4.1 Zwingend erforderliche interne und externe Kommunikation.....................................	20
		2.4.2 Modelle und Theorien	22
	Literatur..		26
3	**Finanzierung**		29
	Werner Gleißner und Anja Seifert		
	3.1	Die Bedeutung der Finanzierung.................................	29
	3.2	Modelle und Theorien	30

	3.3	Finanzierungsgrenzen und Risiko	31
	3.4	Finanzierungsinstrumente	35
		3.4.1 Eigenkapitalbasierte Finanzierungsinstrumente	36
		3.4.2 Fremdkapitalbasierte Finanzierungsinstrumente	36
		3.4.3 Mezzaninkapitalbasierte Finanzierungsinstrumente	37
	3.5	Beispielhafte Förderangebote von KfW und SAB	37
		3.5.1 Kreditanstalt für Wiederaufbau	38
		3.5.2 Sächsische Aufbaubank	38
	3.6	Folgen für die Wachstumsstrategie	39
	Literatur		40

4 Risikogerechte Beurteilung: Unternehmenswert und Rating ... 43
Werner Gleißner, Björn Feldmann und Clemens Fuhrmeister

	4.1	Zusammenhänge: Rating, Risikomanagement, Finanzkennzahlen, Unternehmensstrategie und Wert	43
	4.2	Rating	44
		4.2.1 Die Bedeutung des Ratings	44
		4.2.2 Modelle und Theorien	46
		4.2.3 Folgen für die Wachstumsstrategie	59
	4.3	Unternehmensbewertung und Bewertung der Akquisition	60
		4.3.1 Die Bedeutung der Unternehmensbewertung	60
		4.3.2 Modelle und Theorien	61
		4.3.3 Risikogerechte Bewertung von strategischen Handlungsoptionen	62
		4.3.4 Vom Ertragsrisiko zum Unternehmenswert als Performancemaß	64
		4.3.5 Folgen für die Wachstumsstrategie	66
	Literatur		67

5 Die Ausgestaltung des Kaufvertrags ... 71
Michael A. Veltins

	5.1	Geheimhaltungsvereinbarungen *(Non Disclosure Agreements)*	71
	5.2	Absichtserklärung *(Letter of Intent)*	72
	5.3	Vertragsverhandlungen	73
	5.4	Risikoprüfung *(Due Diligence)*	74
	5.5	Unternehmenskauf von Wirtschaftsgütern *(Asset Deal)*	77
	5.6	Unternehmenskauf von Beteiligungen *(Share Deal)*	78
	5.7	Besondere Vertragsklauseln	79
		5.7.1 Kaufpreis und Unternehmensbewertung	79
		5.7.2 Garantie und Gewährleistungen	79
		5.7.3 Stichtag des Unternehmensübergangs	80
		5.7.4 Rechtswahlklausel und Rechtsweg	81
	Weiterführende Literatur		82

6	**Humankapital und menschliche Interaktion**		85
	Claudia Lubk und Laura Mahl		
	6.1	Humankapital, Face-to-Face-Gruppen.	85
		6.1.1 Die Bedeutung von Humankapital und persönlichen Kontakten.	85
		6.1.2 Modelle und Theorien	86
		6.1.3 Folgen für die Wachstumsstrategie	86
	6.2	Mitarbeiter als „Ultimate Resource" und Quelle des Wachstums	87
		6.2.1 Die Bedeutung der Mitarbeiter als zentrale Ressource	87
		6.2.2 Die Bedeutung der Führung.	88
		6.2.3 Modelle und Theorien	89
		6.2.4 Folgen für die Wachstumsstrategie	91
	6.3	Loyalität.	92
		6.3.1 Die Bedeutung von Loyalität im Unternehmen.	92
		6.3.2 Modelle und Theorien	93
		6.3.3 Folgen für die Wachstumsstrategie	93
	Literatur.		93
7	**Technologie und Innovation**.		97
	Ulrich Blum, Julia Grüber, Claudia Lubk und Marc Schmid		
	7.1	Verwendungsoffene Technologien und Zukunftsinnovationen	97
		7.1.1 Die Bedeutung verwendungsoffener Technologien.	97
		7.1.2 Modelle und Theorien	98
		7.1.3 Folgen für die Wachstumsstrategie	99
	7.2	Kritische Ressourcen und Technologien	100
		7.2.1 Die Bedeutung kritischer Ressourcen und Technologien	100
		7.2.2 Modelle und Theorien	100
		7.2.3 Folgen für die Wachstumsstrategie	104
	7.3	Nachhaltigkeit	105
		7.3.1 Die Bedeutung von Nachhaltigkeit für die Unternehmen	105
		7.3.2 Modelle und Theorien	105
		7.3.3 Folgen für die Wachstumsstrategie	106
	7.4	Intellektuelle Eigentumsrechte.	107
		7.4.1 Die Bedeutung intellektueller Eigentumsrechte	107
		7.4.2 Modelle und Theorien	108
		7.4.3 Folgen für die Wachstumsstrategie	108
	Literatur.		109

8 Der Wettbewerb ... 113
Ulrich Blum, Werner Gleißner, Christiane Henckel und Marc Schmid

- 8.1 Wettbewerbsfaktoren und -strategien ... 113
  - 8.1.1 Die Bedeutung von Wettbewerbsfaktoren und -strategien ... 113
  - 8.1.2 Modelle und Theorien ... 115
  - 8.1.3 Folgen für die Wachstumsstrategie ... 118
- 8.2 Strategiedimensionen, Strategisches Fitting und strategische Repositionierung ... 120
  - 8.2.1 Strukturierte Beschreibung einer Strategie: Strategiedimensionen ... 120
  - 8.2.2 Modelle und Theorien ... 127
  - 8.2.3 Folgen für die Wachstumsstrategie ... 129
- 8.3 Time to Market und Positionierung am Markt ... 129
  - 8.3.1 Die Bedeutung der Geschwindigkeit der Markteinführung, der Positionierung und des Lebenszyklus ... 129
  - 8.3.2 Modelle und Theorien ... 130
  - 8.3.3 Folgen für die Wachstumsstrategie ... 133
- Literatur ... 134

9 Die Wirtschaftsregion ... 137
Ulrich Blum, Björn Feldmann, Isabelle Jänchen, Claudia Lubk und Marc Schmid

- 9.1 Absatzweite und Produktivität ... 137
  - 9.1.1 Die Bedeutung von Absatzweite und Produktivität ... 137
  - 9.1.2 Modelle und Theorien ... 138
  - 9.1.3 Folgen für die Wachstumsstrategie ... 138
- 9.2 Cluster ... 139
  - 9.2.1 Die Bedeutung von Clustern ... 139
  - 9.2.2 Modelle und Theorien ... 139
  - 9.2.3 Folgen für die Wachstumsstrategie ... 142
- 9.3 Führungsfunktionen ... 143
  - 9.3.1 Die Bedeutung von Führungsfunktionen ... 143
  - 9.3.2 Modelle und Theorien ... 143
  - 9.3.3 Folgen für die Wachstumsstrategie ... 146
- 9.4 Der standörtliche Mehrwert für den Staat ... 146
  - 9.4.1 Die Bedeutung von Standortrente und Besteuerung ... 146
  - 9.4.2 Modelle und Theorien ... 149
  - 9.4.3 Folgen für die Wachstumsstrategie ... 157
- Literatur ... 157

10	Der wirtschaftspolitische Rahmen		163
	Ulrich Blum, Björn Feldmann und Peter Nothnagel		
	10.1	Die Wettbewerbsordnung	163
		10.1.1 Die Bedeutung des Ordnungsrahmens	163
		10.1.2 Modelle und Theorien	164
		10.1.3 Folgen für die Wachstumsstrategie	165
	10.2	Die konkrete wirtschaftspolitische Ausfüllung des Ordnungsrahmens	165
		10.2.1 Die Bedeutung der Wirtschaftspolitik	165
		10.2.2 Modelle und Theorien	166
		10.2.3 Folgen für die Wachstumsstrategie	168
	10.3	Wirtschaftsförderung als Partner	169
		10.3.1 Organisation der Wirtschaftsförderung in Deutschland und den Bundesländern	169
		10.3.2 Instrumente der staatlichen Wirtschaftsförderung in Deutschland	170
		10.3.3 Erfolgsfaktoren für staatliche Wirtschaftsförderung	171
	Literatur		175

Checkliste A: Der Weg zum erfolgreichen Unternehmenswachstum 179

Checkliste B: Der Weg zur fundierten Entscheidung 183

Checkliste C: Der Weg zum rechtssicheren Unternehmenskaufvertrag 189

Abbildungsverzeichnis

Abb. 1.1	Operative Operationen im Kontext einer Headquarterstrategie	3
Abb. 1.2	Unternehmensübergaben nach Größenklassen in Deutschland, 2014 bis 2018	3
Abb. 1.3	Entwicklung der pro-Kopf-Wirtschaftsleistung in Deutschland	5
Abb. 1.4	Exporttätigkeit vs. Exportfähigkeit	6
Abb. 2.1	Einzelrisiken im Jahresabschluss mittels Monte-Carlo-Simulation	19
Abb. 3.1	Auswirkung der Umsatzrendite auf den möglichen Verschuldungsgrad	33
Abb. 3.2	Rendite-Risiko-Linie der Finanzierungsinstrumente für M&A	37
Abb. 4.1	Zusammenhänge zwischen Risiko, Kapitalkosten, Rating und Wert	45
Abb. 4.2	Finanzrating	51
Abb. 4.3	Qualitative und quantitative Merkmale des externen Unternehmensratings	53
Abb. 4.4	Rendite-Risiko-Profil	63
Abb. 6.1	Die Sinus-Milieus in Deutschland	87
Abb. 6.2	Transfer des identitätsorientierten Markenverständnisses auf den Personalbereich	89
Abb. 7.1	Ressourcenbasierte Sicht und nachhaltige Wettbewerbsvorteile	101
Abb. 7.2	Entwicklungsdynamik und institutionelle Stabilität bei Unternehmen	102
Abb. 7.3	Verbindungen zwischen den Dimensionen nachhaltiger Entwicklung	106
Abb. 7.4	Pyramide der Corporate Social Responsibility	107
Abb. 8.1	Der Kontext der Formulierung von Wettbewerbsstrategien	114
Abb. 8.2	Exemplarische SWOT-Matrix	115
Abb. 8.3	Drei Strategien	117
Abb. 8.4	Charakterisierung des relevanten Marktes	119
Abb. 8.5	Mit 14 Dimensionen die Unternehmensstrategie transparent darstellen	125
Abb. 8.6	Das Future Value™ Konzept	127

Abb. 8.7	Wettbewerbskräfte und ihr Einfluss auf die Unternehmensstrategie	132
Abb. 8.8	Das gleichzeitige Verfolgen von Differenzierung und niedrigen Kosten	133
Abb. 9.1	Gliederung der Agglomerationseffekte	139
Abb. 9.2	Grundstrukturen eines regionalen Innovationssystems	141
Abb. 9.3	„Hot-Spot"-Wachstum im Gegensatz zu Nicht-„Hot-Spot"-Wachstum	142
Abb. 9.4	Organisationsform in Abhängigkeit von Unternehmensgröße und Produkt	144
Abb. 9.5	Geografische Verteilung der Top-500-Unternehmen Deutschlands in 2012	151
Abb. 9.6	Durchschnittliche Hebesätze der Gewerbesteuer 2013	152
Abb. 9.7	Gewerbesteuer pro Kopf	153
Abb. 10.1	Institutionen der Wirtschaftsförderung am Beispiel des Freistaats Sachsen	169
Abb. 10.2	Die wesentlichen drei Förderkategorien für Unternehmen	171

Tabellenverzeichnis

Tab. 2.1	Dialogplattformen und Informationswege bei M&A-Transaktionen	22
Tab. 2.2	Phasen des Kommunikationsprozesses	23
Tab. 4.1	Rating und Insolvenzwahrscheinlichkeit (PD)	48
Tab. 4.2	Übersicht Finanzkennzahlen eines Finanzratings	49
Tab. 4.3	Qualitatives Branchenrating	54
Tab. 4.4	Erfolgspotenziale	55
Tab. 4.5	Das Risikoinventar	58
Tab. 4.6	Plausibilisierung und Adjustierung des Finanzkennzahlenratings durch das qualitative Rating	59
Tab. 4.7	Rating in Abhängigkeit von Risiko und „Roh-Rating"	59
Tab. 6.1	Strategien zur organisationalen Identifikation	91
Tab. 7.1	Chancen und Gefahren der Technologieabgrenzung	99
Tab. 9.1	Wachstumsschwellen in Unternehmen	145
Tab. 9.2	Bedeutung der Steuerarten für deutsche Gemeinden 2012	148
Tab. 9.3	Verteilung der Gewerbesteuerzahlung auf Gewerbebetriebe und Betriebsstätten	155

Einleitung: Der Wille zum Wachstum

Ulrich Blum

Warum sollen Unternehmen wachsen? Die übliche Antwort darauf lautet: Stagnation bedeutet Rückschritt, und Rückschritt langfristig Austritt aus dem Markt. In der Tat findet sich dieser Sachverhalt besonders in wettbewerbsumkämpften internationalen Märkten wieder. In lokalen, durch die Nachfrage und die Transportkosten begrenzten Märkten existieren Schutzzonen, weshalb der Wettbewerb dort oft gemäßigter abläuft; dann ist die Härte der Konkurrenz nicht zwingend.

Vor rund 50 Jahren hat der Bericht des Clubs von Rom das Interesse an wirtschaftlichen Wachstumsprozessen geschärft, weil sie in der Regel ressourcenbeanspruchend sind. Damit entsteht eine Verbindung zur langfristigen Überlebensfähigkeit der Ökosysteme. Tatsächlich wurden die Lebensgrundlagen des Menschen in den entwickelten Ländern eher verbessert, oft aber ging dies zulasten der Schwellen- und der Entwicklungsländer – weniger wirtschaftlich, denn die Lebensbedingungen haben sich auch für die dort lebenden Menschen verbessert, sondern viel mehr politisch durch das Stabilisieren autoritärer Regime. Unterschätzt wurden seinerzeit die Fähigkeiten zur Substitution infolge veränderter Knappheitsgrade, und tatsächlich haben sich viele prognostizierte Grenzen des Wachstums als nicht stichhaltig herausgestellt.

Wachsen zu können ist eine Eigenschaft biologischer Systeme, die entweder aufblühen oder absterben. Stagnation ist damit eine begrenzte Phase und eigentlich ein Rückschritt. Unternehmen sollen und wollen wachsen, um ihr Marktumfeld zu gestalten, Macht zu entfalten, eine Mission zu erfüllen – hierfür gibt es vielfältige Gründe. Wachsen

---

U. Blum (✉)
Martin Luther Universität Halle-Wittenberg;
Center für Ökonomik der Werkstoffe, Halle, Deutschland
E-Mail: ulrich.blum@wiwi.uni-halle.de; ulrich.blum@imws.fraunhofer.de
URL: http://wipofo.wiwi.uni-halle.de; http://www.materials-economics.de

bedeutet nicht Verschwendung, und gerade über den Markt gesteuerte Knappheitsimpulse verhindern die *„Überausbeutung"*, tragen bei zu intelligenten und innovativen neuen Produkten oder Verfahren.

Nicht zu wachsen kann bedrohlich werden, wenn sich der Markt ändert und passende Antworten auf neue Herausforderungen fehlen. Dann entwickeln sich im Kontext der bekannten Schumpeterschen *„schöpferischen Zerstörung"* Konkursgeschäfte, die zum Ausscheiden von Marktteilnehmern führen. Im großflächigen Maßstab ist der Staatssozialismus hieran im Wettbewerb der Systeme gescheitert; Insolvenzen im Mittelstand wie auch bei Großunternehmen beleuchten die Relevanz dieses Scheiterns auf einzelwirtschaftlicher Ebene. Wie schwer es fällt, aus diesem Zusammenbruch heraus nachhaltige Strukturen zu schaffen, zeigen die neuen Länder, die seit nunmehr über 15 Jahren den relativen Abstand zum Wohlstand der alten Bundesrepublik nicht verringern konnten. Ein Problem dabei ist ein unterschiedlicher Internationalisierungsgrad auf der Absatzseite, ein anderes sind fehlende Führungszentralen. Beides hängt miteinander zusammen, doch für den Ausbau der vorhandenen Kompetenzen infolge einer hohen Internationalisierung auf der Importseite und einer materialwissenschaftlichen Kompetenz fehlte bisher der politische Wille. Dies zu ändern ist eine gemeinsame Aufgabe von Unternehmensführung und Wirtschaftspolitik.

Unternehmen wachsen, wenn ihre Erträge größer als ihre Kosten sind. Gute Standorte sind daher in der Lage, ihre Stückkosten systematisch zu reduzieren, und ein kluger Staat stellt Bedingungen bereit, die ebenfalls kostensenkend wirken – denn er kann im internationalen Wettbewerb von mobilen Unternehmen nur die Steuern abschöpfen, die unterhalb der Standortrente liegen, also dem Ertrag, den er selbst durch gute Institutionen gewährleistet. Wachstum bedeutet auch, dass Unternehmen jungen Menschen eine Entwicklungschance bieten. Stagnation erzwingt individuelles Verharren.

Das Ausbilden von Führungszentralen, also Unternehmen mit einer relevanten Größe und Leitungsfunktionen, kann auf zwei Wegen erfolgen: durch Neuansiedlungen, z. B. durch Standortverlagerungen bestehender Unternehmen aus anderen Regionen, oder durch die Weiterentwicklung bestehender Unternehmen. Weiterentwicklungen bestehender Unternehmen können entweder organisch, also aus dem Unternehmen heraus, oder anorganisch, d. h. durch die horizontale oder vertikale Integration von Wertschöpfungsstufen, die bisher außerhalb des Unternehmens gelagert waren, entstehen (siehe Abb. 1.1).

Die Börsenzeitung (2015) weist darauf hin, dass das Betreuen der Unternehmensnachfolge im Mittelstand erhebliches Potenzial für Banken bietet, weil allein bis 2017 rund 580.000 Führungswechsel zu organisieren sind. Analysen des Instituts für Mittelstandsforschung in Bonn geben ein nach Größenklassen differenziertes Bild (siehe Abb. 1.2).

Die staatliche Förderung von Headquarterstrategien kann z. B. durch Technologie-, Infrastruktur-, Wirtschafts- oder Finanzierungsförderung stattfinden. Gerade das Interesse des Staats an dem Erfolg dieser Maßnahmen ist überragend, existiert doch eine direkte Rückkopplung auf die fiskalische Leistungsfähigkeit (Blum et al. 2015).

1 Einleitung: Der Wille zum Wachstum

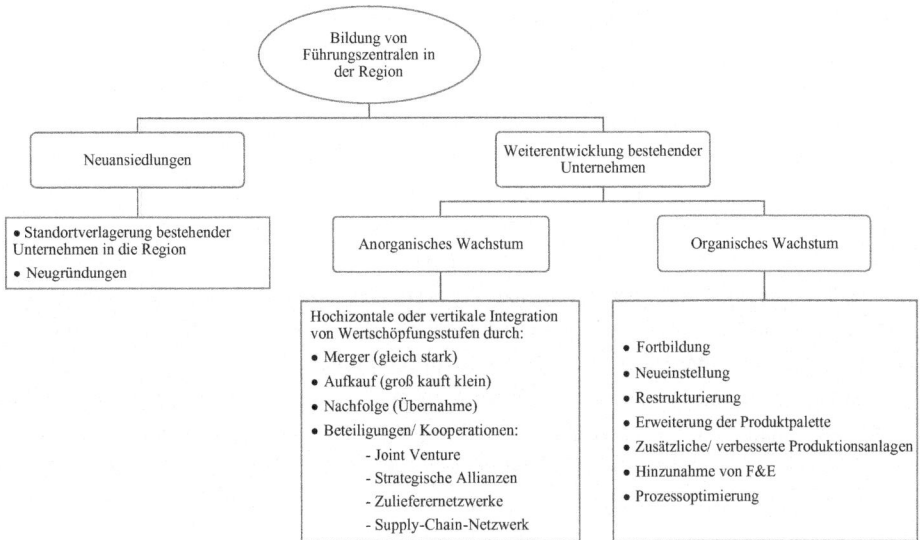

Abb. 1.1 Operative Operationen im Kontext einer Headquarterstrategie. (Quelle: Eigene Darstellung)

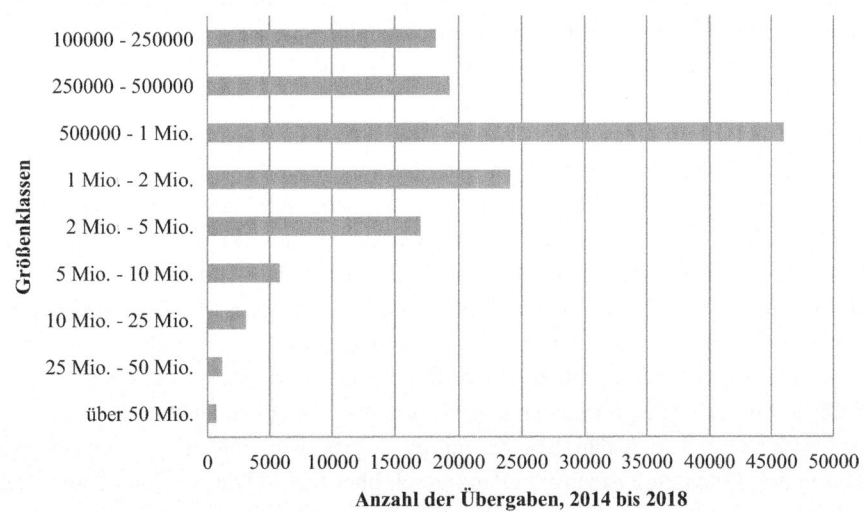

Abb. 1.2 Unternehmensübergaben nach Größenklassen in Deutschland, 2014 bis 2018. (Quelle: Eigene Darstellung nach Frankfurter Allgemeine Zeitung 2015)

In diesem Vade Mecum werden die Wachstumsbarrieren expliziter und impliziter Art dargestellt, um zu verdeutlichen, wie eine Headquarter-Strategie sowohl von den Unternehmen als auch seitens des Staates realisiert werden kann. Ziel ist es, die Entwicklungshindernisse zu überwinden, die gerade beim Übergang von Kleinstunternehmen zu kleinen und mittleren Unternehmen entstehen. Angesprochen werden gleichermaßen

Fragen der Unternehmensstrategie wie der Wirtschaftspolitik, damit verbunden die wichtigsten rechtlichen Rahmensetzungen. Als unternehmerischer Mittelstand werden dabei solche Unternehmen bezeichnet, die nicht große (anonyme) Kapitalgesellschaften sind, oft im Familieneigentum stehen und häufig von unabhängig wirtschaftenden Unternehmerpersönlichkeiten geleitet werden. Wie der Economist (2015) berichtet, profitieren Familienunternehmen von nachhaltigem Wirtschaften, Langzeitorientierung und Reduzierung des Problems Informationsasymmetrie, das bei Kapitalgesellschaften zwischen Eignern und Management natürlich gegeben ist. Dadurch verschwanden sie nicht mit dem Aufkommen großer, globaler Konzerne – eher im Gegenteil. Rund 33 % der US-Unternehmen und sogar rund 40 % der deutschen und französischen Unternehmen mit Umsätzen über einer Mrd. US-$ werden von Familien kontrolliert.

Dieses Buch richtet einen klaren Fokus auf die ostdeutsche Wirtschaft, weil Ostdeutschland auch 25 Jahre nach der Herstellung der deutschen Einheit in den wesentlichen Kennzahlen im Vergleich zum Westen noch um 20–30 Prozentpunkte hinterherhinkt (Institut der deutschen Wirtschaft 2015) und eine globale Ausrichtung des Mittelstands ebenso wenig verfolgen konnte wie die Familienorientierung. So liegt die Wirtschaftsleistung je Einwohner bei 67 %, je Erwerbstätigem bei 76 % des Westniveaus. Pro Einwohner liegen die Einkommen bei rund 81 % des Westens – die Differenz von 19 Prozentpunkten muss durch Transfers gedeckt werden. Die Lohnstückkosten liegen immer noch knapp über dem des westdeutschen Durchschnitts, und auch der Kapitalstock weist noch Lücken auf. Die Beschäftigung in Forschung und Entwicklung liegt etwa bei der Hälfte des Westens, die Arbeitslosigkeit ist über 50 % höher. Die Quote der Selbständigen liegt um sechs Prozent höher als im Westen, was darauf hinweist, dass die durchschnittliche Größe selbständiger Unternehmen unter der des Westens liegt – und das begründet die Problemlage, die diese Schrift aufgreift. Die folgende Abbildung verdeutlicht die Problematik: Nach einer scheinbar beachtlichen Wachstumsentwicklung in den 90er Jahren kommt Ostdeutschland heute nicht über eine „70 %-Ökonomie" im Verhältnis zum Westen hinaus (vgl. Abb. 1.3). Einer der wesentlichen Gründe dafür ist die fehlende Dichte an Unternehmenszentralen, nicht nur von Großkonzernen, sondern auch von global tätigen Mittelständlern. Tatsächlich schließt der Aufholprozess an den früheren Wachstumspfad der DDR aus den 50er und 60er Jahren an, wie die Abbildung unten belegt.

Die fehlende Leistungsfähigkeit macht es erforderlich, dauerhaft Transfers vom Westen in den Osten zu leisten, die ursprünglich über den Solidarpakt und den Solidarzuschlag aufgebracht werden sollten (den allerdings auch der ostdeutsche Steuerzahler bezahlt). Das hat aber erhebliche Einflüsse auf die regionale Preisbildung. Die massive Abwanderung von Erwerbstätigen hat in den vergangenen 25 Jahren in Westdeutschland geholfen, eine erhebliche Fachkräftelücke zu schließen. Das hat allerdings beträchtlich dazu beigetragen, die Last des Aufbaus zu schultern. So stieg in Deutschland im Zuge der Einheit die gesamtstaatliche Verschuldung von 1991 bis 2007 um 20 Prozentpunkte auf etwa 62 %; die Weltwirtschaftskrise machte infolge der Maßnahme, staatliche wirtschaftliche Puffer zu finanzieren, in den fünf folgenden Jahren ebenfalls eine Erhöhung der Schuldenquote um 20 Prozentpunkte erforderlich. Trotzdem steht Deutschland besser

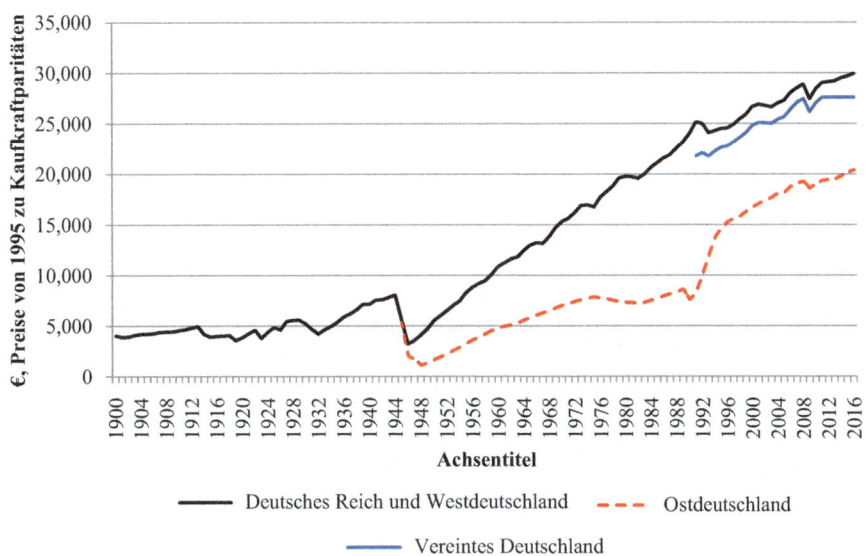

Abb. 1.3 Entwicklung der pro-Kopf-Wirtschaftsleistung in Deutschland. (Quelle: Blum 2013a)

da als seine Nachbarn. Gründe dafür sind sicher auch die Produktionsleistung Ostdeutscher im Westen und die Anstoßeffekte des Exports westdeutscher Güter in den Osten, die durch Steuereinnahmen einen Teil der Lasten aufgefangen haben. Inzwischen dürften diese beiden Quellen des Wachstums im Westen die Kosten für die Transfers aufwiegen.

Grundlegende strukturelle Probleme bestehen besonders im kleinteiligen Unternehmensbesatz, der unmittelbar auf die Siedlungs-, Agglomerations- und Clusterstruktur durchschlägt. So ist der Nachholbedarf ostdeutscher Regionen gegenüber dem Westen umso größer, je entwickelter diese sind, was völlig konträr zur üblichen Vorstellung ist, dass vorrangig die Metropolen des Ostens aufgeholt haben. Das wird in einer Analyse zum Status der wirtschaftlichen Entwicklung des Ostens verdeutlicht, weshalb auch durchaus die Frage gestellt werden kann, ob die bisherige Aufbaupolitik zielgerichtet und nachhaltig war (Blum et al. 2011).

Ein weiteres Aufbauhindernis stellt möglicherweise die Wirtschaftsförderung selbst dar, die stark auf die Exportorientierung setzt, die aber oft nur durch überkritisch große Unternehmen bewerkstelligt werden kann. Die starke Material- und Rohstoffkompetenz im Osten, die sich auch in der Vorleistungsorientierung ausdrückt, bleibt dabei auf der Strecke.

Tatsächlich stellt sich die Frage, ob ohne erhebliche Veränderung der Größen- und der Gruppenstruktur, also der Verteilung der Unternehmensgrößen über die gesamte Wirtschaft, überhaupt eine nachhaltige Veränderung der Lage möglich ist. Plakativ kann man die Exportfähigkeit der Unternehmen und ihre Exporttätigkeit in vier Quadranten aufteilen (vgl. Abb. 1.4). Vor allem die Kategorien im nordwestlichen und südöstlichen Quadranten verdienen ein erhöhtes Augenmerk. Möglicherweise besitzen die *„Zauberer"*

Abb. 1.4 Exporttätigkeit vs. Exportfähigkeit. (Quelle: Eigene Darstellung)

Kernkompetenzen, die bisher wenig in den Fokus der Öffentlichkeit gelangt sind (sog. *Hidden Champions*). Die „*Aschenputtel*" wiederum stehen möglicherweise vor strukturellen Problemen, die genau durch eine mittelständische M&A-Initiative gelöst werden könnte.

Die Wirtschaftskrise und die Maßnahmen zur Euro-Rettung haben schließlich das Zinsniveau auf eine Größenordnung reduziert, bei der die relativen Preise von Arbeit und Kapital extrem verschoben sind. Je höher der relative Preis von Arbeit ist, desto mehr lohnt sich der Kauf von Unternehmen; Kapital ist dabei allenfalls ein erforderliches Beiwerk und Schmiermittel. Deshalb sind ostdeutsche Unternehmen beliebte Übernahmekandidaten von westlichen und internationalen Investoren – oft von Unternehmen, die eine technologische Lücke schließen wollen. Damit verliert die Region jedoch das Potenzial, langfristig weltmarktfähige Unternehmen aufzubauen. In den Gründerjahren der Bundesrepublik Deutschland war das genau umgekehrt. Damals war Kapital knapp und Arbeit das verfügbare Residuum, notwendig erleichtert durch die massive Zuwanderung sogenannter Gastarbeiter. Damit war es lohnend, neue Unternehmen zu gründen. Denn das „Befüllen der Fabrikhallen" mit Personal fiel nicht besonders schwer. Auch führt die heutige Lage zu einer strukturellen Benachteiligung beim Aufbau der ostdeutschen Wirtschaft.

Wachstum ist nicht alles, denn es existiert eine interessante Gruppe von Unternehmen, die nicht wachsen wollen, obwohl sie eigentlich wachsen könnten. In diese Diskussion werden Firmen, denen die Finanzierungsmöglichkeiten fehlen nicht einbezogen, denn das kann durch eine entsprechende strategische Ausrichtung behoben werden. Um welche Unternehmen handelt es sich und weshalb können sie im Rahmen einer Aufbaustrategie trotzdem von Interesse sein?

1. Die erste Gruppe bildet eine Vielzahl sehr zyklischer Unternehmen, beispielsweise hochinnovative Baustofffirmen, auf die die konjunkturellen Wirkungen stark durchschlagen, weshalb der regelmäßige Personalaufbau und -abbau zur Firmenentwicklung zählt. Hier geht man mit Investitionen in das Wachstum vorsichtig um, weil man den nächsten Abschwung bereits am Horizont zu erkennen glaubt.
2. Eine zweite Gruppe stellen die Unternehmen aus Luxusbranchen (oder auch aus der Investitionsgüterindustrie, wenn es sich um Hidden Champions handelt) dar. Luxus und Exklusivität sind nur über Knappheit aufrechtzuerhalten, weshalb hier auch gerne Märkte für Plagiate entstehen. Diese müssen aber nicht unbedingt schädlich sein, weil die Bekanntheit des Produkts steigen kann, wenn es gelingt, die Vernichtung des Plagiats zum richtigen Zeitpunkt öffentlichkeitswirksam (beispielsweise durch das Überrollen tausender Luxusuhren durch eine Dampfwalze) zu inszenieren.
3. Die dritte Gruppe findet ihre Wachstumsbarrieren durch begrenzte (regionale) Märkte; diese sind quasi natürlich bei lokalen Gütern (z. B. Wohnungsvermietung), aber auch bei überregional handelbaren Gütern, die tatsächlich aber nicht über den lokalen Bereich hinaus geliefert werden. Diese Unternehmen sind ebenfalls typisch für die ostdeutsche Wirtschaft, besonders dann, wenn es Schwellenprobleme gibt, die zu überwinden erhebliche (irreversible und versunkene) Kosten verursacht. Hier steht die (regionale) Nachhaltigkeit, beispielsweise bei Unternehmen der Ernährungs- und Getränkeindustrie, oft ganz deutlich im Zentrum.
4. Schließlich spielen in einer vierten Gruppe familiäre Bindungen und Beziehungen, insbesondere die familiäre Firmenphilosophie, eine Rolle für eine satisfiszierende, auf Expansion verzichtende Entwicklungsstrategie. Einfluss hat oft auch der Standort in einer Region mit begrenztem Arbeitskräftepotenzial.
5. In eine fünfte Gruppe fallen solche Unternehmen, die aufgrund gesetzlicher Regulierungen am Wachstum kein Interesse haben; sie sind Opfer des sogenannten Regulierungsrisikos und Regulierungsversagens.

Der Themensetzung folgend wird im zweiten Kapitel dieses Buches der vom Staat gesetzte Handlungsrahmen für Unternehmenswachstum und Unternehmenszusammenschlüsse betrachtet, insbesondere der Ordnungsrahmen und die Bedeutung der Wirtschaftsförderung, auf die auch im Kontext der standörtlichen Bedingungen, also der Wirtschaftsregionen, Bezug genommen wird. Diese äußern sich besonders in leistungsfähigen Clusterstrukturen. Weiterhin werden Führungsfunktionen einbezogen, die gleichermaßen unternehmens-, regional- aber auch branchentypische Eigenschaften besitzen und deren Beachtung, vor allem nach der strategischen Entscheidung eine operativ erfolgreiche Integration der Fusion zu bewerkstelligen, wichtig ist.

Technologie und Innovation sind die Kernstücke einer Aufbaustrategie, weshalb die nötigen Technologien, die kritischen Ressourcen, die erforderliche Nachhaltigkeit und besonders die Geschwindigkeit des Handelns, um Märkte zu erschließen, betrachtet werden. Daran schließt sich die Frage an, welche Bedeutung die Beschäftigung, insbesondere das Humankapital, das inzwischen tatsächlich zu einem wesentlichen Engpass der

Wachstumsentwicklung wird, hat. Mitarbeiter sind die *ultimate ressource,* und wenn sie ein wichtiger, begrenzender Faktor sind, dann spielt ihre Loyalität eine entscheidende Rolle für die Fähigkeit des Unternehmens zum langfristig angelegten Wachsen.

Erfolgreiche Unternehmen zeichnen sich durch einen hohen Unternehmenswert aus. Dieser ist die wesentliche Grundlage für die Möglichkeit, Finanzquellen für Wachstum und Übernahmen zu erschließen. Damit wird der Zusammenhang zu Rating und Risikomanagement ebenso wichtig wie die Betrachtung eines dynamischen Marktumfelds. Tatsächlich werden dabei die Wachstums- und Entwicklungspotenziale des Marktes den entsprechenden Fähigkeiten des Unternehmens gegenübergestellt.

Derartige Aktivitäten vollziehen sich in der Regel in einem hochwettbewerblichen Umfeld, weshalb die Wettbewerbsfaktoren und die Wettbewerbsstrategien einer nachhaltigen Betrachtung bedürfen. Aus moderner Sicht spielen die intellektuellen Eigentumsrechte aufgrund ihrer hohen Mobilität und verwendungsoffenen Eigenschaften eine entscheidende Rolle.

Das Ziel eines Unternehmenskaufs ist schließlich das Generieren von Mehrwert durch das Erschließen neuer Potenziale, weshalb die Frage der Bewertung unter den Bedingungen von Fusionen und Kooperationen erneut aufgegriffen wird. Dabei wird auf den grundlegenden Ablauf eines Kaufs Bezug genommen. Ferner werden die Rahmenbedingungen aus juristischer Sicht beleuchtet. Abschließend enthält dieses Buch Checklisten, die an einer Übernahme Beteiligten Orientierung auf einen Blick ermöglichen sollen.

Die Idee zu diesem Buch entstand aufgrund einer Vielzahl von Gutachten und Beratungsprojekten sowie durch Gespräche mit Wirtschaftspolitikern und Wirtschaftsförderern und nach eingehenden Diskussionen mit Unternehmern, die besonders die Schwachstellen der bisherigen Wirtschaftsförderung angesprochen haben. Damit ergibt sich auch als wesentlicher Zweck dieses Vade Mecums: Den Rahmen für ein *Kaufbuch* bereitzustellen, welches expansionswillige Unternehmen anlegen und führen sollten. Denn das Wachstum der Wirtschaft als Ergebnis des Wettbewerbsprozesses ist eben nicht allein mit neuen Produkten und Verfahren verbunden. Auch das Erobern neuer Märkte und dabei oft auch eine Reorganisation des eigenen Unternehmens zählen zum Kern des kreativen Wandels. Gerade im Mittelstand spielt das ständige Sichneuerfinden eine wichtige Rolle im dynamischen Anpassungsprozess und wird zukünftig – angesichts der Problematik der Unternehmensnachfolge, durch die viele Unternehmen „auf den Marktplatz gestellt werden" – zu einer neuen Gelegenheit der Expansion. Dies ist angesichts der Globalisierung in vielen Sparten erforderlich – nur *Global Medium-Sized Enterprises,* sogenannte GMEs, haben eine Überlebenschance in einer Welt, in der die Wettbewerbsintensität zunimmt.

Diesem Zweck werden zwei wichtige Ziele untergeordnet, die es besonders in der mitteldeutschen Industrieregion, aber auch in allen mittelständisch geprägten Regionen, zu verwirklichen gilt, nämlich neben dem internen auch das exogene Wachsen vorzubereiten. Dies geschieht durch das Übernehmen geeigneter Kandidaten, die das eigene

Produktionsspektrum arrondieren oder durch Rückwärts- oder Vorwärtsintegration helfen, zusätzliche Kompetenzen zu gewinnen oder vorhandene zu sichern. In das Kaufbuch sollen die relevanten künftigen Aktivitäten und die damit verbundenen potenziellen Übernahmekandidaten samt Kennzahlen eingetragen werden. Durch derartige vorbereitende Aktivitäten ist dann, wenn die entsprechenden Unternehmen auf den Markt kommen, eine sofortige Handlungsfähigkeit gegeben. Mit diesen Überlegungen kann die Frage einhergehen, welche Aktivitäten man abgeben sollte, um die eigenen Kompetenzen zu stärken und sich nicht zu verzetteln.

Ein zweites Ziel betrifft die Wirtschaftsförderer und die Wirtschaftspolitik und besteht im Beseitigen eines blinden Flecks in der Wirtschaftsförderung: Die Unterstützung des Mittelstands bei Übernahmen. Es ist sehr viel leichter, für Neuinvestitionen eine Förderung zu erhalten als mit Finanzhilfen zur Arrondierung eines Markts, möglicherweise auch für dessen existenzielle Stabilisierung unterstützt zu werden. Damit verbunden könnte ein Auftrag gerade an Genossenschaftsbanken und Sparkassen gehen, sich stärker dem mittelständischen *Merger-and-Acquisition*-Geschäft zu widmen.

Dieses Buch stellt in seinen verschiedenen Kapiteln die Werkzeuge zum Führen eines derartigen Kaufbuches und zum Abwickeln einer Übernahme bereit. Es enthält alle wesentlichen Elemente, die ein Unternehmer benötigt, um seinen Willen zum Wettbewerb auf breiter Ebene zu realisieren und damit seinen Erfolg in einer globalen Wirtschaft zu verstetigen. Vom zweiten bis zum fünften Kapitel findet sich ein Argumentationsstrang, der die direkt erforderlichen Aufgaben abbildet, also den Kauf, die Finanzierung, die Bewertung und den Kaufvertrag. Daran schließen sich fünf weitere Kapitel an, die den wesentlichen Determinanten der Werthaltigkeit eines Unternehmens Rechnung tragen, also seinem Personal, seiner Technologie sowie seinem Standort einschließlich der übergreifenden Wirtschaftsordnung und Wirtschaftsförderung. Drei Checklisten zum Wachstum, zur Entscheidungsfindung und zum Kaufvertrag runden die Betrachtungen ab.

Literatur

Blum, U., Ludwig, U., Lang, C., & Marek, P. (2011). *Wirtschaftliche Perspektiven für Ostdeutschland*. Halle: IWH Halle.

Blum, U., Jänchen, I., & Lubk, C. (2015). Die Relevanz von Unternehmenszentralen für die fiskalische Leistungsfähigkeit. *Wirtschaftsdienst – Zeitschrift für Wirtschaftspolitik, 95*(7), 395–403.

Economist. (2015). Dynasties: The enduring power of families in business and politics. *S7 sowie Special Report.*

Frankfurter Allgemeine Zeitung. (2015). *Übernahmewelle im Mittelstand. Verlagsbeilage Finanzierung für den Mittelstand* (S. V3). Berlin: Springer.

Institut der deutschen Wirtschaft. (2015). *25 Jahre Mauerfall – 25 Jahre Aufbau Ost. Informationen für Lehrerinnen und Lehrer.* Köln

Nachfolge im Mittelstand elektrisiert Banken. (15. November 2015). *Börsenzeitung*, S. 1.

Ulrich Blum, Prof. Dr. Dr. h.c. (Jahrgang 1953) ist Professor für Volkswirtschaftslehre und Inhaber des Lehrstuhls für Wirtschaftspolitik und Wirtschaftsforschung an der Universität Halle-Wittenberg. Er ist zugleich Inhaber des Alexander-von-Humboldt-Lehrstuhlsan der University of International Business and Economics (UIBE) in Peking und Internationaler Exzellenzprofessor der Volksrepublik China. Nach seiner Promotion (1982) und seiner Habilitation (1986) an der Universität Karlsruhe nahm er im akademischen Jahr 1986/1987 eine Gastprofessur an der Universität Montreal wahr, wo er seitdem im Rahmen regelmäßiger Aufenthalte forscht. Von 1987 bis 1992 war er Professor für Volkswirtschaftslehre an der Universität Bamberg. Im Jahr 1991 wurde er auf den Lehrstuhl für Wirtschaftspolitik und Wirtschaftsforschung an der Technischen Universität Dresden berufen und war hier in der Zeit von 1992 bis 1994 Gründungsdekan der Fakultät Wirtschaftswissenschaften. Von November 2004 bis Dezember 2011 war er Präsident des Instituts für Wirtschaftsforschung Halle. Im Oktober 2008 erhielt er die Ehrendoktorwürde der Technischen Universität Dresden. Im Jahr 2012 wurde er in die Europäische Akademie der Wissenschaften aufgenommen.

Er ist Autor und Herausgeber von zahlreichen wirtschaftswissenschaftlichen Veröffentlichungen in den Bereichen der Institutionen- und Industrieökonomik, der Risikotheorie, des Normungswesens sowie der Regional- und Verkehrsökonomie und zum Entrepreneurship. Aktuell forscht er vornehmlich zur Ökonomie von Ressourcen, Neuen Materialien, Recycling und Total Design Management. Er ist Gründungsdirektor des in Kooperation mit dem Fraunhofer-Institut für Mikrostruktur von Werkstoffen und Systemen eingerichteten Center for Economics of Materials.

Der Unternehmenskauf

Werner Gleißner, Michael A. Veltins, Claudia Lubk und Laura Mahl

2.1 Matching zwischen Unternehmenskäufer und -verkäufer

2.1.1 Weshalb sind das Matching und das Führen eines Kaufbuches relevant?

Wie im einleitenden Kapitel erläutert, können Führungszentralen auf zwei Wegen entstehen und wachsen: Organisch, also durch Wachstum einzelner Abteilungen, Neueinstellungen, Erweiterungen der Produktpalette etc. sowie anorganisch – also durch den Zusammenschluss mit einem anderen Unternehmen.

Letzteres geschieht entweder durch eine gleichberechtigte Fusion zweier Unternehmen oder durch die Übernahme eines Unternehmens durch ein anderes. Sieht die langfristige Strategie eines Unternehmens (auch) ein anorganisches Wachstum vor, ist die

---

W. Gleißner (✉)
Dresden, Deutschland
E-Mail: w.gleissner@futurevalue.de

M. A. Veltins
Dresden, Deutschland
E-Mail: mveltins@lsv-legal.de

C. Lubk
Meißen, Deutschland
E-Mail: claudia.lubk@hsf.sachsen.de

L. Mahl
Halle, Deutschland
E-Mail: Laura.Poesniger@t-online.de

© Springer Fachmedien Wiesbaden GmbH, ein Teil von Springer Nature 2018
U. Blum et al. (Hrsg.), *Vade Mecum für Unternehmenskäufe*,
https://doi.org/10.1007/978-3-658-20755-7_2

Erstellung eines Kaufbuches sinnvoll. Dieses beinhaltet für jede strategische Entwicklung, die einen Kauf oder einen Zusammenschluss umfasst, mögliche Übernahmekandidaten sowie detaillierte Informationen zu diesen. Sollten solche Übernahmekandidaten dann auf den Markt kommen, ist eine schnelle Reaktion möglich.

Der (Ver-)Kauf eines Unternehmens besteht aus drei (teilweise zeitlich parallel verlaufenden) Abschnitten: Dem Entscheidungsprozess des Verkäufers, zu verkaufen, der Entscheidung des Käufers, zu kaufen sowie der eigentlichen Transaktion. Dabei gehören zum Entscheidungsprozess von Käufer und Verkäufer strategische Entscheidungen darüber, welche Anforderungen an den potenziellen Käufer bzw. das zu kaufende Unternehmen gestellt werden und welche Erwartungen erfüllt werden müssen. Die eigentliche Transaktion und die dort auftretenden Herausforderungen werden in späteren Kapiteln diskutiert. Die Frage jedoch, wie man ein geeignetes Unternehmen zum Kauf findet, und welche Schritte auf dem Weg dorthin gemacht werden müssen, wird in diesem Kapitel beleuchtet.

2.1.2 Welche Theorien, Modelle und Konzepte gibt es in der Literatur?

Eine theoretische Betrachtung dieses Themas findet sich in der Literatur kaum. Auf politischer sowie unternehmerischer Ebene hingegen gibt es umfangreiche Informationen und Plattformen, die sich mit Unternehmensübernahmen beschäftigen. Dabei bezieht sich die politische Ebene vor allem auf die Unternehmensnachfolge aus Altersgründen; ein Thema, das aufgrund der demografischen Entwicklung und der strukturellen Veränderungen in vielen Regionen in den nächsten Jahren und Jahrzehnten noch deutlich relevanter wird. Das Bundesministerium für Wirtschaft und Energie bietet z. B. auf der Seite existenzgruender.de Informationen und Checklisten zum Erwerb von Unternehmen sowie Hinweise auf Institutionen, die als Berater im Fall einer Unternehmensübernahme hilfreich sind. Zum Finden von Unternehmen, die zur Übergabe zur Verfügung stehen, hat das Ministerium die Plattform nexxt-change entwickelt, die in Kooperation mit Regionalpartnern wie Sparkassen, Handelskammern oder Raiffeisenbanken Unternehmensverkäufer und Existenzgründer zusammenbringen möchte (BMWi et al. 2017).

Auch die Bundesländer sowie Kommunen engagieren sich bei diesem Thema. Der Freistaat Sachsen bietet zum Beispiel in Kooperation mit der IHK Dresden und der Handwerkskammer Dresden Informationen zum Thema Unternehmensnachfolge. Als für die Unternehmensnachfolge relevante Unternehmen werden dort gemäß einer Einordnung des ifm Bonn solche Unternehmen bezeichnet, die übernahmereif (also Unternehmen, deren Eigentümer sich in den nächsten fünf Jahren aus dem Geschäft zurückziehen) sowie übernahmewürdig (das heißt erwartete Gewinne überschreiten ein mögliches alternatives Einkommen eines Nachfolgers) sind. Das sind für den Freistaat

Sachsen bis 2018 etwa 5300 Unternehmen verschiedenster Größen und aus allen im Freistaat ansässigen Branchen. Davon gehört allerdings, entsprechend der sächsischen Unternehmensstruktur, ein Großteil zu den Klein- und Kleinstunternehmen (Die Sächsischen Industrie- und Handelskammern, Die Sächsischen Handwerkskammern, Landesverband der Freien Berufe 2017). Diese kommen dementsprechend für eine Übernahme zwar in Frage, zum Wachstum von Führungszentralen jedoch können sie nur in geringem Maße beitragen. Zusätzlich bietet zum Beispiel die Dresdner Industrie- und Handelskammer sogenannte Matching-Veranstaltungen an, in denen Unternehmer und potenzielle Nachfolger ins Gespräch kommen können (IHK Dresden 2017).

Der Erfolg von öffentlichen, aber auch privaten Unternehmensbörsen im Internet wird ambivalent bewertet. Zwar schaffen solche Börsen Transparenz und können Käufer und Verkäufer zusammenbringen. Andererseits aber bedeutet die Veröffentlichung einer Annonce zum Verkauf eines Unternehmens die Preisgabe von Informationen zum Unternehmen. Dadurch entstehende Risiken lassen sich z. B. durch Vertraulichkeitserklärungen, die vor Aufgabe der Anonymität unterzeichnet werden müssen, reduzieren (Graven 2017).

Grundsätzlich kann eine Unternehmensbörse aber ohnehin nur ein erster Schritt zur Prüfung eines möglichen Unternehmenskaufes sein. Schätzungen gehen davon aus, dass etwa zwei Drittel der erfolgreichen Unternehmensübernahmen zwischen Unternehmen stattfinden, die sich bereits länger kennen (Graven 2017). Das Pflegen privater und beruflicher Netzwerke ist demnach elementarer Bestandteil einer Wachstumsstrategie – Unternehmertreffs, die von Handelskammern oder anderen Institutionen organisiert werden, können dabei helfen. Zudem ist es sinnvoll, die eigenen Kunden- und Lieferantenstrukturen sowie auch die aktuellen Konkurrenten zu beobachten und zu entscheiden, inwiefern eine Integration von bereits durch wirtschaftliche Beziehungen verbundenen Unternehmen strategisch beim Wachstum helfen können.

2.1.3 Folgen für die Wachstumsstrategie und das Kaufbuch

Das Erstellen eines Kaufbuches ist für ein strategisches Wachstum essenziell. Das Finden geeigneter Unternehmen, deren Produkte zur Wachstumsstrategie des eigenen Unternehmens passen, ist der erste Schritt zum Kauf. Im Kaufbuch werden mögliche passende Unternehmen vermerkt und wenn möglich bereits in weiteren Schritten auf Kompatibilität mit dem eigenen Unternehmen geprüft, z. B. im Hinblick auf die Produkt-, Kunden- und Mitarbeiterstruktur sowie – soweit öffentlich einsehbar – die Finanzsituation. Ein solches Kaufbuch ermöglicht dann eine schnelle Reaktion, falls ein infrage kommendes Unternehmen zum Verkauf steht. Zudem bietet es die Chance, Netzwerke entsprechend auszubauen, und ggf. Unternehmenszusammenschlüsse mit dem Eigentümer des anderen Unternehmens zu verhandeln, auch wenn dieser (noch) keinen Nachfolger sucht.

2.2 Grundlegender Ablauf eines Unternehmenskaufs

2.2.1 Einführung

Jedes Jahr wechseln hunderte von Unternehmen in Deutschland ihren Inhaber. Abgesehen von dem Übergang von Unternehmen in Erbfällen oder durch ein „Squeeze Out" von Aktionären auf gesetzlicher Grundlage erfolgt der Wechsel der Unternehmensbeteiligungen regelmäßig aufgrund von planvoll abgeschlossenen Verträgen. Zur Abwicklung derartiger Unternehmenskäufe und -verkäufe hat sich heute ein eigenständiger, hoch spezialisierter Markt für Unternehmensberater, Steuerberater, Wirtschaftsprüfer, Rechtsanwälte und Investmentbanker gebildet. Die Fachdisziplin, die sich mit Unternehmenskäufen und Verkäufen befasst, wird aufgrund angelsächsischer Dominanz auch „Mergers & Acquisitions" oder kurz „M&A" genannt. Bei den Transaktionen ist auch bei kleineren Unternehmenskäufen die Verwendung englischer Fachbegriffe und aus dem englischen Raum stammender Vertragsmuster an der Tagesordnung.

2.2.2 Hintergründe für Unternehmenskäufe

M&A-Transaktionen laufen regelmäßig nach folgendem Muster ab: Nach ersten, unverbindlichen Vorgesprächen über den Verkauf oder Kauf eines Unternehmens schließen die Parteien üblicherweise eine Geheimhaltungsvereinbarung ab, bevor dem potenziellen Käufer weitere Informationen und Unternehmensdaten zur Verfügung gestellt werden.

Nach Abschluss der Geheimhaltungsvereinbarung wird in der Regel vom Kaufinteressenten eine schriftliche Absichtserklärung, der sogenannte *Letter of Intent* (LoI) abgegeben, in dem der potenzielle Käufer sein Interesse am Kauf des Unternehmens dokumentiert. Alternativ findet sich auch die Vereinbarung einer *Punktation,* in dem die bis dahin erzielten Verhandlungsergebnisse festgeschrieben werden, ohne dass damit eine Einigung über den Vertragsabschluss verbunden wird. Derartige Punktationen werden üblicherweise *Memorandum of Understanding* (MoU), *Term Sheet* oder *Instructions to Proceed* genannt.

Im Anschluss an derartige vorvertragliche Regelungen schließt sich eine intensive Untersuchung des Unternehmens durch den Käufer an. Die Prüfung der rechtlichen und wirtschaftlichen Rahmenbedingungen des Kaufobjekts wird üblicherweise *Due Diligence* genannt. Das Ergebnis dieser Untersuchung fließt in den Kaufvertrag ein, insbesondere in die Ausgestaltung von Garantien oder Zusicherungen des Unternehmensverkäufers.

Bereits parallel zur Due Diligence wird häufig in konkrete Vertragsverhandlungen eingetreten. Führen die Vertragsverhandlungen zu einem Ergebnis, so wird der Vertragsschluss üblicherweise als *Signing* bezeichnet. Trotz der Unterzeichnung des Unternehmenskaufvertrages durch die Parteien ist vielfach ein Vollzug des Vertrages noch nicht möglich, da z. B. noch Genehmigungen von einzelnen Gesellschaftern, Gremien oder Behörden fehlen. Bei größeren Transaktionen darf der Kaufvertrag aufgrund der gesetzlichen Fusionskontrolle erst nach Genehmigung des Bundeskartellamtes oder der Europäischen Kommission vollzogen werden. Liegen die im Unternehmenskaufvertrag benannten aufschiebenden Bedingungen alsdann vor, kommt es abschließend zum sogenannten *Closing* zwischen den Vertragsparteien. Beim Closing wird das Vorliegen aller Bedingungen festgestellt, der Unternehmenskaufpreis bezahlt und das Unternehmen rechtlich auf den Käufer übereignet.

An das Closing schließt sich abschließend die sogenannte *Post Integration Phase* an, in der das vom Käufer erworbene Unternehmen in dessen Beteiligungsbestand integriert wird. Die Post Merger Integration beinhaltet regelmäßig die Überprüfung von Unternehmensstrukturen, insbesondere gegebenenfalls die Änderung bzw. Eingliederung des Rechnungswesens, des Führungspersonals, der IT-Strukturen, der Produktions- und Verwaltungsabläufe etc. In diesem Zusammenhang werden auch die vom Verkäufer gewährten Garantien und Zusicherungen überprüft und gegebenenfalls Ansprüche des Käufers gegen den Verkäufer aus dem abgeschlossenen Unternehmenskaufvertrag geltend gemacht. Statistisch gesehen ergeben sich in ca. 16 % aller Unternehmenstransaktionen Fälle der Ziehung von Garantien und Gewährleistungen aus dem Unternehmenskaufvertrag. An der Durchsetzung derartiger Regressansprüche besteht insbesondere bei steigenden Unternehmens- bzw. Transaktionsgrößen aufseiten des Käufers durchaus Interesse, sodass die Verkäuferseite gut beraten ist, im Kaufvertrag entsprechende Sicherungsklauseln vorzusehen.

2.2.3 Folgen für die Wachstumsstrategie

Bei jedem Unternehmenskauf stellt sich aus Sicht der vertragsgestaltenden Juristen einerseits die Aufgabe, dass das Unternehmen oder die Beteiligung reibungslos in das Eigentum des Käufers übergeht und andererseits sichergestellt ist, dass der Verkäufer den Kaufpreis auch tatsächlich erhält. Der Vertrag ist daher so zu gestalten, dass Käufer und Verkäufer vor ungesicherten Vorleistungen jeglicher Art geschützt werden. Darüber hinaus ist dafür Sorge zu tragen, dass das Unternehmen nur Zug um Zug gegen die Kaufpreiszahlung des Verkäufers auf den Käufer übergeht. Insbesondere angesichts der Komplexität der erforderlichen Rechtsübertragungen und der häufig über zahlreiche Rechtsakte gestreckten Abwicklung des Unternehmenskaufvertrages gehört die Vertragsgestaltung in der heutigen M&A-Rechtspraxis zu den anspruchsvollsten Aufgaben.

Ausgangspunkt für die Verfahrensgestaltung ist die Vorentscheidung, auf welche Weise das Zielunternehmen *(Target Company)* dem Käufer verschafft werden soll. Hierbei kommt es zunächst auf die Definition des Rechtsträgers des Unternehmens an. Rechtsträger können eine (Einzelkaufmann) oder mehrere natürliche Personen (z. B. eine Erbengemeinschaft) sein, eine Personengesellschaft, d. h. Gesellschaft bürgerlichen Rechts (GbR), offene Handelsgesellschaft (oHG), Kommanditgesellschaft (KG) oder eine Kapitalgesellschaft, d. h. Gesellschaft mit beschränkter Haftung (GmbH), Aktiengesellschaft (AG), Kommanditgesellschaft auf Aktien (KGaA). Rechtsträger kann aber auch eine andere juristische Person des öffentlichen oder privaten Rechts, z. B. eine Genossenschaft oder Stiftung sein. Stets ist zu unterscheiden, ob das Unternehmen ohne den Rechtsträger aus dessen Vermögen veräußert werden soll oder ob es mit seinem Rechtsträger veräußert werden kann und soll. Danach richten sich die beiden Grundformen des Unternehmenskaufvertrages, auf die sich letztlich alle Varianten des Unternehmenskaufs zurückführen lassen:

Beim Einzelrechtserwerb (sog. *Asset Deal*) wird das Aktiv- und Passivvermögen mit den dazugehörenden Vertrags- und Rechtsverhältnissen im Kaufvertrag unmittelbar einzelgegenständlich erfasst und vom Verkäufer als dem bisherigen Rechtsträger auf den Käufer als neuen Rechtsträger übertragen. Wichtigste Einzelfälle sind der Verkauf einzelkaufmännischer Unternehmen und die Veräußerung von Unternehmensteilen, wie Betrieben oder Teilbetrieben.

Beim Beteiligungskauf (sogenannte *Share Deal*) überträgt der Verkäufer seine gesellschaftsrechtliche Beteiligung am Rechtsträger des Unternehmens. Kaufgegenstand sind also allein die Anteile (Shares) des Verkäufers an dem als Personen- oder Kapitalgesellschaft organisierten Unternehmen, d. h. die Geschäftsanteile an der GmbH oder Aktien an einer AG etc.

2.3 Ziele des Kaufs und Potenziale der Mehrwertgenerierung

2.3.1 Positive und negative Synergien eines Unternehmenskaufs

Aus Sicht eines Unternehmens ist die Expansion mithilfe von Unternehmenszukäufen stets im Kontext der allgemeinen wirtschaftlichen Lage und damit auch der konjunkturpolitischen Rahmenbedingungen, vor allem der Geld- und Fiskalpolitik sowie der konkreten Wirtschaftsförderung der Region zu sehen. Diese können Übernahmepläne befördern oder behindern.

Übernahmen von Unternehmen werden oft durch strategische Überlegungen motiviert. Synergien, also das Phänomen, gemeinsam mehr wert zu sein als die einzelnen Bestandteile, sind nur gegeben, wenn sich die einzelnen Unternehmensteile sinnvoll ergänzen und, falls das nicht der Fall ist, entsprechende Maßnahmen ergriffen werden, die notwendige Passung zu schaffen. Damit ist der Übernahmeprozess im Nachgang der strategischen Entscheidung operativ und taktisch sorgfältig vorzubereiten. Formal gesehen bedeutet Synergie, dass die Ertragsfunktion überadditiv ist. Das ist nur gegeben, wenn bei einer Übernahme die Führungsverantwortung im Zentrum des Geschehens steht. Demgegenüber sind alle organisatorischen Anpassungen nachrangig. In der Regel wird das stärkere übernehmende Unternehmen der übernommenen Firma seine Führungsstruktur überstülpen, wobei selten belegt ist, dass diese bisher für das eigene Unternehmen optimal war und meist nicht untersucht wird, ob sie für beide Unternehmen passt oder überhaupt in der Lage ist, den Integrationsprozess zu leisten.

2.3.2 Theorie des ökonomischen Unternehmenswerts

Bei einer wertorientierten Unternehmensführung besteht die zentrale Aufgabe darin, eine risikogerechte Bewertung von Unternehmen, Beteiligungen, aber auch potenziellen Akquisitionszielen (M&A), Sachinvestitionen oder alternativen strategischen Handlungsoptionen unter dem Blickwinkel des internen Steuerungsgedankens vorzunehmen. Diese Verfahren sind von grundlegender Bedeutung, um den (Mehr-)Wert „neuer" Unternehmenseinheiten (z. B. aus einer „Build"-Strategie) belegen zu können.

Der traditionellen Bewertungstheorie für vollkommene Märkte fehlt heute meist eine klare risikoadäquate Fundierung ihrer (risikoerfassenden) Kapitalkostensätze; es gilt das „Wertadditivitäts-Theorem", demzufolge durch die Fusion einzelner Unternehmen zu größeren Einheiten kein Mehrwert zu erwarten ist. Notwendig sind bei der Beurteilung von Strategien, speziell bei „Build"-Strategien zum Aufbau größerer international wettbewerbsfähiger Unternehmenseinheiten, eine risikogerechte Bewertung und eine risikogerechte Performanceanalyse. Eigentlich müssten die risikoabhängigen Kapitalkostensätze (WACC) vom tatsächlichen zukünftigen Risikoumfang eines Unternehmens, also der Risiken seiner Cashflows, unter Beachtung der Risikodiversifikationseffekte zwischen den übernommenen Beteiligungen, abhängen. Genau diese Informationen sollte das unternehmensinterne Risikomanagement bereitstellen. Der häufig im internen wertorientierten Management anzutreffende „Umweg" bei der Bestimmung der Kapitalkostensätze, auf historische Kapitalmarktdaten zurückzugreifen, ist hierbei kritisch zu sehen. Das Capital Asset Pricing Model (CAPM) unterstellt vollkommene Kapitalmärkte – ohne Konkurskosten, ohne Finanzierungsrestriktionen und mit perfekt diversifizierten Investoren (zur Kritik z. B. Gleißner 2014; Haugen 2004). Das bedeutet auch, dass im CAPM alle Kapitalmarktakteure die Risikosituation des Unternehmens genauso gut einschätzen können wie die Unternehmensführung selbst, und dass die historischen Kursschwankungen die zukünftigen Risiken zeigen. In der Realität aber ist es unter der Maßgabe eines wert- und risikoorientierten Steuerungsgedankens sinnvoll anzunehmen, dass das Unternehmen selbst seine Risikosituation besser bewerten kann als der Kapitalmarkt. Es besteht also eine „Informationsasymmetrie" durch „Insider-Informationen" (ein Prinzipal-Agent-Problem). Dieses ergibt sich natürlich besonders ausgeprägt für die möglichen Veränderungen der Risikosituation durch geplante Maßnahmen (z. B. Fusionen einzelner kleiner Unternehmen), die oft nicht öffentlich kommuniziert werden.

Bei der in der Praxis weitverbreiteten Ableitung von Kapitalkosten für die Strategiebewertung (basierend auf CAPM) ist Vorsicht geboten, weil die Annahmen selten, vor allem nicht im mittelständischen Umfeld, zutreffen. Alternative Methoden erfassen das Risiko aus Zahlungsreihen und berücksichtigen gegebenenfalls auch die Bewertungsrelevanz nicht diversifizierter unternehmensspezifischer Risiken (Gleißner W. 2014). Diese Methoden sind auch anwendbar, wenn historische Renditen (Kapitalmarktdaten) fehlen oder diese nicht repräsentativ für die Zukunft sind. Abschließend sind *simulationsbasierte Bewertungen* zu nennen, welche unternehmensinterne Risikoinformationen nutzen und aggregieren, um Wahrscheinlichkeitsverteilungen für die Erträge und damit die risikoadäquate Beurteilung von Rating und Wert des Unternehmens abzuleiten.

2.3.3 Bewertung von Wachstumsstrategien – die Methodik

Die heute als allgemein akzeptierter Standard geltende Unternehmens- und Strategiebewertung basiert auf der *Discounted-Cashflow-Methode* (DCF-Methode) oder dem Ertragswertverfahren: Entweder wird im Rahmen der Risikozuschlagsmethode ein Risikozuschlag zum risikolosen Zinssatz addiert, um so einen Diskontierungszinssatz (näherungsweise Kapitalkostensatz) für die Diskontierung der zukünftig erwarteten Zahlungen zu erhalten. Dieses Verfahren führt jedoch bei einheitlichem Risikozuschlag für positive und negative Zahlungen zu Bewertungsfehlern (Spremann 2004). Oder man nutzt die empfehlenswertere Sicherheitsäquivalentmethode, die korrekte Bewertungen liefert (vgl. Dorfleitner und Gleißner 2018). Der Risikoumfang einer Zahlung wird mit einem Abschlag im Zähler erfasst. Risikopräferenz und Zeitpräferenz (risikoloser Zinssatz im Nenner) werden klar unterschieden (Ballwieser 1981). Dies führt zu planungs- und risikogerechten Risikomaßen bezogen auf Erträge bzw. Cashflows, die nicht aus historischen Aktienrenditen abgeleitet werden. Geeignete Risikomaße können beispielsweise die Standardabweichung, der Value-at-Risk oder der relative (Deviation-)Value-at-Risk sein. Prinzipiell ist nicht nur die Standardabweichung, wie im üblichen Beta-Faktor erfasst, von Bedeutung; auch diese höheren Momente sind potenziell bewertungsrelevant.

Bei gegebenem Risikomaß der Erträge oder Cashflows lassen sich Bewertungsgleichungen ableiten, die auch in unvollkommenen Märkten die risikogerechte Bewertung von Strategien, beispielsweise von Unternehmensübernahmen, ermöglichen. Wichtig ist, ob es sich dabei um ein lageabhängiges Risikomaß (wie den Value-at-Risk oder den Conditional Value-at-Risk) für nicht-handelbare oder ein lageunabhängiges Risikomaß (wie die Standardabweichung oder den Deviation Value-at-Risk) für handelbare Güter handelt.

In der Regel werden Diversifikationsmöglichkeiten vorhanden sein, sodass lediglich der vom Bewertungssubjekt nicht-diversifizierbare Anteil des Risikos der Zahlung für die Bewertung relevant ist (Gleißner und Wolfrum 2008). Dieser Aspekt der partiellen Risikodiversifikation ist deshalb für „Build"-Strategien und den Mittelstand besonders relevant, weil Diversifikationsmöglichkeiten im Unternehmen i. d. R. mit der Größe und der Globalisierung zunehmen. Heute noch sind zudem viele mittelständische Unternehmer sehr gering diversifiziert, weil der größte Teil ihres Vermögens im eigenen Unternehmen gebunden ist, was höhere Kapitalkosten (Renditeanforderungen) impliziert (Kerins et al. 2004). Dabei können durch eine „Build"-Strategie auch Diversifikationspotenziale für den Eigentümer (Investoren) erschlossen und Kapitalkostensätze gesenkt werden, was steigende Unternehmenswerte und – wegen geringerer Renditeforderungen – höhere Investitionen sowie mehr Wachstum impliziert.

Konkretisieren lässt sich die Bewertung einer „Build"-Strategie mithilfe der unsicheren Zahlungen des (potenziell) neu aufgebauten Unternehmens. Zu deren Bestimmung mittels *Monte-Carlo-Simulation* werden die Wirkungen der wichtigsten Einzelrisiken des Unternehmens oder eines Projekts (unter Beachtung von Korrelationen) den entsprechenden Posten der Plan-GuV und Plan-Bilanz zugeordnet, wie dies in Abb. 2.1 gezeigt

2 Der Unternehmenskauf

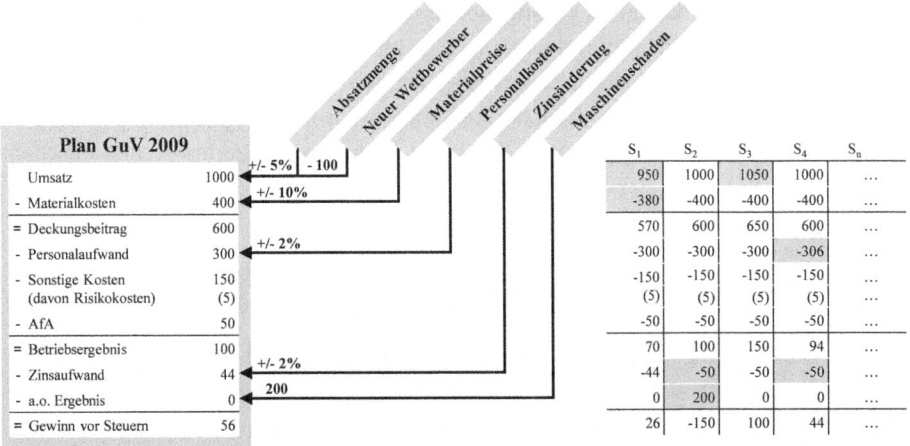

Risikosimulation zeigt mögliche Planabweichungen und den Eigenkapitalbedarf zur Abdeckung möglicher Verluste!

Abb. 2.1 Einzelrisiken im Jahresabschluss mittels Monte-Carlo-Simulation. (Quelle: Gleißner 2017a)

ist. Solche Risikowirkungen (z. B. Umsatzschwankungen) werden durch Wahrscheinlichkeitsverteilungen beschrieben (z. B. mittels Normalverteilung oder mittels Binomialverteilung, welche Schadenshöhe und Eintrittswahrscheinlichkeit abbildet). Dabei werden bei Akquisitionen auch unsichere Synergien, Integrationskosten und die Akquisitionsfinanzierung erfasst (vgl. Gleißner 2017b; Gleißner und Ihlau 2017).

In unabhängigen Simulationsläufen ($S_1 \ldots S_n$) werden viele Tausend mögliche Zukunftsszenarien durchgespielt und dabei jeweils eine Ausprägung der GuV und/oder der Bilanz berechnet. Damit erzeugt jeder Simulationslauf einen Wert für die betrachtete Zielgröße (z. B. Gewinn oder Cashflow). Die Gesamtheit aller Simulationsläufe liefert eine *repräsentative Stichprobe* risikobedingt möglicher Zukunftsszenarien des Unternehmens. Aus den ermittelten Realisationen der Zielgrößen ergeben sich aggregierte Häufigkeitsverteilungen und damit die Transparenz über das Gesamtrisiko der Zahlungen, ausgedrückt durch ein geeignetes Risikomaß (siehe Gleißner 2011). Unmittelbar ableitbar ist so der *Eigenkapitalbedarf* (eine Variante des Value-at-Risk), also der Umfang von Verlusten, die mit einer vom Ziel-Rating abhängigen Wahrscheinlichkeit nicht überschritten werden. So kann unmittelbar der Vorteil einer „Build"-Strategie über die Reduzierung des Eigenkapitalbedarfs durch interne Risikodiversifikation quantifiziert werden.

Schwerwiegende Bewertungsfehler können auftreten, wenn die Insolvenzwahrscheinlichkeit eines Unternehmens bei der Bewertung komplett vernachlässigt wird, weil dies zu einer Fehleinschätzung der Fremdkapitalkosten und vor allem der Erwartungswerte der zukünftigen Cashflows und Erträge (speziell bei der Terminal Value-Bewertung) führt. Die im Rating ausgedrückte Insolvenzwahrscheinlichkeit wirkt sich im Wesentlichen in der Terminal Value-Phase wie eine „negative Wachstumsrate" aus (Gleißner W. 2010, 2017c).

Bessere Risikodiversifikation ist günstig, aber eine Erhöhung der Verschuldung bei einem Unternehmenskauf erhöht die Insolvenzwahrscheinlichkeit. Bei einer groben Abschätzung des Werts ist es akzeptabel, den Diskontierungszinssatz um die prognostizierte Insolvenzwahrscheinlichkeit zu erhöhen. Risikodiversifikation hat bei „Build"-Strategien also ein interessantes Wertsteigerungspotenzial durch die Reduzierung der Insolvenzwahrscheinlichkeit.

2.3.4 Folgen für die Wachstumsstrategie

Für die „Build"-Strategie eröffnet der hier gezeigte methodische Rahmen Möglichkeiten, den ökonomischen Mehrwert auszuweisen. Im Einzelfall bedeutet dies insbesondere, Eigentümern zu verdeutlichen, dass mittels internen, aber vor allem auch externen Wachstums die Möglichkeit besteht, den (diskontierten) Zukunftswert des Unternehmens über den Gegenwartswert zu heben. Dann aber ist es nicht lohnend, das Unternehmen zu verkaufen. Tatsächlich müssen zwei Bedingungen erfüllt sein: Die Zeitpräferenzrate des Eigentümers muss unter dem internen Zins aus Zukunftswert ohne „Build"-Strategie des Unternehmens liegen und der Wert des Unternehmens im Status quo wieder unter dem (anteiligen) Zukunftswert mit „Build"-Strategie. Das erste gewährleistet, dass das Unternehmen überhaupt gehalten wird, das zweite, dass die „Build"-Strategie besser ist als der Status-Quo. Es ließe sich argumentieren, die erste Bedingung sei nicht für den Erfolg notwendig. Dies ist formal richtig, verdrängt aber die Tatsache, dass z. B. dem Untergang geweihte Unternehmen selten einen derart revolutionären Aufbau planen, zumal sie dafür – aus Bewertungsgründen – wenig Unterstützung seitens des Kapitalmarkts erfahren. Meist muss man gut sein, um besser werden zu können.

Fazit: Durch die intelligente Konstruktion „neuer" Unternehmen lassen sich folgende Werttreiber nutzen:

- Ertragssteigernde Synergien,
- bessere Risikodiversifikation (auf Ebene von Unternehmen und Eigentümern) und niedrigere Kapitalkosten sowie
- niedrigere Insolvenzwahrscheinlichkeit (besseres Rating) bzw. niedrigerer Eigenkapitalbedarf.

2.4 Kommunikationsstrategien im M&A-Prozess

2.4.1 Zwingend erforderliche interne und externe Kommunikation

„Richtig gestaltet begleitet die Kommunikationspolitik den gesamten Akquisitionsprozess nach innen und außen mit dem Ziel, einen möglichst reibungslosen Ablauf zu gewährleisten und auftretende Probleme oder Konflikte mittels kommunikativer Mittel zu beseitigen bzw. bereits deren Entstehung zu verhindern", (Wirtz 2014). In Fusionsprozessen muss die Unternehmenskommunikation mehr leisten als die reine Information (Röbke 2007). Im Mittelpunkt der Kommunikationsstrategien stehen dabei nicht nur interne Zielgruppen, die Mitarbeiter, Führungskräfte sowie Arbeitnehmervertreter umfassen, sondern ebenso die externen Stakeholder wie beispielsweise Kooperationspartner, Kunden, potenzielle Geschäftspartner, Lieferanten sowie der Staat und die Gesellschaft, was Presseaktivitäten beinhaltet.

Als primäres Ziel erschließt sich, alle oben genannten Stakeholder in die Kommunikationsstrategie zu integrieren mit dem Ziel, sie mit Auswirkungen sowie Vorteilen des Firmenzusammenschlusses vertraut zu machen (Lucks und Meckl 2002). Es entstehen dabei starke Überschneidungen zwischen externer und interner Kommunikation, demzufolge ist die Trennung eher theoretischer als praktischer Natur (Wirtz 2014). Eine zeitliche und insbesondere inhaltliche Abstimmung der Kommunikation mit den Interessengruppen ist dabei von besonderer Wichtigkeit (Lucks und Meckl 2002). „Inhalte und Ziele einer Fusion müssen adressaten-, anlass- und mediengerecht differenziert, aufbereitet und entsprechend kommuniziert werden" (Röbke 2007).

Die gezielten Kommunikationsmaßnahmen sind zunächst auf die Akzeptanz für die neue Situation – den geplanten Unternehmenszusammenschluss – bei den *Mitarbeitern* des Unternehmens ausgerichtet. Die Vorteile der Veränderung müssen für jeden Einzelnen deutlich gemacht werden und die Sinnhaftigkeit sowie die Ziele des Zusammenschlusses müssen klar vermittelt werden, um eine Identifikation mit dem „neuen" Unternehmen zu erzielen. Dabei sind die Präsenz der Unternehmensleitung sowie die Bereitschaft des Managements, Strategien und Ziele des Firmenzusammenschlusses offen und detailliert zu erklären, unabdingbar. Die wichtigsten Instrumente bzw. Plattformen dafür sind beispielsweise Mitarbeiterversammlungen, Informationsstände sowie *Breakfast Meetings,* bei denen Mitglieder der Unternehmensleitung den Mitarbeitern der verschiedenen Unternehmensbereiche und Standorte sprichwörtlich „Rede und Antwort stehen". Diese Maßnahmen ermöglichen den Mitarbeitern, die nicht nur Informationsempfänger sein möchten, ihre Fragen, Anregungen und Kritik adressatenorientiert zu übermitteln und möglichst ungefilterte Antworten zu erhalten, die für die nötige Transparenz sorgen (Grosse-Hornke und Gurk 2010). Die M&A-Kommunikation hat die Aufgabe, Inhalte so zu formulieren, dass sie von den Empfängern mit ihrem jeweiligen kulturspezifischen Hintergrund richtig verstanden werden. Durch den gezielten Kommunikationsfluss sind die betroffenen Personen und Gruppen stets über Maßnahmen und Veränderungen so zu informieren, dass das Ziel einer größtmöglichen Vertrauenswürdigkeit und Glaubwürdigkeit gewährleistet ist (Vogel 2002).

Nach Salecker (1995) werden zwei Kommunikationswege unterschieden: Direkte, persönliche Kommunikation sowie indirekte, unpersönliche Kommunikation. Der Empfänger einer direkten Kommunikation kann sich dieser nicht entziehen; somit ist eine Rückkopplung an den Sender der Information gewährleistet. Die unpersönliche Kommunikation bezeichnet Salecker (1995) als *medial vermittelte Kommunikation* (Salecker 1995). Bei der Ansprache von unterschiedlichen Stakeholdern kann demnach zwischen

Tab. 2.1 Dialogplattformen und Informationswege bei M&A-Transaktionen. (Quelle: Eigene Darstellung, in Anlehnung an Grosse-Hornke und Gurk 2010; Salecker 1995)

Mitarbeiter und Führungskräfte	Kunden und Lieferanten	Investoren und Fremdkapitalgeber	Behörden und Verbände	Medien und Öffentlichkeit
Persönliche Gespräche Mitarbeiterversammlung Gruppengespräche Wirtschaftsausschuss Führungstagung Telefon-Hotlines Rundschreiben Schwarzes Brett Flugblätter Newsletter Websites Videos Zeitschriften	Persönliche Gespräche Messestände Informationsbroschuren	Geschäftsberichte Zwischenberichte Prüfungsberichte Gutachten Analysenkonferenzen Finanzanzeigen Fachvorträge Road Shows Informationsmemorandum	Prüfungsberichte Briefing wichtiger Verbände Behördenempfang Gesprächsrunden mit zuständigen Politikern	Pressekonferenzen Hintergrundgespräche Redaktionell aufbereitete Informationen Interviews Informationstelefon Betriebsbesichtigungen Werbung Diskussionsveranstaltungen Transaktionsbezogenes Kultur- und Sportsponsoring

persönlicher und unpersönlicher Kommunikation gewählt werden, wobei bei der Übermittlung einer Botschaft an die eigenen Mitarbeiter der persönliche Kommunikationsweg geeigneter erscheint und bei der gewünschten Ansprache der Gesellschaft die mediale Kommunikation sinnvoller ist (Martin 2013).

Die Festlegung der Kommunikationsmaßnahmen beinhaltet die Auswahl der geeigneten Medien (für eine Übersicht siehe Tab. 2.1) und die Bestimmung des Inhalts der Kommunikation. Ein Dialog muss dabei nicht unbedingt aus einer direkten Kommunikation entstehen, denn die Möglichkeit des Austausches sinkt mit der steigenden Teilnehmerzahl. Großveranstaltungen, in denen das Topmanagement selbst über die Fusion oder Akquisition informiert, sind unverzichtbar (Vogel 2002).

2.4.2 Modelle und Theorien

Der phasenspezifische Kommunikationsbedarf orientiert sich an der Einteilung der Aktivitäten im Verlauf des M&A-Prozesses (Salecker 1995). Lucks und Meckl (2002) definieren diese Phasen bzw. die jeweils anfallenden Kommunikationsaktivitäten in Tab. 2.2.

Bei der **Vorfeldsondierung** werden die Interessengruppen (noch) nicht angesprochen und der Dialog mit dem Partner nicht als Kommunikation interpretiert. Dabei tritt

Tab. 2.2 Phasen des Kommunikationsprozesses. (Quelle: Eigene Darstellung in Anlehnung an Lucks, K. und Meckl, R. 2002)

Vorfeldphase	Transaktionsphase	Integrationsphase
Vorfeldsondierung: Sicherstellung der Geheimhaltung	**Pre-Closing-Integrations-Plan:** Festlegung der Kommunikationsadressaten, -mittel, -zeitpunkte und -inhalte bei der Integration	**Post-Closing-Integrations-Plan:** Detaillierung sowie Aktualisierung der kommunikativen Bestimmung des Pre-Closing-Integration-Plans
	Interne Beschlüsse: Einbeziehung aller relevanten Beteiligten im Entscheidungsprozess	**Organisatorische und rechtliche Umsetzung:** Einsatz der festgelegten kommunikativen Mittel
	Kartellrechtliche Prüfung: Abstimmung des Kommunikationszeitpunkts mit anderen M&A-Beteiligten	**Personalwirtschaftliche Umsetzung:** Einbeziehung der Betroffenen im internen Kommunikationsprozess, Nutzung diverser Kommunikationsmittel
	Closing: Projektbekanntgabe	**Kultureller Wandel:** Förderung und Initiierung der Kommunikation
		Folgerestrukturierungen: Verminderung eines Glaubwürdigkeitsdefizits

in dieser Phase die Herausforderung der Geheimhaltung der Gespräche oder zumindest des Stands der Gespräche auf, die sich über die ganze Vorfeld- und Transaktionsphase hinzieht und wichtige Implikationen für den Erfolg des Projekts hat. In dieser frühen und noch sehr unsicheren Phase dürfen die Mitarbeiter und Kunden nicht beunruhigt werden. Die Geheimhaltung ist in den meisten Fällen auch empfehlenswert, um den Wettbewerbern die Informationen erst möglichst spät zukommen zu lassen. Sollte es jedoch, trotz aller Maßnahmen zur Geheimhaltung, eine spekulative Pressemeldung aufgrund der Gerüchte geben, so ist eine abgestimmte Vorgehensweise, beispielsweise in Form einer vorbereiteten Presseerklärung *(Holding Statement)* sowie eine gemeinsame Sprachregelung gegenüber Presseanfragen notwendig. In der **Transaktionsphase** wird der Kommunikationsplan erstellt, wobei festgelegt wird, wer, wann, wie und mit welchen Inhalten zum M&A-Projekt versorgt wird. Bei der Basis der Planung, der Stakeholderanalyse, sollte berücksichtigt werden, inwieweit die ökonomische Position dieser Gruppe durch die geplante M&A-Transaktion betroffen ist. Mitarbeiter haben eine sehr hohe Empfindlichkeit für jegliche Art von Gerüchten oder Hinweisen, was auf einen hohen Informationsbedarf hinweist. Die strategische Intention sowie die beabsichtige Wertsteigerung steht bei den Anteilseignern im Vordergrund. Die Trennung von persönlichen Beziehungen im Vertriebsbereich, die durch Zusammenlegung der Vertriebsorganisationen entstehen kann, macht eine aktive Kommunikation mit wertvollen Kunden unverzichtbar, um diese auch zum neuen Unternehmen loyal zu halten. Im Mittelpunkt steht dabei die Betonung der Vorteile für die Kunden sowie die unbedingte Einhaltung der bestehenden Verträge. Regionalökonomische Auswirkungen – beispielsweise in Form von Schließung eines Standorts – oder generelle Vorbehalte gegen die Konzentration von Unternehmen können das Image des Projekts und der beteiligten Unternehmen beschädigen. Daher ist hier Gegensteuern notwendig. Kritisch ist die Bestimmung des Kommunikationszeitpunktes, wobei hier grundsätzlich gilt, dass das Closing *(Day One)* – also der Zeitpunkt der Vertragsunterzeichnung, bei dem die betroffenen Unternehmen rechtsverbindliche Positionen eingenommen haben – relevant ist. Hier muss bei sehr großen Projekten eine mit nahezu militärischer Genauigkeit vorgenommene Planung erfolgen. Der Zeitpunkt der Pressemitteilung, die Form und die Adressaten, die evtl. überregional gleichzeitig informiert werden müssen, sollten zeitlich mit der internen Veröffentlichung abgestimmt werden. Bei der Kommunikation in der **Integrationsphase** sind die Eindeutigkeit der Kommunikation, die Klarheit der Aussagen sowie die Reihenfolge (interne vor externer Kommunikation) von besonderer Wichtigkeit. Die (effektivere) persönliche Kommunikation sollte der medialen Kommunikation vorgezogen werden. Die Wirkungseinschätzung der einzelnen Kommunikationsmittel sollte durchdacht werden. Die Auswahl der Medien hängt davon ab, ob die Kommunikation allgemein oder persönlich, schriftlich oder mündlich, einseitig oder zweiseitig und werblich oder redaktionell erfolgen soll. Sollte die letzte Aktivität – die Folgerestrukturierung gleich nach der Akquisition – nicht rechtzeitig kommuniziert worden sein, könnte ein Glaubwürdigkeitsdefizit entstehen. In diesem Fall ist es ratsam, unter Einsatz von möglichst persönlichen Kommunikationsmitteln die Gründe für die Neustrukturierung und v. a. auch die Gründe für deren Unvorhersehbarkeit deutlich zu machen (Lucks und Meckl 2002).

Gerade in der Integrationsphase werden mit den zielorientiert kanalisierten Kommunikationsmaßnahmen wichtige Signale gesetzt. Die Mitarbeiter beobachten dabei nicht nur das Kommunikationsverhalten des Topmanagements selbst kritisch (Transparenz, Ehrlichkeit und Offenheit), sondern vor allem, ob den Worten die angekündigten Taten folgen (vgl. Grosse-Hornke und Gurk 2010). In dieser Phase müssen die in den Kern- und Unterstützungsprozessen konzipierten und umzusetzenden Maßnahmen mit einer Kommunikationsstrategie begleitet werden (Lucks und Meckl 2002). Verläuft die Integration der Inhalte des M&A-Prozesses mithilfe der zielgerichteten Kommunikation erfolgreich, wird die Unternehmenskultur gestärkt und das Vertrauen der Mitarbeiter gewonnen, was sich positiv auf die Mitarbeiterbindung im Unternehmen auswirkt.

Das Verhindern von Kommunikationsfehlern, die einen Firmenzusammenschluss erschweren bzw. sogar scheitern lassen könnten, beginnt mit der Vermeidung von mangelnder Information und Kommunikation. Denn dabei entstehen schnell Gerüchte (sog. *Flurfunk*), die bei den Mitarbeitern Unsicherheit und Ängste schüren (vgl. Grosse-Hornke und Gurk 2010). Neben dem Unterbinden bzw. der Reduktion von Verunsicherung primär von Mitarbeitern und Kunden ist es sinnvoll, unrealistische positive wie negative Erwartungshaltungen zu dämpfen sowie die Prozesssteuerung über zusätzliche Informationen zu verbessern. Wichtig ist ebenso die Vermittlung neuer Visionen und

Ziele des fusionierten Unternehmens an das sozioökonomische Umfeld (Gerpott 1993). Strategisch sinnvolle M&A-Transaktionen sind nicht zwingend für alle Stakeholder vorteilhaft. Den bevorteilten Stakeholdern sollte ihre Begünstigung vermittelt werden, um sie als Verstärker der Transaktion zu nutzen. Den benachteiligten Stakeholdern ist vor allem emotional in geschickter Weise zu begegnen, um Schadensbegrenzung zu ermöglichen (Vogel 2002).

Im Rahmen einer M&A-Transaktion besteht eine hohe Wahrscheinlichkeit, dass zwei verschiedene Unternehmenskulturen aufeinandertreffen; demnach kommt der *Corporate Culture* eine besondere Bedeutung zu. Auch wenn offensichtliche Gemeinsamkeiten zwischen zwei Unternehmen, wie beispielsweise ein gemeinsamer Kundenkreis oder eine ähnliche Produktpalette, in gewissem Maße zusammengeführt und somit Synergieeffekte vorteilhaft genutzt werden können, kann eine unterschiedliche, nicht beachtete Unternehmenskultur zu großen Schwierigkeiten führen (Martin 2013). Die Durchführung einer Kulturanalyse ist grundlegend für das Erkennen von möglichen *Misfits* zwischen zwei Unternehmen. Im Falle einer zu großen Diskrepanz zwischen den beteiligten Unternehmen sollte die Transaktion überdacht bzw. die Kommunikationspolitik den Anforderungen entsprechend ausgerichtet werden. Nach Salecker (1995) ist außerdem die Funktion der *Corporate Identity* auf die Vermittlung von Sinn, den Aufbau von Motivationspotenzialen, die Unterstützung der Konsensbildung und Orientierung, die Vereinfachung der Koordination, die Begründung von Identität sowie auf die Eröffnung von Leitpotenzialen auszurichten (Röbke 2007; Salecker 1995).

Im M&A-Prozess muss das betroffene Unternehmen seine Kommunikationspolitik rechtzeitig entlang der strategischen Planungen koordinieren. Dabei erfolgt differenzierter Fokus in Abhängigkeit davon, ob ein Unternehmen selber übernimmt oder übernommen wird und im letzteren Fall sich eventuell in einer Krise befindet.

Erfolgsfaktoren der Kommunikationsstrategie sind demnach die Festlegung relevanter Inhalte, die frühzeitige Festlegung der Medien, das richtige Timing der Maßnahmen für die einzelnen Interessengruppen sowie die gezielte Auswahl geeigneter Partner bei der Planung und Durchführung von Kommunikationsmaßnahmen für die differenzierten Interessengruppen. Für internationale Unternehmen sind aus Kommunikationssicht außerdem zwei Faktoren ausschlaggebend: Die kulturelle bzw. nationale Differenzierung der Mittel und Inhalte sowie die interne Informationsbeschaffung und -weitergabe. Die hier beschriebenen Kommunikationsprozesse sollen die Weiterverfolgung der Kern- und Unterstützungsprozesse fördern und Konflikte möglichst proaktiv beseitigen, zudem soll die Veränderungsbereitschaft, die sich bei einem M&A-Projekt normalerweise ergibt, genutzt werden, um die notwendigen Neustrukturierungen durchzusetzen (Lucks und Meckl 2002; Lucks K. 2017). Zusammenfassend benennt Blum (2003) die Information, ihre Glaubwürdigkeit und somit die Glaubwürdigkeit ihrer Quelle als die zentralen Erfolgsfaktoren. „Der Markt ist ein Vertrauensgut, und in einer komplexen Gesellschaft wird Vertrauen essentiell für deren reibungsloses Funktionieren", (Blum 2003). Eine zielgruppenorientierte Offenheit und Transparenz schafft Vertrauen bei den beteiligten Gruppen und ist für die Krisenbewältigung sehr förderlich. Eine Verzögerungs- und Verschleierungstaktik führt hingegen zu einem höheren und nachhaltigeren Vertrauens- und Ansehensverlust als die ursprüngliche Krise selbst (Locarek-Junge et al. 2003). Bei einer Skandalisierung werden die Informationsasymmetrien unerträglich und können kaum mehr überwunden werden, somit dominieren falsche Bewertungen und unglückliche Verkettungen das Geschehen und erschweren enorm einen sicheren Rückzug. So weit dürfen die Unternehmen es nicht kommen lassen.

Literatur

Ballwieser, W. (1981). Die Wahl des Kalkulationszinsfußes bei der Unternehmensbewertung unter Berücksichtigung von Risiko und Geldentwertung. *Betriebswirtschaftliche Forschung und Praxis, 33,* 97–114.

Blum, U. (2003). Schlußbemerkung. In U. Blum, E. Greipl, S. Müller, & W. Uhr (Hrsg.), *Krisenkommunikation. 5. Dresdner Kolloquium an der Fakultät Wirtschaftswissenschaften der Technischen Universität Dresden.* Wiesbaden: Deutscher Universitäts-Verlag.

BMWi, KfW, DIHK, ZDH, BVR, & DSGV. (2017). *nexxt-change.* Von Unternehmensbörse des Bundeswirtschaftsministeriums.

Die Sächsischen Industrie- und Handelskammern, Die Sächsischen Handwerkskammern, Landesverband der Freien Berufe. (2017). *Unternehmensnachfolge in Sachsen.* Von Von Generation zu Generation: Nachfolgegeschehen in Sachsen: http://www.unternehmensnachfolge.sachsen.de/download/BefragNachfolge2016.pdf.

Dorfleitner, G., & Gleißner, W. (2018). Valuing streams of risky cash flows with risk-value models. *Journal of Risk (i. E.).*

Gerpott, T. J. (1993). *Integrationsgestaltung und Erfolg von Unternehmensakquisitionen.* Stuttgart: Schäffer-Poeschel.

Gleißner, W. (2010). Unternehmenswert, Rating und Risiko. *Die Wirtschaftsprüfung, 14*(2010), 735–743.

Gleißner, W. (2011). Der Einfluss der Insolvenzwahrscheinlichkeit (Rating) auf den Unternehmenswert und die Eigenkapitalkosten. *Corporate Finance biz, 4*(2011), 243–251.

Gleißner, W. (2014). Kapitalmarktorientierte Unternehmensbewertung: Erkenntnisse der empirischen Kapitalmarktforschung und alternative Bewertungsmethoden. *Corporate Finance, 4*(2014), 151–167.

Gleißner, W. (2017a). Risikoanalyse und Replikation für Unternehmensbewertung und wertorientierte Unternehmenssteuerung. *Wirtschaftswissenschaftliches Studium, 7*(2011), 345–352.

Gleißner, W. (2017b). *Grundlagen des Risikomanagements im Unternehmen* (2. Aufl.). München: Vahlen.

Gleißner, W. (2017c). Stochastische Simulation als Grundlage für Unternehmensbewertung und M&A-Entscheidungen. *M&A Review, 4*(2017), 90–95.

Gleißner, W., & Ihlau, S. (2017). Anwendung von Unternehmensbewertungsmethoden bei der Strategiebeurteilung. *BetriebsBerater* (S. 1387–1391) (26. 2017).

Gleißner, W., & Wolfrum, M. (2008). Eigenkapitalkosten und die Bewertung nicht börsennotierter Unternehmen: Relevanz von Diversifikationsgrad und Risikomaß. *FINANZ BETRIEB, 9*(2008), 602–614.

Graven, J. (2017). *Impulse.* Von Was taugen Unternehmensbörsen. http://www.impulse.de/management/unternehmensverkauf/2079810.html. Zugegriffen: 07. Mai 2017.

Grosse-Hornke, S., & Gurk, S. (2010). Im Tandem zum Integrationserfolg: Aus Mitarbeiter- und Kundensicht die Kommunikation gestalten. In G. Müller-Stewens, S. Kunisch, & B. A (Hrsg.),

Mergers & acquisitions. analysen, trends und best practices (S. 325–340). Stuttgart: Deutscher Universitäts-Verlag.

Haugen, R. A. (2004). *The new finance – Overreaction, complexity, and uniqueness*. Upper Saddle River: Pearson.

IHK Dresden. (2017). *folgerichtig.net*. http://www.folgerichtig.net/.

Kerins, F., Smith, J., & Smith, R. (2004). Opportunity cost of capital for venture capital investors and entrepreneurs. *Journal of financial and quantitative analysis, 39*(2), 385–405.

Locarek-Junge, H., Straßberger, M., & Wagner, N. (2003). Krisenkommunikation am Kapitalmarkt: Investor Relations in der Unternehmenskrise. In U. Blum, E. Greipl, S. Müller, & W. Uhr (Hrsg.), *Krisenkommunikation. 5. Dresdner Kolloquium an der Fakultät Wirtschaftswissenschaften der Technischen Universität Dresden*. Wiesbaden: Deutscher Universitäts-Verlag.

Lucks, K. (Hrsg.). (2017). *Praxishandbuch Industrie 4.0 – Branchen – Unternehmen – M&A*. Stuttgart: Schäffer-Poeschel.

Lucks, K., & Meckl, R. (2002). *Internationale Mergers & Acquisitions: Der prozessorientierte Ansatz*. Berlin: Springer.

Martin, M. (2013). *Kommunikation bei Mergers and Acquisitions: ein kommunikationspolitischer Leitfaden zur Erfolgsoptimierung*. Hamburg: Diplomica.

Röbke, M. (2007). Kommunikation – wichtiger Faktor in Fusionsprozessen. *Verbändereport, 8*, 14–17.

Salecker, J. (1995). *Der Kommunikationsauftrag von Unternehmen bei Mergers & Acquisitions: Problemdimensionen und Gestaltungsoptionen der Kommunikation bei Unternehmensübernahmen*. Bern: Haupt.

Spremann, K. (2004). *Valuation: Grundlagen moderner Unternehmensbewertung*. Oldenbourg: Wissenschaftsverlag.

Vogel, D. H. (2002). *M & A – Ideal und Wirklichkeit*. Wiesbaden: Gabler.

Wirtz, B. W. (2014). *Mergers & Acquisitions Management. Strategie und Organisation von Unternehmenszusammenschlüssen* (3. Aufl.). Wiesbaden: Gabler.

Weiterführende Literatur

Blum, U., Greipl, E., Müller, S., & Uhr, W. (Hrsg.). (2003). *Krisenkommunikation. 5. Dresdner Kolloquium an der Fakultät Wirtschaftswissenschaften der Technischen Universität Dresden*. Wiesbaden: Deutscher Universitäts-Verlag.

Gleißner, W. (2011a). Risikoanalyse und Replikation für Unternehmensbewertung und wertorientierte Unternehmenssteuerung. *WiSt, 7*(11), 345–352.

Werner Gleißner, Prof. Dr. ist Diplom-Wirtschaftsingenieur und hat an der Universität Karlsruhe in Volkswirtschaftslehre promoviert. Er ist Vorstand der FutureValue Group AG in Leinfelden-Echterdingen und Honorarprofessor für Betriebswirtschaftslehre, insbesondere Risikomanagement, an der Technischen Universität Dresden. Herr Prof. Dr. Werner Gleißner befasst sich mit wert- und risikoorientierter Unternehmensführung auf der Basis von Bewertungsverfahren für unvollkommene Kapitalmärkte, die Unternehmenswert und Kapitalkosten aus aggregierten Ertragsrisiken ableiten („Risiko-Wert-Modelle"). Seine Forschungs- und Tätigkeitsschwerpunkte liegen im Bereich Risikomanagement, Bewertung, Rating und Unternehmensstrategie sowie der Entwicklung von Methoden für eine simulationsbasierte Risikoaggregation – z. B. in Anwendung auf die Vorbereitung von Top-Managemententscheidungen sowie im Kapitalanlage- und Portfoliomanagement. Er arbeitet insbesondere an der Integration der bisher weitgehend getrennten Methoden für Risikomanagement, Rating und Unternehmensbewertung. Er ist Autor zahlreicher Fachartikel und Bücher.

Download von Fachveröffentlichungen unter www.werner-gleissner.de sowie www.futurevalue.de.

Michael A. Veltins, Prof. Dr., Rechtsanwalt, ist seit 2005 Senior Partner und Geschäftsführer der LSV Rechtsanwalts GmbH in Frankfurt am Main. LSV besteht aus einem Team von Fachanwälten, Rechtsanwälten, Steuerberatern und Wirtschaftsprüfern, das eine umfassende und fachübergreifende Rechtsberatung, Steuerberatung und Wirtschaftsprüfung anbietet. Nach langjähriger Tätigkeit für die heutige Kanzlei Taylor Wessing war er zuvor Gründungs- und Managing Partner der PricewaterhouseCoopers Veltins Rechtsanwaltsgesellschaft mbH. In dieser Funktion gehörte er u.a. dem Vorstand der Wirtschaftsprüfungsgesellschaft PwC an.

Seit dem Jahr 1993 lehrt Prof. Dr. Veltins an der TU Dresden; er ist Verfasser zahlreicher Aufsätze und Bücher, u.a. Kommentator des Handbuches von Hauschka, „Corporate Compliance", das gerade in der 3. Auflage erscheint. Prof. Veltins berät vorwiegend Unternehmen in den Bereichen Wirtschaftsrecht und Arbeitsrecht für Führungskräfte. Darüber hinaus ist er als Schiedsrichter insbesondere bei Streitigkeiten aus Unternehmenskäufen tätig.

Claudia Lubk, Prof. Dr. studierte Volkswirtschaftslehre sowie Regionalstudien Ostasien in Dresden und Xiamen, VR China. Dabei spezialisierte sie sich auf Außenwirtschaft, Umweltökonomie sowie Wirtschaftspolitik. Während ihres Studiums arbeitete sie als Hilfskraft und Praktikantin für das ifo Institut, Niederlassung Dresden, sowie für den Lehrstuhl für Wirtschaftspolitik. Ihre Doktorarbeit schrieb sie zum Thema „Evaluation nachhaltiger Arbeitsmarktpolitik". 2006 bis 2012 war sie Mitarbeiterin am Lehrstuhl für Makroökonomik an der BTU Cottbus; 2012 bis 2017 arbeitete sie am Lehrstuhl für Wirtschaftspolitik und Wirtschaftsforschung an der Martin-Luther-Universität in Halle. Dort forschte sie in einem Projekt zu Headquartereffekten und der Headquarterlücke in Ostdeutschland. Seit 2017 arbeitet und forscht Frau Lubk als Professorin für Öffentliche Betriebswirtschaftslehre an der Hochschule Meißen (FH) und Fortbildungszentrum. Sie leitet dort außerdem das Akademische Auslandsamt.

Laura Mahl, Dipl.-Kfr. hat im Jahr 2010 ihr Studium der Betriebswirtschaftslehre an der Martin-Luther-Universität Halle-Wittenberg mit Studienschwerpunktsetzung Organisation und Personalwirtschaft, Finanzwissenschaft und Umweltmanagement erfolgreich abgeschlossen und engagierte sich anschließend bis Oktober 2011 in den Tätigkeitsbereichen Personalentwicklung und Personalauswahl als Trainer/Coach für Erwachsenenqualifikation im Institut für Sprachen und Wirtschaft Dr. Hirsch GmbH in Halle. Bis 2015 war Laura Mahl an der Martin-Luther-Universität Halle-Wittenberg als wissenschaftliche Mitarbeiterin in der Lehre, Forschung und Verwaltung tätig, zunächst bei der Unterstützung der Lehre am Lehrstuhl für Organisation und Personalwirtschaft und anschließend am Lehrstuhl für Wirtschaftspolitik und Wirtschaftsforschung. Dabei lag der Schwerpunkt ihrer wissenschaftlichen Forschung beim personalwirtschaftlichen Fokus im Headquarterprojekt, insbesondere bei der Analyse zu den Themen Employer Branding, Bindungsmanagement und Mitarbeiterloyalität in ostdeutschen Unternehmen.

Finanzierung

3

Werner Gleißner und Anja Seifert

3.1 Die Bedeutung der Finanzierung

Bei jedem Kauf, gleich welcher Art, stellt sich die Frage, woher die Finanzmittel beschafft werden sollen, um den Kaufpreis bezahlen zu können. Doch speziell bei Übernahmen erweist sich die Finanzierung wegen teils immenser Volumina oft als kritischer Punkt – gerade für KMU (Sieger 2008). Die erste Hürde für Käuferunternehmen besteht also darin, überhaupt die notwendigen Mittel im erforderlichen Volumen aufzubringen. Häufig ist hierzu eine *strukturierte Finanzierung* vonnöten, die sowohl Instrumente der Eigen- als auch der Fremdfinanzierung umfasst: „Diese Strukturierung bestimmt letztendlich […] die für das Käuferunternehmen anfallenden Kapitalkosten [des Deals] und hat damit […] Rückwirkung auf die Unternehmensbewertung", (Lucks und Meckl 2015).

Prinzipiell stellen Unternehmenskäufe Investitionen dar, die wie andere auch finanziert werden müssen. Folgende Besonderheiten sollten aber beachtet werden (Lucks und Meckl 2015):

- Hohe Investitionsvolumina: Kann das Käuferunternehmen überhaupt so viel aufbringen?

W. Gleißner
Dresden, Deutschland
E-Mail: w.gleissner@futurevalue.de

A. Seifert (✉)
Halle, Deutschland
E-Mail: anja.seifert@wiwi.uni-halle.de

© Springer Fachmedien Wiesbaden GmbH, ein Teil von Springer Nature 2018
U. Blum et al. (Hrsg.), *Vade Mecum für Unternehmenskäufe*,
https://doi.org/10.1007/978-3-658-20755-7_3

- Komplexe Finanzierungsstrukturen: Das Aufbringen so hoher Mittel erfordert häufig komplizierte Finanzierungsmodelle. (Know-How/Beziehungen zu Financiers sind unverzichtbar.)
- Kurzfristigkeit: Falls der Kauf nicht aus strategischen, sondern spontanen Überlegungen erwächst, ist die Vorlaufzeit für die Finanzmittelbeschaffung oft knapp. (Dies erschwert bspw. Eigenkapitalerhöhungen.)
- Geheimhaltung: Häufig nötig, hemmt aber das Ansprechen potenzieller Geldgeber.
- Auswirkungen auf die Bilanzstruktur: Hohe Volumina und Risiken verschlechtern u. U. die Eigenkapitalquote und damit eventuell das Rating, also die Fremdkapitalkosten.
- Auswirkungen auf die Einschätzung der Transaktion durch Dritte: Erklären sich Fremdkapitalgeber (nicht) zur Risikoübernahme bereit, stellt dies ein positives (negatives) Signal für andere durch den Unternehmenskauf Betroffene wie bspw. Eigentümer, Mitarbeiter, weitere Geldgeber dar.

3.2 Modelle und Theorien

Zentrales Ziel einer M&A-Finanzierung ist die „kosten- und risikominimale Bereitstellung von genügend Kapital zur Begleichung des Kaufpreises" (Lucks und Meckl 2015). Doch wo liegt das Kostenminimum, d. h. wie sieht ganz allgemein die optimale Finanzierungsstruktur aus? Nach Modigliani und Miller (1958) existiert die optimale Kapitalstruktur nicht *(Irrelevanzthese der Kapitalstruktur)* – vorausgesetzt, die beteiligten Unternehmen agieren auf einem vollkommenen Kapitalmarkt[1]. Realistischere Ansätze (vgl. Glaum und Hutzschenreuter 2010) argumentieren, dass unterhalb eines kritischen Verschuldungsgrades Eigen- und Fremdkapitalkosten voneinander unabhängig sind, da hier das Risiko aus der Kapitalstruktur für beide Gruppen noch sehr gering ist. Eigenkapitalgeber fordern allerdings für ihre Einlagen höhere Renditen als Fremdkapitalgeber, sodass es sich bei geringem Verschuldungsgrad lohnt, teures Eigenkapital durch günstigeres Fremdkapital abzulösen *(Leverage-Effekt)*. Wird der kritische Verschuldungsgrad überschritten, passen beide Gruppen ihre Kapitalkostenforderungen nach oben an und der Leverage-Effekt wird kompensiert. Obwohl die Bestimmung des kritischen Schwellenwertes in der Praxis schwierig bleibt, kann festgehalten werden: Der Fremdfinanzierung von Unternehmenskäufen sind Grenzen gesetzt.

---

[1] Die Annahme eines vollkommenen Kapitalmarkts impliziert vollständige Markttransparenz, rationale Entscheidungen der Anleger und dass keine Transaktionskosten oder Steuern anfallen (Modigliani und Miller 1958).

Die *Pecking-Order-Theorie* (Myers und Majluf 1984) unterstellt sowohl differierende Ziele von Managern und potenziellen Kapitalgebern (z. B. Machterhalt vs. Gewinnmaximierung) als auch einen Informationsvorsprung aufseiten der Manager[2]. Myers und Majluf argumentieren, dass Manager Innenfinanzierung stets bevorzugen werden, da diese schlicht weniger Berichtspflichten mit sich bringt, gefolgt von Fremd-, Mezzanine- und schließlich externen Eigenfinanzierung (Pecking-Order). Dieselbe Pecking-Order kann für von Eigentümern geführte Unternehmen angenommen werden.

Doch schon allein die Grenzen zwischen Eigen- und Fremdkapital sind strittig. Hat man sich lange noch mit dem Begriff des Mezzanine-Kapitals (Mischform, z. B. Wandelanleihen oder stille Beteiligungen) behelfen können, wird die Abgrenzung in der Praxis zunehmend schwieriger – insbesondere bei neuen Finanzierungsformen, die nicht ins klassische Raster passen. Knabe und Walther (2005) schlagen daher eine stetige statt der bisherigen diskreten Einteilung vor. Sie kombinieren diese mit einem markt- bzw. produktionsfaktororientierten Abgrenzungskriterium als stetiges Maß. Solche Definitionsansätze könnten künftig stark an Bedeutung gewinnen, v. a. angesichts der technologiebedingten, strukturellen Umbrüche auf dem Bankenmarkt (Bsp. *Crowdfunding, Crowd-investing, Fin-Techs*[3]).

3.3 Finanzierungsgrenzen und Risiko

Bei der Akquisitionsfinanzierung handelt es sich um die Finanzierung des Unternehmens- oder Beteiligungserwerbs. Meistens finanziert der Erwerber den Unternehmenskauf aus einer Kombination von Fremd- und Eigenkapital (siehe dazu Abschn. 3.2). Während das Eigenkapital vom Erwerber in Form einer direkten Beteiligung gestellt wird, stellen Banken das Fremdkapital in Form von Krediten mit unterschiedlichen Laufzeiten und Zinsen zur Verfügung.

Tatsächlich ist es jedoch häufig nicht möglich, die aus Sicht des neuen Eigentümers gewünschte Höhe des Fremdkapitals zu wählen. Zu beachten sind nämlich Finanzierungsrestriktionen, die entstehen, weil die Gläubiger Restriktionen bzgl. der von ihnen maximal akzeptierten Ausfallwahrscheinlichkeit *(p)* vorgeben (vgl. Eayrs und Gleißner 2006, S. 2–6; Gleißner 2005, S. 217–229, 2017a). Im Folgenden werden nunmehr

---

[2]Die Pecking-Order-Theorie baut auf der Prinzipal-Agenten-Theorie von Jensen und Meckling (1976) auf: Der Auftraggeber (Prinzipal) betraut einen Auftragnehmer (Agent) gegen Entlohnung mit einer Aufgabe. In der Erfüllung des Auftrags entstehen dem Agenten Informationsvorsprünge, die dieser nutzen kann, um eventuell eigene Interessen zu verfolgen. Da Prinzipal und Agent verschiedene Ziele haben können, sind Konflikte möglich.

[3]FinTech, kurz für Finanztechnologie, ist im weiteren Sinne ein Sammelbegriff zur Beschreibung der Digitalisierung des Finanzsektors. I. e. S. werden damit fortschrittliche, meist internetbasierte Unternehmen und Technologien aus Bereichen wie e-Commerce, mobile Zahlungsmittel oder crowd-basierte Frühphasenfinanzierung bezeichnet (Dapp 2014).

diese Verschuldungsgrenzen, die sich durch die Vorgabe von Restriktionen hinsichtlich wesentlicher Finanzkennzahlen ergeben, näher betrachtet[4].

Konkret wird erläutert, welcher Maximalanteil *(a)* eines Kaufpreises fremdfinanziert werden kann. Die Restriktion hierbei ergibt sich durch die Banken, die eine zu hohe Verschuldung nicht akzeptieren werden, weil diese eine zu starke Verschlechterung des Ratings und damit eine zu deutliche Erhöhung der Ausfallwahrscheinlichkeit implizieren würde (vgl. Gleißner 2008, S. 32–35, 2017b, S. 90–95; Eayrs und Gleißner 2010, S. 20–27).

Allgemein kann man bei einem marktgerechten Bewertungsmultiplikator *(m)*, dem Betriebsergebnis *(EBITDA)* und der aktuellen Nettoverschuldung des Unternehmens *(FK^{alt})* mit einem Zinssatz von i folgenden maximalen Anteil *a* für eine Fremdfinanzierung *(FK^{neu})* des Unternehmenswerts inkl. Fremdkapital *(Enterprise Value, EV)*[5] bestimmen, wenn z. B. die Zinsdeckungsquote ZDQ^{min}_{EBITDA} nicht unterschritten werden darf:[6]

$$ZDQ^{min}_{EBITDA} = \frac{EBITDA}{(FK^{alt} + FK^{neu}) \cdot i} \qquad (3.1)$$

und

$$FK^{neu} = EV \cdot a = \left(EK^M + FK^{alt}\right) \cdot a = m \cdot EBITDA \cdot a \qquad (3.2)$$

Durch Einsetzen der Gl. 3.2 in die Gl. 3.1 erhält man für ZDQ^{min}_{EBITDA}:

$$ZDQ^{min}_{EBITDA} = \frac{EBITDA}{(FK^{alt} + m \cdot EBITDA \cdot a) \cdot i} \qquad (3.3)$$

Durch Auflösen der Gleichung nach dem maximalen Fremdfinanzierungsanteil des Kaufpreises *a* ergibt sich schließlich:

$$a = \frac{\frac{1}{i \cdot ZDQ^{min}_{EBITDA}} - \frac{FK^{alt}}{EBITDA}}{m} \qquad (3.4)$$

als maximaler Anteil des Enterprise Values, der fremdfinanziert werden kann.[7] Mit zunehmendem Bewertungsniveau *m* sinkt die Fremdfinanzierungsmöglichkeit.

---

[4]In Anlehnung an Eayrs und Gleißner (2010).
[5]D. h. Veränderung des Fremdkapitals.
[6]Hier wird vereinfachend nur betrachtet, dass die Fremdfinanzierung des Kaufpreises des gekauften Unternehmens als Risiko bewertet wird (z. B. wegen einer Sonderausschüttung an die neuen Eigentümer). Der Zins i bleibt vereinfachend konstant, kann aber auch ratingabhängig modelliert werden.
[7]Zu beachten ist, dass der Zinssatz i steigt, wenn ZDQ^{min}_{EBITDA} eine überdeutlich höhere Insolvenzwahrscheinlichkeit bzw. schlechtes Rating impliziert als bisher (siehe Gleißner 2017a).

3 Finanzierung

Beispiel: Für die Übernahme der Target-GmbH mit $EBITDA = 150$ und $FK^{alt} = 300$ ergibt sich bei einer vorgegebenen maximalen Zinsdeckungsquote von 5,0 (bei Zinssatz $i = 6\,\%$) ein maximaler Anteil der Fremdfinanzierung am Enterprise Value (600) von 33,3 %:

$$a = \frac{\frac{1}{6\% \cdot 5{,}0} - \frac{300}{150}}{4{,}0} = 33{,}3\,\%. \tag{3.5}$$

Dies entspricht einer **maximalen Fremdfinanzierung in Höhe von** $600 \times 33{,}3\,\% = 200$. Daraus ergibt sich wiederum eine Eigenfinanzierungsquote von 66,7 %:

$$\bar{a} = \frac{200}{(600 - 300)} = 66{,}7\,\%. \tag{3.6}$$

Der Käufer müsste also **mindestens** $600 \times 66{,}7\,\% = \mathbf{400\ Eigenkapital\ aufbringen}$.

Im Rahmen von Kaufpreisverhandlungen spielt die künftige Kapitaldienstfähigkeit des Unternehmens eine erhebliche Rolle bei der Akquisitionsfinanzierung und beeinflusst dadurch oft den erzielbaren Kaufpreis für den Verkäufer (Dieser ist aber nicht unbedingt der fundamentale Ertragswert (vgl. Gleißner 2015, S. 72–80, 2014, S. 151–167)). Die Ermittlung der künftigen Kapitaldienstfähigkeit bedarf einer präzisen Planung der Bilanz, der Gewinn- und Verlustrechnung sowie der Investitionen. Über diese Einflussgrößen (unter anderem Veränderungen des Working Capitals und der Investitionsausgaben aufgrund geplanter Umsatzsteigerungen) kann der freie Cashflow zur Bedienung des Gesamtkapitals ermittelt werden. Aus der Ableitung wichtiger Kenngrößen, wie EBITDA und Verschuldungsgrad, lässt sich eine Finanzierungsstruktur für den Erwerb der Anteile darstellen und der Zusammenhang (in Form von Wechselwirkungen) zwischen Ertragskraft (Umsatzrendite bzw. EBITDA-Marge), Kaufpreis und dem maximalen Fremdkapitalanteil der Finanzierung aufzeigen (siehe Abb. 3.1).

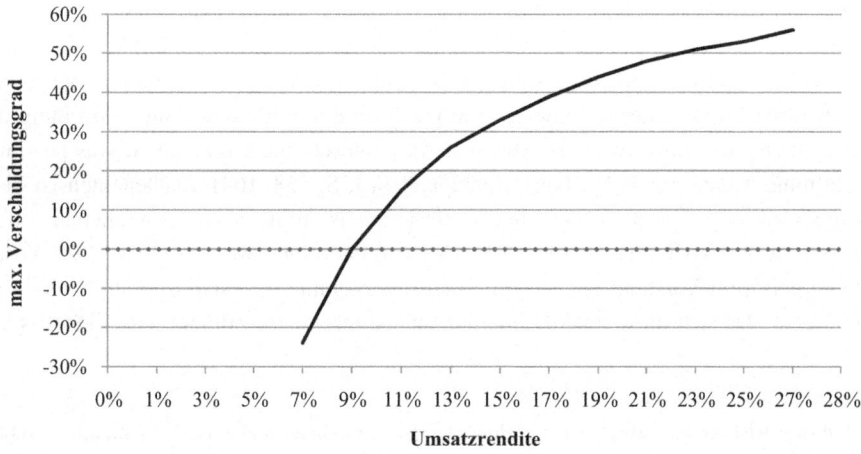

Abb. 3.1 Auswirkung der Umsatzrendite auf den möglichen Verschuldungsgrad. (Quelle: Eigene Darstellung)

Ein Merkmal der Akquisitionsfinanzierung ist das Abstellen der Tilgungsleistung auf die künftige Ertragskraft des Unternehmens und nicht auf klassische Kreditsicherheiten. Ziel ist es, die gesamte Finanzierungssumme in fünf bis sieben Jahren aus dem künftigen Cashflow zurückzuführen. Aus der schematischen Darstellung ist erkennbar, dass die Ertragskraft (EBITDA) unmittelbaren Einfluss auf die Höhe einer Akquisitionsfinanzierung hat. Zusätzlich ist eine Akquisitionsfinanzierung durch Höchstgrenzen (ca. 50 % des Kaufpreises) beschränkt. Je höher somit der Kaufpreis und die übernommenen Finanzverbindlichkeiten sind, desto höher fällt der erforderliche Eigenmitteleinsatz oder die Einbindung eigenkapitalähnlicher Mittel aus.

Grundsätzlich anzumerken ist jedoch, dass bei den hier vorgestellten in der Praxis üblichen Verfahren zur Ableitung von Finanzierungsgrenzen lediglich „Näherungswerte" berechnet werden, weil die für diese Berechnung an sich erforderlichen Informationen über die Unternehmensrisiken (Ertragsrisiko) nicht berücksichtigt werden. Die richtige Finanzierungsstruktur, das Verhältnis von Eigen- und Fremdkapital, ist abhängig vom Risikoumfang (aggregiertes Ertragsrisiko), da gerade durch das Eigenkapital risikobedingt mögliche Verluste aufgefangen werden sollen. Für eine genaue Berechnung der Fremdfinanzierungsmöglichkeiten des Kaufpreises sowie des Eigenkapitalbedarfs eines Unternehmens sind daher Risikoanalysen und Simulationsverfahren erforderlich, mit deren Hilfe durch die Berechnung einer großen Anzahl risikobedingt möglicher Zukunftsszenarien aus dem Umfang möglicher Verluste und damit dem Eigenkapitalbedarf[8] geschlossen werden kann (siehe hierzu Gleißner 2017a) Damit ergibt sich die Finanzierungsstruktur, die abhängig ist von Ertragsrisiko und Ziel-Rating.

Durch eine stochastische Simulation, das heißt eine Aggregation (vgl. Gleißner 2017a) der quantifizierten Risiken im Kontext der Planung, wird untersucht, welche Auswirkungen diese auf den zukünftigen Ertrag, die wesentlichen Finanzkennzahlen, Kreditvereinbarungen *(Covenants)* und das Rating haben. So ist beispielsweise zu berechnen, mit welcher Wahrscheinlichkeit durch Risiken (zum Beispiel Konjunktureinbruch in Verbindung mit einer gescheiterten Akquisition) das durch Finanzkennzahlen abschätzbare zukünftige Rating des Unternehmens unter ein für die Kapitaldienstfähigkeit notwendiges Niveau (B-Rating) abfallen könnte[9]. Ohne die Auswertung der Kombinationseffekte von Einzelrisiken, also der Risikoaggregation, ist eine mögliche Bestandsbedrohung des Unternehmens im Sinne von § 91 Absatz 2 Aktiengesetz nicht erkennbar, was persönliche Haftungsrisiken zur Folge hat (Gleißner 2017d, S. 158–164). Zu beachten ist also, dass die Risikoaggregation des eigenen Unternehmens aufgrund der gesetzlichen Anforderungen an das Risikomanagement sowieso vorgenommen werden muss. § 91 Abs. 2 AktG fordert vom Vorstand ein System zur Früherkennung „bestandsgefährdender Entwicklungen". Da sich diese im Allgemeinen aus Kombinationseffekten von Einzelrisiken

---

[8]Ein Value at Risk, d. h. Verlust, der mit einer Wahrscheinlichkeit von z. B. 95 % nicht überschritten wird.

[9]Auch die Wahrscheinlichkeit, Covenants zu verletzen, ist zu prüfen (vgl. Gleißner 2017c).

ergeben, benötigt man eine Risikoaggregation (Monte-Carlo-Simulation, vgl. Gleißner 2017d, S. 158–164).

Die Aggregation von Risiken im Kontext der Unternehmensplanung erfordert den Einsatz von Simulationsverfahren (Monte-Carlo-Simulation)[10], weil Risiken – anders als Kosten – nicht addierbar sind, zumindest wenn man von Spezialfällen (Normalverteilungen) absieht.

Im Ergebnis ist festzuhalten, dass gerade bei der Beurteilung von M&A-Strategien eine konsequente Beurteilung der hiermit verbundenen Chancen und Gefahren (Risiken) erforderlich ist; insbesondere auch um die angemessene Finanzierungsstruktur zu bestimmen.

Die Beurteilung der Auswirkungen einer Akquisition erfordert zudem Bewertungsverfahren, die das Ertrag-Risiko-Profil der bestehenden Handlungsoptionen vergleichen. Ausgehend von einer quantitativen Analyse und Aggregation von Risiken sind Verfahren für die Strategiebeurteilung notwendig, die die Implikationen aus Perspektive der Eigentümer (risikogerechter Unternehmenswert) und der Gläubiger (Ratingprognose) zeigen. Die bisher in der Bewertungspraxis noch übliche Ableitung von Diskontierungszinssätzen aus historischen Aktienrenditeschwankungen (CAPM-Betafaktor) ist hier nicht sinnvoll. Die Zukunft wird – auch im Hinblick auf Chancen und Gefahren – oft deutlich anders aussehen als die Vergangenheit (vgl. Gleißner 2014, S. 151–167, 2011, S. 243–251; Dorfleitner und Gleißner 2018). Entsprechend ist es notwendig, ausgehend von den betrachteten Risiken und deren Aggregation mittels stochastischer Simulation auf risikogerechte Kapitalkosten, Insolvenzwahrscheinlichkeit und damit den Unternehmenswert zu schließen. Zu vergleichen ist der Ertragswert des eigenen Unternehmens mit oder ohne das zu kaufende Unternehmen *(Target)* – inklusive Wirkungen von unsicherer Synergie und Akquisitionsfinanzierung. Eine Bewertung des Target-Unternehmens für sich genommen ist nicht aussagefähig. Die Simulationsverfahren sind gemeinsame Grundlage für die Beurteilung der Grenzen der Akquisitionsfinanzierung (Ratingprognose) und der Bewertung (vgl. Gleißner et al. 2014, S. 422–428; Gleißner und Ihlau 2017, S. 1387–1391).

3.4 Finanzierungsinstrumente

Die Finanzierung von M&A kann auf unterschiedlichste Art und Weise strukturiert sein. Für Entscheidungsträger in KMU, die mit dem Gedanken eines Unternehmenskaufs spielen, lohnt es sich, einen Überblick über bestehende Optionen sowie deren Vor- und Nachteile zu haben. Gerade Fremdkapitalgeber bieten mittlerweile eine ganze Bandbreite von speziell auf Unternehmenskäufe zugeschnittenen Finanzierungsformen an. Im Folgenden werden die verbreitetsten klassischen Möglichkeiten kurz vorgestellt[11].

---

[10]Vgl. zur Bedeutung Grisar und Meyer (2016).
[11]Für eine umfangreichere Aufstellung vgl. Mittendorfer (2007).

3.4.1 Eigenkapitalbasierte Finanzierungsinstrumente

Internes Eigenkapital (Innenfinanzierung)

- *Abschreibungen, Rückstellungen, Gewinnthesaurierung.* Vorteile: Ermöglicht der Unternehmensführung unabhängige Entscheidungen, verbessert Bilanzkennzahlen und senkt so Fremdkapitalkosten. Nachteile: Nur eingeschränkt verfügbar, unflexibel.
- *Asset Stripping* (Verkauf nicht-betriebsnotwendiger Vermögenswerte/Unternehmensteile oder Forderungen). Größter Nachteil: Eher mittelfristig, sodass die erforderliche Liquidität nicht rechtzeitig gegeben sein könnte.
- *Nutzung des Finanzierungspotenzials des gekauften Unternehmens* (liquide Mittel, nicht-benötigte Vermögenswerte/Unternehmensteile). Größter Nachteil: Meist ist eine fremd-kapitalbasierte Brückenfinanzierung bis zum rechtlichen Vollzug des Unternehmenskaufs nötig.

Externes Eigenkapital (Kapitalerhöhung)
Vorteile: Grundsätzlich sowie langfristig verfügbar, flexibel, nicht zweckgebunden, risikotragend, ohne feste Zinsverpflichtungen, verbessert die Bilanzkennzahlen und senkt so Fremdkapitalkosten. Der Verkäufer kann (teils) mit Unternehmensanteilen des Käufers liquiditätsschonend bezahlt werden. Nachteile: Verwässerung der Altanteile, detaillierte Berichtspflichten, weitreichende Rechte für die neue Gruppe von Eigentümern, eventuell Verschlechterung der Eigenkapitalrendite.

3.4.2 Fremdkapitalbasierte Finanzierungsinstrumente

Seniorkredite (klassische Form der M&A-Fremdfinanzierung) werden erstrangig bedient, sind mit erstrangigen Sicherheiten hinterlegt und stellen für den Kreditgeber ein relativ geringes Risiko dar. Sie werden nach ihrer zeitlichen Fälligkeit in Tranchen (A-C) unterteilt. Die A-Tranche wird durch Pflichttilgungen während der Laufzeit bedient und traditionell von Banken (bei großen Transaktionsvolumina von Bankkonsortien) aufgebracht. B- und C-Tranchen werden endfällig bedient und bspw. von Versicherungen angeboten. Seniorkreditverträge beinhalten meist Covenants (Negativklauseln), die den Schuldnern z. B. Schwellenwerte für kritische Kennzahlen, Berichtspflichten oder Verhaltensrestriktionen auferlegen sowie Vertragsstrafen festlegen.

Second-Lien-Kredite (auch D-Tranche) sind nachrangiger besichert und werden erst bedient, wenn die A- bis C-Tranchen getilgt sind. Sie sind dementsprechend riskanter, aber auch rentabler für die Kreditgeber.

Unternehmensanleihen können von großen Unternehmen speziell zur Finanzierung einer Unternehmensakquisition ausgegeben werden. Nachteile: Anleihen stehen nur großen bzw. bekannten Unternehmen zur Verfügung und die hohen Emissionskosten sind nur bei hohen Transaktionsvolumina gerechtfertigt.

3 Finanzierung

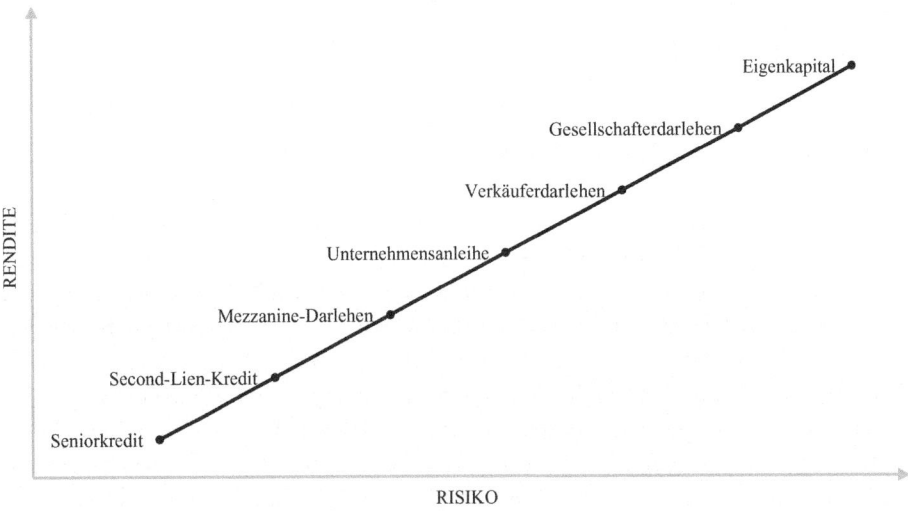

Abb. 3.2 Rendite-Risiko-Linie der Finanzierungsinstrumente für M&A. (Quelle: Eigene Darstellung)

Bei *Verkäuferdarlehen* stellt der Verkäufer die Forderung des Kaufpreises zeitlich zurück und vergibt ein Darlehen in Höhe (eines Teils) des Kaufpreises. Verkäuferdarlehen sind häufig „[z]utiefst nachrangig" (Diehl 2013) und daher für den Verkäufer wesentlich riskanter als bspw. Seniorkredite.

Gesellschafterdarlehen sind bei kleineren Transaktionen sehr verbreitet. Sie können unter bestimmten Bedingungen in Eigenkapital umgewandelt werden, weswegen sie höher verzinst sind als andere Fremdfinanzierungsformen.

3.4.3 Mezzaninkapitalbasierte Finanzierungsinstrumente

Mezzanine-Kapital ist sehr unscharf definiert. Im Grunde handelt es sich um eine Mischform aus Eigen- und Fremdkapital. Häufige Beispiele sind Wandel- sowie Optionsanleihen, Genussrechte und stille Beteiligungen. Auch Verkäuferdarlehen können darunter fallen, wenn z. B. die Zinsen an bestimmte Unternehmenskennzahlen gekoppelt werden. Jedes Mezzanine-Instrument hat eine andere Risikoposition, weswegen Abb. 3.2 nur eine vereinfachte Übersicht der verfügbaren Finanzierungsinstrumente darstellt.

3.5 Beispielhafte Förderangebote von KfW und SAB

Die großen Summen, um die es bei Unternehmenskäufen häufig geht, müssen nicht zwangsläufig vom Käufer allein gestemmt werden. Viele Förderangebote verschiedenster Anbieter wie Sparkassen oder Förderbanken können bei der Finanzierung unterstützend wirken bzw. übernehmen gar Anteile daran. Im Folgenden werden als Beispiele je zwei Förderprogramme der KfW und der SAB kurz vorgestellt.

3.5.1 Kreditanstalt für Wiederaufbau

Die KfW bietet sowohl Eigen- als auch Fremdkapitalsuchenden unterschiedlichste Fördervarianten, um ihre Unternehmen bei der Finanzierung von Wachstumsvorhaben zu unterstützen. So refinanziert sie etwa im Rahmen des *ERP-Beteiligungsprogramms* jede Form der Beteiligung an gewerblichen KMU 100 %ig bis zu einem Betrag von 1,25 Mio. €, in Ausnahmefällen sogar bis zu 2,5 Mio. € über eine Laufzeit von bis zu 13 Jahren (neue Bundesländer), insofern die neue Beteiligung die Höhe des bereits vorhandenen Eigenkapitals nicht übersteigt und sie im Konkursfall nicht vom Verlust ausgeschlossen ist. Die so gewonnenen Mittel stehen dem Unternehmer frei zur Verfügung, können also auch für den Unternehmenserwerb genutzt werden. Einzige Voraussetzung ist die Garantie einer Bürgschaftsbank (Kreditanstalt für Wiederaufbau 2017a).

Der *KfW-Unternehmerkredit* versorgt alle Unternehmen, die seit mindestens fünf Jahren am Markt aktiv sind, bis zu 20 Jahre lang mit maximal 25 Mio. € frischem Fremdkapital für Investitionen. Die Verwendung ist nahezu unbegrenzt; ausgeschlossen sind lediglich Umschuldungen sowie der Erwerb eigener Unternehmensanteile *(In-Sich-Geschäfte)*. Unternehmenskäufe sind – wie alle anderen „echten" Investitionen auch – zu 100 % förderfähig. Die Abwicklung erfolgt bequem über die eigene Hausbank, deren Kreditausfallrisiko auf Wunsch ebenfalls zu 50 % von der KfW geschultert wird *(Haftungsfreistellung)*. Dies macht die Kreditvergabe für die Banken attraktiver und ermöglicht oft überhaupt erst die gewünschte Finanzierung. Der KfW-Unternehmerkredit und das ERP-Beteiligungsprogramm sind zudem miteinander kombinierbar (Kreditanstalt für Wiederaufbau 2017b).

3.5.2 Sächsische Aufbaubank

Die sächsische Wirtschaftspolitik hat sich als „wichtiges Ziel" gesetzt, das „Größenwachstum der [KMU] zu erleichtern" (Sächsische Aufbaubank 07. Juli. 2016) und fördert daher seit Mitte 2016 neben klassischen Investitionen auch ehrgeizige Projekte wie den Zukauf von Unternehmen/-steilen. Das Staatsministerium für Wirtschaft, Arbeit und Verkehr (SMWA) hat zu diesem Zweck die Sächsische Aufbaubank (SAB) sowie die Bürgschaftsbank Sachsen (BBS) und die Mittelständische Beteiligungsgesellschaft (MBG) dazu befähigt, Konsortialdarlehen zu vergeben – wenn auch nicht als Konsortialführer, ausschließlich für „strukturpolitisch bedeutsame Vorhaben" von KMU und nur zu branchenüblichen Konditionen. Dennoch werden im Rahmen des Konsortialdarlehensprogramms bis zu 50 % des Kreditvolumens für Unternehmenskäufe *auch im Ausland* von der SAB gestellt, was es erleichtern soll, „Wachstumsfinanzierungen zu stemmen, Übernahmen zu verwirklichen und Nachfolgelösungen zu finden" (Sächsische Aufbaubank 07. Juli. 2016).

Zudem können kleine, mittlere und große Unternehmen mittels des SAB-Programms *Investitionszuschuss – Gemeinschaftsaufgabe ‚Verbesserung der regionalen Wirtschaftsstruktur'* zumindest den Erwerb solcher Betriebe, die „stillgelegt oder von Stilllegung bedroht" (Sächsische Aufbaubank 2017) sind, fördern lassen. Die geförderten Wirtschaftsgüter und Arbeitsplätze müssen nach Abschluss des Investitionsprojekts noch mindestens 5 weitere Jahre in der geförderten Betriebsstätte verbleiben. Weitere allgemeine Voraussetzungen sind z. B.:

- (Zukünftiger) Unternehmenssitz in Sachsen
- Überregionaler Absatz
- Investitionsvolumen von über 70.000 €
- Mindestens 25 % beihilfefreier Eigenbeitrag, davon mindestens 10 % Eigenkapital

Sind diese und alle sonstigen Kriterien erfüllt, können KMU je gesichertem bzw. geschaffenem Dauerarbeitsplatz bis zu 500.000 € bzw. 750.000 € Förderung erhalten (100 % der Investitionskosten); große Unternehmen bekommen bei denselben Bemessungsgrenzen und etwas schärferen Auflagen 50 % bewilligt. Lohnkosten sind ebenso förderfähig, Kosten des Grundstückserwerbs allerdings nicht (Sächsische Aufbaubank 2017).

Aus der Sicht des Käuferunternehmens können solche Subventionsprogramme also – so sie denn rechtzeitig bekannt sind und das eigene M&A-Projekt daran angepasst wird – die Finanzierungskosten deutlich senken. Auf diese Weise können auch Deals (wieder) interessant werden, die ohne Förderung kurzfristig unwirtschaftlich gewesen oder an mangelnder Liquidität gescheitert wären.

3.6 Folgen für die Wachstumsstrategie

Die Art und Weise der Bereitstellung der Finanzmittel zur Begleichung des Kaufpreises bestimmt die mit dem Deal verbundenen Finanzierungskosten und ist damit eine wichtige erfolgsrelevante Variable. Aufgrund des engen Zusammenhangs zwischen Finanzierung und Bewertung empfiehlt es sich, diese beiden Komponenten in einem Unterstützungsprozess zusammenzufassen (Lucks und Meckl 2015). Insbesondere ist die von aggregierten Ertragsrisiken und Ratingrestriktionen abhängige Grenze der Fremdkapitalfinanzierung zu beachten. Des Weiteren sollten alle vorhandenen Möglichkeiten öffentlicher Subventionierung bekannt sein und geprüft werden, um so die Finanzierungskosten zu minimieren. Umfangreiche aktuelle Informationen hierzu finden sich z. B. auf den offiziellen Internetseiten von KfW und SAB.

Literatur

Dapp, T. F. (2014). *Fintech - Die digitale (R)evolution im Finanzsektor. Algorithmenbasiertes Banking mit human touch.* Frankfurt a. M.: Deutsche Bank AG.

Diehl, O. (2013). Leverage Buyout-Strukturen. In C. Schalast & L. Raettig (Hrsg.), *Grundlagen des M&A-Geschäftes. Strategie – Recht – Steuern* (S. 523–539). Frankfurt a. M.: Frankfurt School.

Dorfleitner, G., & Gleißner, W. (2018). Valuing streams of risky cash flows with risk-value models. *Journal of Risk (i. E.).*

Eayrs, W. E., & Gleißner, W. (2006). Bewertung auf unvollkommenen Kapitalmärkten: Risikodeckungsansatz. *Bewertungspraktiker, 04*(2006), 2–6.

Eayrs, W. E., & Gleißner, W. (2010). Grenzen der Fremdfinanzierung bei M&A-Transaktionen: Ein Fallbeispiel. *Bewertungspraktiker, 2*(2010), 20–27.

Glaum, M., & Hutzschenreuter, T. (2010). *Mergers & Acquisitions. Management des externen Unternehmenswachstums.* Stuttgart: Kohlhammer.

Gleißner, W. (2005). Kapitalkosten: Der Schwachpunkt bei der Unternehmensbewertung und im wertorientierten Management. *Finanz Betrieb, 4*(2005), 217–229.

Gleißner, W. (2008). Strategische Positionierung und Strategieumsetzung. *KRP Kredit und Ratingpraxis, 4 + 5*(2008), 1–6 Teil 1 und 32–35 Teil 2.

Gleißner, W. (2011). Der Einfluss der Insolvenzwahrscheinlichkeit (Rating) auf den Unternehmenswert und die Eigenkapitalkosten. *Corporate Finance biz, 4*(2011), 243–251.

Gleißner, W. (2014). Kapitalmarktorientierte Unternehmensbewertung: Erkenntnisse der empirischen Kapitalmarktforschung und alternative Bewertungsmethoden. *Corporate Finance, 4*(2014), 151–167.

Gleißner, W. (2015). Börsenkurs und „wahrer Wert" in Abfindungsfällen – Aktien- versus Unternehmensbewertung, Anwendbarkeit des CAPM und Ertragsrisiko. *Die Wirtschaftsprüfung, 2*(2015), 72–80.

Gleißner, W. (2017a). *Grundlagen des Risikomanagements* (3. Aufl.). München: Vahlen.

Gleißner, W. (2017b). Stochastische Simulation als Grundlage für Unternehmensbewertung und M&A-Entscheidungen. *M&A Review, 4*(2017), 90–95.

Gleißner, W. (2017c). Entscheidungsvorlagen für den Aufsichtsrat: Fallbeispiel Akquisition. *Der Aufsichtsrat, 4*(2017), 54–57.

Gleißner, W. (2017d). Risikomanagement, KonTraG und IDW PS 340. *Die Wirtschaftsprüfung, 3*(2017), 158–164.

Gleißner, W., & Ihlau, S. (2017). Anwendung von Unternehmensbewertungsmethoden bei der Strategiebeurteilung. *BetriebsBerater*, S. 1387–1391 (26 2017).

Gleißner, W., Garrn, R., & Nestler, A. (2014). Die Verbindung von Unternehmensbewertung, Rating und Wertänderungsrisiko. *Corporate Finance, 10*(2014), 422–428.

Grisar, C., & Meyer, M. (2016). Use of simulation in controlling research: A systematic literature review for German-speaking countries. *Management Review Quarterly, 04*(2), 117–157.

Jensen, M. C., & Meckling, W. H. (1976). Theory of the Firm: Managerial Behavior, Agency Costs and Ownership Structure. *Journal of Financial Economics, 3*(4), 305–360.

Knabe, A., & Walther, U. (2005). *Zur Unterscheidung von Eigenkapital und Fremdkapital – Überlegungen zu alternativen Klassifikationsansätzen der Außenfinanzierung.* Freiberg: Freiberg Working Papers.

Kreditanstalt für Wiederaufbau. (2017a). *100 ERP-Beteiligungsprogramm - Neues Kapital erschließen und günstig refinanzieren. Von Konditionen – Die Konditionen im Einzelnen.* https://www.kfw.de/inlandsfoerderung/Unternehmen/Unternehmen-erweitern-festigen/Finanzierungsangebote/ERP-Beteiligungsprogramm-(100-104)/index.html#2.

Kreditanstalt für Wiederaufbau. (2017b). *KfW-Unternehmerkredit - Die Komplettlösung für Ihre Ideen und Vorhaben.* Von Konditionen – Die Konditionen im Einzelnen. https://www.kfw.de/inlandsfoerderung/Unternehmen/Auslandsvorhaben/F%C3%B6rderprodukte/KfW-Unternehmerkredit-(037-047)/index.html#2.

Lucks, K., & Meckl, R. (2015). *Internationale Mergers & Acquisitions. Der prozessorientierte Ansatz.* Berlin: Springer-Verlag.

Mittendorfer, R. (2007). *Praxishandbuch Akquisitionsfinanzierung: Erfolgsfaktoren fremdfinanzierter Unternehmensübernahmen.* Wiesbaden: Gabler.

Modigliani, F., & Miller, M. (1958). The cost of capital, corporation finance and the theory of investment. *The American Economic Review, 48*(3), 261–297.

Myers, S. C., & Majluf, N. S. (1984). Corporate Financing and Investment Decisions. When Firms have Information that Investors do not have. *Journal of Financial Economics, 13*(2), 187–221.

Sächsische Aufbaubank. (07. Juli 2016). *Wachstum Internationalisierung und Nachfolge – Wirtschaftsministerium erweitert Fördermöglichkeiten für sächsische Unternehmen.* Pressemitteilung. Dresden.

Sächsische Aufbaubank. (2017). Von Investitionszuschuss – Gemeinschaftsaufgabe „Verbesserung der regionalen Wirtschaftsstruktur" (GRW) SAB Sächsische Aufbaubank: https://www.sab.sachsen.de/unternehmen/f%C3%B6rderprogramme/investitionszuschuss-gemeinschaftsaufgabe-(grw).jsp?topicID=73030.

Sieger, P. (2008). Ein Leitfaden für den Finanzierungs-Entscheidungsprozess von M&A. *IO New Management, 76*(11), 16–20.

Weiterführende Literatur

Gleißner, W. (2017e). *Das Insolvenzrisiko beeinflusst den Unternehmenswert: Eine Klarstellung in 10 Punkten,* in: Bewertungspraktiker, Nr. 02 vom 26.05.2017, S. 42–51.

KfW. https://www.KFW.de/inlandsfoerderung/Unternehmen/Unternehmen-erweitern-festigen/.

Lucks, K. (Hrsg.) (2017). *Praxishandbuch Industrie 4.0 – Branchen – Unternehmen – M&A.* Schäffer-Poeschel, Stuttgart.

SAB. https://www.SAB.sachsen.de/unternehmen/konsortialfinanzierung/index.jsp.

Werner Gleißner, Prof. Dr. ist Diplom-Wirtschaftsingenieur und hat an der Universität Karlsruhe in Volkswirtschaftslehre promoviert. Er ist Vorstand der FutureValue Group AG in Leinfelden-Echterdingen und Honorarprofessor für Betriebswirtschaftslehre, insbesondere Risikomanagement, an der Technischen Universität Dresden. Herr Prof. Dr. Werner Gleißner befasst sich mit wert- und risikoorientierter Unternehmensführung auf der Basis von Bewertungsverfahren für unvollkommene Kapitalmärkte, die Unternehmenswert und Kapitalkosten aus aggregierten Ertragsrisiken ableiten („Risiko-Wert-Modelle"). Seine Forschungs- und Tätigkeitsschwerpunkte liegen im Bereich Risikomanagement, Bewertung, Rating und Unternehmensstrategie sowie der Entwicklung von Methoden für eine simulationsbasierte Risikoaggregation – z. B. in Anwendung auf die Vorbereitung von Top-Managemententscheidungen sowie im Kapitalanlage- und Portfoliomanagement. Er arbeitet insbesondere an der Integration der bisher weitgehend getrennten Methoden für Risikomanagement, Rating und Unternehmensbewertung. Er ist Autor zahlreicher Fachartikel und Bücher.

Download von Fachveröffentlichungen unter www.werner-gleissner.de sowie www.futurevalue.de.

Anja Seifert, Dipl.-Volksw. schloss ihr Studium an der Technischen Universität Dresden sowie der Ufa State Aviation Technical University, Russische Föderation, mit einer Diplomarbeit zum Thema Clusterpolitik und Clusterförderung ab. Neben dem Studium war sie Tutorin in diversen Fächern wie Mikro- und Makroökonomik. Seit 2017 ist sie wissenschaftliche Mitarbeiterin am Lehrstuhl für Wirtschaftspolitik und Wirtschaftsforschung der Martin-Luther-Universität Halle-Wittenberg und forscht dort im Rahmen des vom Land Sachsen-Anhalt geförderten „Headquarter-Projekts" zum Mangel an Firmenzentralen in Ostdeutschland. Ihre Forschungsinteressen umfassen insbesondere Mikroökonomie, Clusterforschung sowie Empirische Analysen. Zudem koordiniert sie in Zusammenarbeit mit Prof. Dr. Dr. h. c. Blum das Leitprojekt „Kritikalität Seltener Erden" am Fraunhofer-Institut für Mikrostruktur von Werkstoffen und Systemen, IMWS.

Risikogerechte Beurteilung: Unternehmenswert und Rating

4

Werner Gleißner, Björn Feldmann und Clemens Fuhrmeister

4.1 Zusammenhänge: Rating, Risikomanagement, Finanzkennzahlen, Unternehmensstrategie und Wert

Im Rahmen einer fundierten Entscheidungsvorbereitung, also bei der Beurteilung eines möglichen Unternehmenskaufs, ist deren Wirkung auf Risiko, Rating und Wert zu betrachten. Grundlage einer Entscheidungsvorlage bei Geschäftsführung, Vorstand und-Aufsichtsrat muss eine nachvollziehbare Strategie mit einer daraus ebenso nachvollziehbar abgeleiteten operativen Planung sowie Transparenz über die zugrundeliegenden Annahmen sein[1]. Dies gilt speziell auch für „Build"-Strategien. Da die Zukunft nicht

---

[1] Gemäß § 93 AktG benötigt der Vorstand vor einer Entscheidung „angemessene Informationen", was bei einer Akquisition insbesondere Informationen über die mit dieser verbundenen Risiken bedeutet (vgl. Gleißner 2017e). Siehe auch Checkliste B mit Fragen zur Prüfung von Entscheidungsgrundlagen für Akquisitionen.

W. Gleißner (✉)
Dresden, Deutschland
E-Mail: w.gleissner@futurevalue.de

B. Feldmann
Halle, Deutschland
E-Mail: bjoern@feldmann-lueneburg.de

C. Fuhrmeister
Hamburg, Deutschland
E-Mail: herr.fuhrmeister@gmail.com

© Springer Fachmedien Wiesbaden GmbH, ein Teil von Springer Nature 2018
U. Blum et al. (Hrsg.), *Vade Mecum für Unternehmenskäufe*,
https://doi.org/10.1007/978-3-658-20755-7_4

sicher vorhergesehen werden kann, ist es erforderlich, Chancen und Gefahren (Risiken), die Planabweichungen auslösen können, anzugeben und zu quantifizieren. Die Beurteilung der Planung hat aus Perspektive der Gläubiger (Ratingprognose) und der Eigentümer (modellbasiert berechneter Unternehmenswert) zu erfolgen. Ratingprognosen für ein Plan- und Stressszenario sind der wesentliche Krisenfrühwarnindikator und helfen, eine potenzielle Bestandsgefährdung des Unternehmens (z. B. durch die Verletzung von Covenants oder Refinanzierungsrisiken bei der Rückzahlung einer Anleihe) rechtzeitig einzuschätzen.

Das Abwägen erwarteter Erträge und der mit ihnen verbundenen Risiken kann erfolgen durch die Berechnung des fundamentalen Unternehmenswerts (Discounted Cash-Flow). Entgegen der bisherigen Praxis in vielen Unternehmen ist dabei sicherzustellen, dass der den Unternehmenswert oder EVA^{TM} beeinflussende *Werttreiber Kapitalkosten*, also die risikogerechte Mindestanforderung an die Renditeerfassung, tatsächlich vom *Ertragsrisiko* (Unsicherheit der Erträge bzw. Cash-Flows) abhängt. Aus historischen Aktienkursschwankungen (via Beta-Faktor) kann man nicht auf die entscheidungs- und bewertungsrelevanten zukünftigen Risiken schließen – die Anwendung des CAPM im Kontext wertorientierter Steuerungssysteme ist der möglicherweise schwerwiegendste methodisch-betriebswirtschaftliche Fehler in den heute implementierten Steuerungssystemen, weil eben nicht die Erkenntnisse einer systematischen Risikoanalyse, sondern lediglich historische Kapitalmarktdaten im Entscheidungskalkül berücksichtigt werden.

Zu beachten ist schließlich, dass Veränderungen des Risikoumfangs auch zu Veränderungen des (zukünftigen) Ratings (Insolvenzwahrscheinlichkeit) führen und auch das Rating einen *Werttreiber* darstellt (siehe Abb. 4.1). Die Insolvenzwahrscheinlichkeit wirkt nämlich quasi wie eine „negative Wachstumsrate" des Erwartungswerts der Erträge und beeinflusst in erheblichem Umfang den Wert des Unternehmens. Noch immer wird bei Unternehmensbewertung und wertorientierter Steuerung fälschlicherweise ignoriert, dass Unternehmen nicht „ewig" existieren.

4.2 Rating

4.2.1 Die Bedeutung des Ratings

Zielsetzung von Akquisitionen (Unternehmenskäufen) ist die Ertragssteigerung, auch durch Nutzung von Synergien mit dem Ziel-Unternehmen, das übernommen werden soll. Auch wenn die grundsätzlichen strategischen Voraussetzungen – das *strategische Fitting* – gegeben scheint, ist ein (gemessen an der Zunahme der erwarteten Ertragskraft) scheinbar günstiger Kaufpreis nicht hinreichend, um den Unternehmenskauf zu rechtfertigen. Bei einer quantitativen Beurteilung einer Akquisition sollte zunächst ausgehend von einer Unternehmensplanung, die den Kauf berücksichtigt, und insbesondere die Implikationen für die Verschuldung aufzeigt, eine sogenannte *Ratingprognose* erstellt werden. Es ist also zu untersuchen, welche Auswirkungen die Akquisition auf das zukünftige Rating haben

4 Risikogerechte Beurteilung: Unternehmenswert und Rating

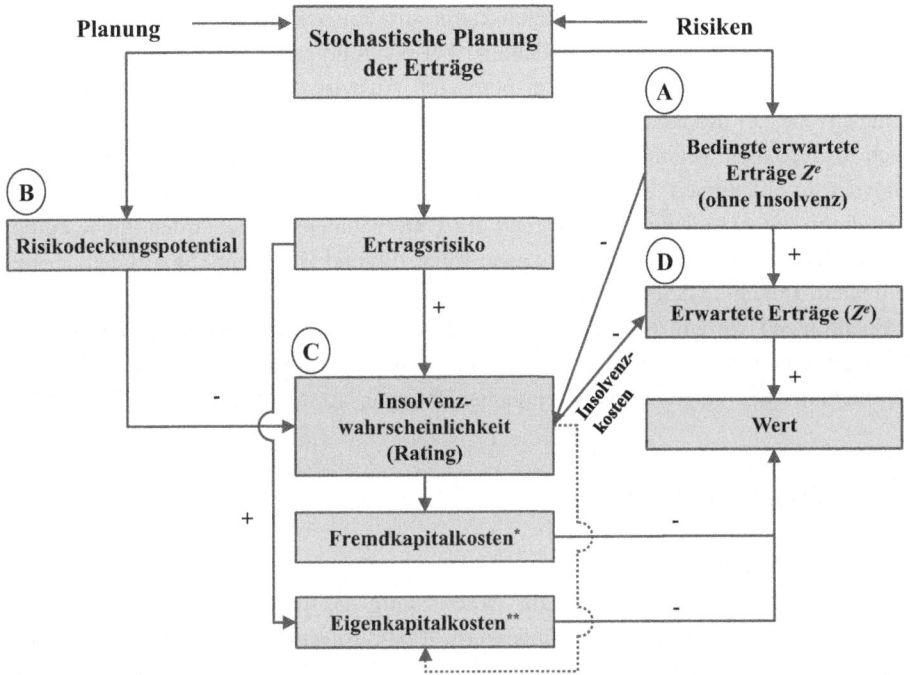

* Mit der Insolvenzwahrscheinlichkeit steigende vertragliche Fremdkapitalzinssätze. Steigende Fremdkapitalkosten nur, wenn diese schneller steigen als die Insolvenzwahrscheinlichkeit.
** Abhängig vom gewählten Modell: keine Wirkung im CAPM.

Abb. 4.1 Zusammenhänge zwischen Risiko, Kapitalkosten, Rating und Wert. (Quelle: Eigene Darstellung nach Gleißner 2017b)

wird. Sollte sich im Planszenario oder auch nur in einem risikobedingt möglichen Stressszenario (also bei der Realisierung schwerwiegender Risiken) eine kritische Bedrohung des Ratings zeigen, ist der entsprechende Unternehmenskauf für das Unternehmen nicht tragbar. Das eigene Risikodeckungspotenzial reicht dann nicht aus für die Übernahme zusätzlicher Risiken aus dem Target-Unternehmen und den Kapitaldienst für die fremdfinanzierten Teile des Kaufpreises. Die Einschätzung der Auswirkung auf das Rating liefert also potenzielle *K.O.-Kriterien* für eine geplante Unternehmensübernahme, die eine weitergehende Beurteilung des Ertrag-Risiko-Profils, also eine Bewertung aus Perspektive der Eigentümer, dann gar nicht mehr erforderlich macht. Eine Akquisition kann eine mögliche „bestandsgefährdende Entwicklung" zur Folge haben, die gemäß § 91 AktG erkannt werden muss (siehe Gleißner 2017a zu Risikomanagement).

Die Einschätzung der Implikationen eines Unternehmenskaufs für das zukünftige Rating ist auch wichtig, um im Rahmen der Planung und Bewertung die Auswirkungen für die zukünftigen Fremdfinanzierungskonditionen (Fremdkapitalkosten) adäquat einschätzen zu können. Eine Erhöhung der Verschuldung (bzw. des Verschuldungsgrads) führt tendenziell zu höheren Fremdkapitalkosten bzw. vertraglichen Fremdkapitalzinssätzen.

Die Beurteilung eines Unternehmenskaufs aus Perspektive der Gläubiger (Ratingprognose) ist also von zentraler Bedeutung bei der fundierten Vorbereitung von Unternehmenskäufen. Da eine Akquisition potenziell Auswirkungen hat auf 1) zukünftiges Ertragsniveau, 2) Risikodeckungspotenzial bzw. Verschuldung und 3) Risikoumfang (auch über Risikodiversifikationseffekte zwischen den Unternehmen) ist die Einschätzung der Implikationen für das Rating nicht ganz einfach, aber zentral wichtig, um nicht durch die Akquisition den Bestand des Unternehmens zu gefährden (siehe zu den Ratingdeterminanten Gleißner 2002 sowie weiterführend Bemmann 2007; Gleißner und Bemmann 2008 und Gleißner und Füser 2014).

Nachfolgend wird in einem kurzen Überblick erläutert, mit welchen Theorien und Methoden eine Einschätzung der Auswirkungen auf das Rating möglich ist, wobei auch ein pragmatischer, vergleichsweise einfacher Ratingansatz vorgestellt wird.

4.2.2 Modelle und Theorien

4.2.2.1 Grundlagen

Das älteste quantitative Verfahren zur Abschätzung des Insolvenzrisikos eines Unternehmens ist das Scoring (siehe Wingenroth 2004). Ausgehend von Bilanzkennzahlen wird einer Firma mithilfe statistischer Methoden (z. B. logistische Regression, s. u.) oder künstlicher Intelligenz eine Bewertung, der *Score,* zugeordnet. Dieser Score wird so gewählt, dass er möglichst gut zwischen gesunden und ausfallgefährdeten Unternehmen unterscheiden kann (Trennschärfe). Dies ist möglich, da Finanzkennzahlen gesunder und ausfallgefährdeter Unternehmen stark voneinander abweichen (Altman et al. 1998). Beispiele für solche Finanzkennzahlen sind EBIT-Marge oder Eigenkapitalquote. Wurde eine entsprechend große und repräsentative Stichprobe von Unternehmen zur Schätzung des Scoring-Modells gewählt, kann jedem Score eine Insolvenz- oder Ausfallwahrscheinlichkeit zugeordnet werden. Mit einer logistischen Funktion kann direkt von Finanzkennzahlen (x_1 und x_2) auf die Ausfallwahrscheinlichkeit p geschlossen werden (vgl. Weber et al. 1998, S. 117–142):

$$p = \frac{1}{1 + e^{\alpha_1 \cdot x_1 + \alpha_2 \cdot x_2}} \tag{4.1}$$

Die Gewichtungsfaktoren der Finanzkennzahlen (α_1 und α_2) werden durch die logistische Regressionsanalyse so gewählt, dass empirisch beobachtete Ausfallwahrscheinlichkeiten möglichst gut erklärt werden. Da für die Kalibrierung der Modelle Daten über Insolvenzfälle von Unternehmen in der Vergangenheit statistisch ausgewertet werden, spricht man hier auch von *statistisch-induktiven Insolvenzprognose-Verfahren* bzw. speziell vom Finanzkennzahlen-Rating. Der Nachteil von Scoring-Modellen und Finanzkennzahlen-Ratings liegt in ihrer Vergangenheitsorientierung.

Eine Alternative, die diesen Nachteil nicht aufweist, sind simulationsbasierte Ratingverfahren basierend auf strukturellen Modellen (z. B. einer Unternehmensplanung). Im Idealfall basieren solche strukturellen Insolvenzprognoseverfahren auf ökonomischen Modellen mit Ursache-Wirkungsbeziehung. Zudem wird die dritte, durch übliche Finanzkennzahlen kaum erfassbare Ratingdeterminante, nämlich das Ertragsrisiko, bei der Bestimmung der Insolvenzwahrscheinlichkeit berücksichtigt. Für die theoretischen Grundlagen des strukturbasierten Ratings hat der KMV-Ansatz basierend auf Merton (1974)[2] eine hohe Bedeutung. Der KMV-Ansatz basiert auf der Kapitalmarkttheorie. Die Basisidee des Ansatzes (Asset-Value-Modell) ist, dass man den Wert der Aktiva eines Unternehmens (also den Marktwert von Eigen- und Fremdkapital) sowie dessen Volatilität (Risiko) bestimmt und auf dieser Grundlage berechnet, wie wahrscheinlich das Unterschreiten eines bestimmten Mindestwerts ist. Dieser Mindestwert *(Default-Point)* korrespondiert in der Praxis etwa mit dem Wert des Fremdkapitals. Im Grundsatz stellt das Modell also auf die Frage ab, mit welcher Wahrscheinlichkeit der Wert der Aktiva unterhalb des Werts des Fremdkapitals (FK) fällt. Dies ist gleichbedeutend mit einer Situation, in der das Eigenkapital Null oder negativ wird, das Unternehmen also (zu Marktwerten bewertet) überschuldet ist. Die Asset-Volatilität σ_{Aktiva} kann dabei entweder direkt aus der Volatilität der Aktien[3] oder indirekt, fundamental und oft besser abgesichert aus der Volatilität der Gewinne *(Ertragsrisiko)* abgeleitet werden. Im Gegensatz zu reinen Finanzkennzahlen-Systemen, die nur zwei der primären Ratingdeterminanten (Ertragsstärke und Risikodeckungspotenzial) erfassen, wird hier auch das Unternehmensrisiko berücksichtigt. In einem realen unvollkommenen Kapitalmarkt ist jedoch die historische Schwankung der Aktienrendite ein unzureichender Schätzer für das Unternehmensrisiko, sodass bei den später entwickelten simulationsbasierten Insolvenzprognoseverfahren unmittelbar die Ertragsrisiken (Gewinnschwankungen) des Unternehmens berücksichtigt werden. Zudem fehlen verlässliche Datengrundlagen, wenn das Unternehmen nicht am Kapitalmarkt gehandelt wird.

Als Alternative oder Ergänzung zu empirisch-statistischen Insolvenzprognoseverfahren können heute simulationsbasierte, direkte Ratingverfahren auf Basis struktureller Modelle genutzt werden, die auf der Unternehmensplanung aufbauen (und nicht auf Kapitalmarktdaten wie das Merton-Modell) (Blum et al. 2005; Gleißner und Bemmann 2008, S. 6–12; Gleißner und Füser 2014; Strobel 2012). Sie basieren auf der Unternehmensplanung und den Risiken, die Planabweichungen auslösen können. Damit werden alle drei primären Determinanten der Insolvenzwahrscheinlichkeit – erwartete Ertragskraft, Risikotragfähigkeit und Ertragsrisiko – bei der Abschätzung der Insolvenzwahrscheinlichkeit ausgewertet. Da die Verfahren auf einer Fortschreibung der historischen Bilanz und Erfolgsrechnung unter Berücksichtigung von Risiken basieren, bezeichnet man sie auch als *Ratingprognoseverfahren*. Um auch die Kombinationseffekte unterschiedlicher Risiken für die Zukunft des Unternehmens auswerten zu können, und damit die relative Häufigkeit von Insolvenzszenarien der Zukunft bestimmen zu können, nützen derartige Verfahren in der Regel eine Monte-Carlo-Simulation.

---

[2]Weiterführend z. B. Kaserer und Berg (2016).
[3]Der Wert aller ausstehenden Aktien entspricht dem Wert des Eigenkapitals zu Marktwerten.

4.2.2.2 Beispielhafte Umsetzung eines Ratingmodells: Finanzkennzahlenrating

Ausgehend von diesen grundlegenden Überlegungen wird zunächst gezeigt, wie mit einem einfachen Finanzkennzahlensystem die Implikationen eines Unternehmenskaufs für das Rating abgeschätzt werden könnten. Es ist zu beachten, dass hierbei für 1) die Unternehmensplanung, die den Unternehmenskauf berücksichtigt, und 2) diese Planung unter zusätzlicher Berücksichtigung eines möglichen Stressszenarios (wie Konjunktureinbruch) die nachfolgend genannten Finanzkennzahlen berechnet und in eine Ratingnote (bzw. Insolvenzwahrscheinlichkeit) umzurechnen sind. Nachfolgend wird ein derartiges Ratingsystem vorgestellt, das zu einem erheblichen Teil auf Kennzahlen basiert. Es ist hilfreich, frühzeitig zu beurteilen, ob durch ein neues Geschäftsmodell – und speziell z. B. die dadurch verursachten Investitionen – in der Zukunft eine Bedrohung des Unternehmens zu befürchten ist. Dabei kann das nachfolgende Finanzkennzahlensystem angewendet werden auf

1. Planzahlen der gegenwärtigen Strategie und (zum Vergleich) auf
2. Planzahlen des Unternehmens, wenn die geplante Akquisition realisiert und der Kaufpreis entrichtet wurde – mit allen Implikationen für die Fremdfinanzierung.

Auf diese Weise ist es möglich, frühzeitig (d. h. vor der eigentlichen Entscheidung für ein neues Geschäftsmodell bzw. eine Akquisition) eine möglicherweise damit einhergehende Bedrohung des Unternehmens zu erkennen. Gerade dies ist die zentrale Anforderung an

Tab. 4.1 Rating und Insolvenzwahrscheinlichkeit (PD)

Rating	Ratingnote	PD (%)
AAA/AA	<1,12	<0,02
AA−	<1,25	<0,03
A+	<1,42	<0,06
A	<1,58	<0,10
A−	<1,75	<0,15
BBB+	<2,00	<0,28
BBB	<2,25	<0,48
BBB−	<2,50	<0,78
BB+	<2,83	<1,37
BB	<3,17	<2,30
BB−	<3,50	<3,61
B+	<3,75	<4,95
B	<4,00	<6,64
B−	<4,50	<11,35
CCC	>4,50	>11,35 %

4 Risikogerechte Beurteilung: Unternehmenswert und Rating

das Risikomanagement. Akquisitionen haben erhebliche Auswirkung auf zukünftige Erträge und Risiken. Sie ändern durch den (teilweise) fremdfinanzierten Kaufpreis die Verschuldung sowie das zukünftige Rating oft erheblich. Besonders nützlich ist es daher zu untersuchen, welche Auswirkung sich auf das zukünftige Rating (und damit die Insolvenzwahrscheinlichkeit) eines Unternehmens ergeben würde, wenn in einem sogenannten Stressszenario ein oder mehrere schwerwiegende Risiken zu negativen Planabweichungen führen würden. Die Tab. 4.1 zeigt, welche Entsprechung „Buchstabenratings", „Schulnotenratings" und Ausfallwahrscheinlichkeiten (*Probability of Default,* PD) haben.

In der Tab. 4.2 werden einzelne Finanzratingkennzahlen erläutert und es wird angegeben, zu welcher Ratingnote (aufgebaut wie eine Schulnote) die entsprechenden Ausprägungen typischerweise „passen" (vgl. Gleißner und Füser 2014).

1. Eigenkapitalquote

$$\text{Eigenkapitalquote} = \frac{\text{Eigenkapital}}{\text{Bilanzsumme}}$$

>60 %	>35 %	>20 %	>10 %	≤10 %
=1	=2	=3	=4	=5

2. Dynamischer Verschuldungsgrad

$$\text{Dynamischer Verschuldungsgrad} = \frac{\text{Verbindlichkeiten} - \text{liquide Mittel}}{\text{Cashflow}}$$

0	<1	<4	<8	≥8
=1	=2	=3	=4	=5

Tab. 4.2 Übersicht Finanzkennzahlen eines Finanzratings

	1	2	3	4	5
1. Eigenkapitalquote					
2. Dynamischer Verschuldungsgrad					
3. Zinsdeckungsquote					
4. EBIT-Marge					
5. Kapitalrückflussquote					
6. Quick-Ratio					
7. Gesamtkapitalrendite					
8. Free Cashflow/Verbindlichkeiten					
Anzahl der Antworten:	1…	2…	3…	4…	5…
Durchschnitt:…..					

3. Zinsdeckungsquote

$$\text{Zinsdeckungsquote} = \frac{\text{Betriebsergebnis}}{\text{Zinsaufwand}}$$

>9	>4	>2,5	>1	≤1
=1	=2	=3	=4	=5

4. EBIT-Marge

$$\text{EBIT} - \text{Marge} = \frac{\text{Betriebsergebnis}}{\text{Umsatz}}$$

>15 %	>10 %	>5 %	>0 %	≤0 %
=1	=2	=3	=4	=5

5. Kapitalrückflussquote[4]

$$\text{Kapitalrückflussquote} = \frac{\text{EBITDA}}{\text{Bilanzsumme}}$$

>25 %	>10 %	>5 %	>0 %	≤0 %
=1	=2	=3	=4	=5

6. Quick-Ratio

$$\text{Quick} - \text{Ratio} = \frac{\text{liquide Mittel} + \text{Wertpapiere} + \text{Forderungen aus Lieferungen und Leistungen}}{\text{kurzfristige Bankverbindlichkeiten} + \text{Verbindlichkeiten aus Lieferungen und Leistungen}}$$

>200 %	>140 %	>90 %	>60 %	≤60 %
=1	=2	=3	=4	=5

7. Gesamtkapitalrendite (ROCE)

$$\text{ROCE} = \frac{\text{EBIT}}{\text{Bilanzsumme}}$$

>20 %	>10 %	>5 %	>0 %	≤0 %
=1	=2	=3	=4	=5

---

[4]EBITDA = Jahresüberschuss + Steuern + Finanzergebnis + Abschreibungen (ggf. bereinigt um das außerordentliche Ergebnis).

4 Risikogerechte Beurteilung: Unternehmenswert und Rating

Finanzrating 31.12.2012						
Kennzahlen	CCC	B	BB	BBB	A	Wert
Wirtschaftliche Eigenkapitalquote, bereinigt	<10%	>10%	>20%	>35%	>60%	49,8%
Dynamischer Verschuldungsgrad fürs Rating	>8	<8	<4	<1	<0,01	5,2
Zinsdeckungsquote	<1	>1	>2,5	>4	>9	32,1
operative Marge (EBIT-Marge)	<0%	>0%	>5%	>10%	>15%	5,5%
Kapitalrückflussquote	<5%	>5%	>10%	>15%	>25%	13,7%
Gesamtkapitalrendite (ROCE, mit Vorjahres-CE)	<0%	>0%	>5%	>10%	>20%	9,1%
Quick-Ratio	<60%	>60%	>90%	>140%	>200%	136,4%
Verbindlichkeitsrückflussquote	<-10%	>-10%	>0%	>10%	>20%	4,1%

Finanzrating 31.12.2013		2,5
PD gemäß Finanzrating für das Folgejahr 2014		0,72%

Abb. 4.2 Finanzrating. (Quelle: Eigene Darstellung nach Gleißner und Romeike 2012)

8. Verbindlichkeitenrückflussquote

$$\text{Verbindlichkeitenrückflussquote} = \frac{\text{Free Cashflow}}{\text{Verbindlichkeiten}}$$

>20 %   >10 %   >0 %   >−10 %   ≤−10 %
=1   =2   =3   =4   =5

Die Erstellung eines Ratings kann auch softwaregestützt erfolgen.[5] Der Vorteil der Nutzung von Software besteht darin, dass die (wichtigsten) wünschenswerten „Bereinigungen" des Jahresabschlusses automatisch vorgenommen und Kennzahlen einer Jahresabschlussanalyse bestimmt werden können. Ein Beispiel hierzu findet sich in Abb. 4.2.

Ergänzend ist anzumerken, dass bereits mit nur zwei Finanzkennzahlen – der Gesamtkapitalrendite und der Eigenkapitalquote – eine einfache Abschätzung der Ausfallwahrscheinlichkeit (und damit der angemessenen Ratingnote) möglich ist.[6] Die entsprechende Formel für die Umrechnung von Gesamtkapitalrendite (*Return on Capital Employed,*

---

[5]Z. B. mit dem „Strategie Navigator – Rating Edition" (Gleißner 2017a), der auch kostenlos zu beziehen ist über info@futurevalue.de.
[6]Siehe Gleißner (2006) sowie Blum et al. (2005) zum zugrundeliegenden Forschungsprojekt.

ROCE) und Eigenkapitalquote (EKQ) in eine Insolvenzwahrscheinlichkeit (PD) bzw. Ratingnote stellt die folgende Formel dar:[7]

$$PD = \frac{0,265}{1 + e^{-0,41 + 7,42 \cdot EKQ + 11,2 \cdot ROCE}} \quad (4.2)$$

Der Zusammenhang zwischen EKQ und ROCE mit der damit verbundenen Insolvenzwahrscheinlichkeit beruht auf einem nichtlinearen Zusammenhang, der durch eine Exponentialfunktion angenähert wird.

Rating-Prognosen zeigen die aufgrund der Planung (z. B. hinsichtlich Investitionen oder Wachstum) des Unternehmens zu erwartende Veränderung des Ratings, was Rückschlüsse auf Insolvenzgefahren (Krisenprophylaxe) sowie mögliche Einschränkungen des Kreditrahmens oder auf die Verschlechterung der Kreditkonditionen durch die Banken ermöglicht. Durch eine Ratingstrategie und entsprechende Maßnahmen lässt sich das Unternehmen stabilisieren, bevor sich die Probleme in den Jahresabschlüssen niederschlagen (Gleißner und Bemmann 2008). Beim traditionellen Rating zeigen sich nur diejenigen Risiken, die zufällig im letzten Jahr wirksam wurden und damit den Jahresabschluss und die *(historischen)* Finanzkennzahlen beeinflussten – nicht jedoch die für die Insolvenzwahrscheinlichkeit maßgeblichen *künftigen* Risiken. Ratingprognosen unter Einbeziehung von Risiken (mittels Risikoaggregation) zeigen die Bandbreite der realistischen risikobedingten Entwicklung des Ratings, was auf eine mögliche Bedrohung durch bestehende Risiken (und nicht bereits eingetretene Risiken) hinweist und woraus sich Ansatzpunkte für die Risikobewältigung ableiten lassen. Im einfachsten Fall lässt sich die Wirkung eines möglicherweise eintretenden Risikos auf die Finanzkennzahlen sowie das künftige Rating mithilfe eines Stresstests berechnen.

Es sei hier noch einmal betont, dass bei der Beurteilung von Strategieänderungen und Akquisitionen mit den hier vorgestellten Rating-Verfahren nicht nur der aktuelle „Ist-Zustand" zu beurteilen ist. Entscheidungen – natürlich auch Entscheidungen über die Änderung der Unternehmensstrategie oder eine Akquisition – betreffen die Zukunft. Entsprechend müssen die Kennzahlen für die Plandaten des Unternehmens berechnet werden. Und die Grundlage für die Beurteilung einer Akquisition sind damit die Auswirkungen dieser auf das Rating in der Zukunft – und zwar sowohl in einem planmäßigen „Basisszenario" als auch in einem risikobedingt möglichen „Stressszenario".

Es sei nochmals erwähnt, dass alle finanzkennzahlenbasierten Systeme nur unzureichend Kombinationseffekte verschiedener Risiken erfassen können. Neben dem analysierten Stressszenario mag es wesentliche andere Kombinationen von Risiken geben, die für das Unternehmen problematisch werden könnten. Um derartige Kombinationseffekte zu erfassen, ist eine Risikosimulation erforderlich, bei der eine große repräsentative Anzahl von Zukunftsszenarien im Hinblick auf die Auswirkung für das zukünftige Rating untersucht werden (Monte-Carlo-Simulation). Voraussetzung ist die Analyse der Risiken (vgl. Abschn. 4.2.2.3).

---

[7]Die Funktion legt für die PD ein Intervall von 0 bis 0,265 fest.

Eine präzisere Beurteilung der Auswirkungen eines Unternehmenskaufs für das Rating ist möglich, wenn man zusätzlich auch die Implikationen für qualitative Ratingfaktoren und auch die Kombinationseffekte von mehreren Risiken (über eine simulationsbasierte Risikoaggregation) im Beurteilungskalkül berücksichtigt. Im nachfolgenden Abschnitt werden zunächst typische qualitative Kriterien einer Ratinganalyse gezeigt, anschließend wird auf die Vorteile und Vorgehensweisen bei einer quantitativen Risikoanalyse (Risikoaggregation) eingegangen. Abb. 4.3 bietet eine Übersicht dazu.

Die verschiedenen Teilratings vergleichen am Ende des Bewertungsprozesses die Wahrscheinlichkeiten der erwarteten Risiken mit den Wahrscheinlichkeiten der erwarteten Potenziale der „Build"-Strategie bzw. allgemein der Geschäftsentscheidungen.

4.2.2.3 Risiken und qualitative Analyse: Marktumfeld, Erfolgspotenziale, Stärken und Schwächen

Nach der Ableitung der Kennzahlen, die das Finanzrating determinieren, können ergänzend qualitative Erfolgsfaktoren eines Unternehmens und Risiken beurteilt werden. Dabei ist wichtig zu bedenken, dass sowohl die harten Faktoren (Finanzkennzahlen), als auch die weichen Faktoren (qualitative Erfolgsfaktoren) die Kreditvergabe einer Bank beeinflussen. Die weichen Faktoren können bis zu 40 % der Ratingnote ausmachen. Die Ergebnisse einer Analyse der qualitativen Faktoren helfen zudem, die Ursache für gute oder schlechte Ausprägungen der Finanzkennzahlen zu erkennen. Daher sollen in diesem Teilabschnitt konkrete Methoden für die qualitative Analyse vorgestellt werden. Es wird dabei auf die theoretischen Überlegungen aus den Bereichen der Branchen- und Konkurrenzanalyse zurückgegriffen (vgl. Gleißner 2017c). Im vorgestellten Ansatz werden Teilratings erstellt, welche die kurz- bis mittelfristige Ertragskraft beeinflussen können. Zudem werden die bisher

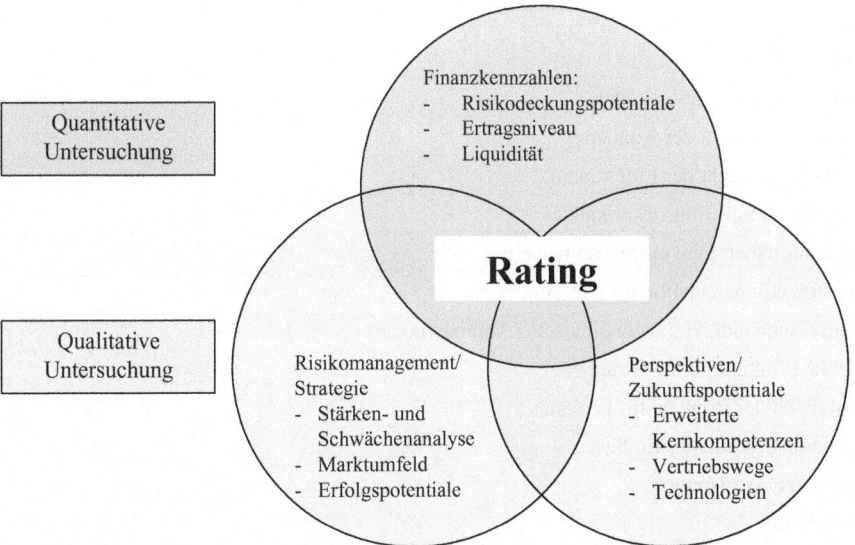

Abb. 4.3 Qualitative und quantitative Merkmale des externen Unternehmensratings. (Quelle: Eigene Darstellung, angelehnt an Gleißner und Füser 2010 und Gleißner 2017f)

vernachlässigten Chancen und Gefahren (Risiken) nun explizit betrachtet, die ebenfalls – wie in Abschn. 4.2.1 erläutert – die Insolvenzwahrscheinlichkeit wesentlich beeinflussen. Das Branchenrating, die Erfolgspotenzialanalyse und die Risikoeinschätzung bilden zusammen mit dem Finanzrating aus Abschn. 4.2.2.2 die maßgeblichen Ratingdeterminanten (Gleißner und Füser 2010).

1) Branchenrating
Bevor das eigene Unternehmen bewertet wird, soll zunächst die Branche, in welcher das Unternehmen arbeitet, analysiert werden. Dabei werden zu den einzelnen Kategorien in Tab. 4.3 Noten von eins bis fünf vergeben. Die Kriterien basieren auf dem Ansatz von Porter (1979) zur Beurteilung der Marktattraktivität. Eine präzise Einschätzung ist dabei unerlässlich, da diese die Bewertung des Unternehmens beeinflusst. Die Erkenntnisse der SWOT- und Wettbewerbsanalyse sollten hierbei Berücksichtigung finden.

Das Branchenrating orientiert sich am Durchschnitt der Ausprägungen der einzelnen Unternehmen, wobei besonders negative Ausprägungen („5") ein erhöhtes Gewicht erhalten können.

Tab. 4.3 Qualitatives Branchenrating. (Quelle: Gleißner und Füser 2010)

	1	2	3	4	5
Erwartetes Branchenwachstum					
Wettbewerbsintensität					
Risiken durch Kalkulationsfehler, niedrige Arbeitsproduktivität					
Preisempfindlichkeit der Nachfrage					
Möglichkeiten zur Diversifikation der Produkte oder Leistungen					
Konjunkturempfindlichkeit					
Fixkostenbelastung					
Kundenbindungsmöglichkeiten					
Verhandlungsmacht der Kunden					
Verhandlungsmacht der Lieferanten					
Gefahr durch Substitutionsprodukte					
Markteintrittshemmnisse für Wettbewerber					
Abwehrreaktionen etablierter Unternehmen					
Ablaufgeschwindigkeit technologischer Veränderungen					
Aktuelle Profitabilität der Branche					
Attraktivität der Branche für Personal					
Regulierung/staatlicher Einfluss					
Anzahl der Antworten					
Durchschnitt:…					

1 = sehr günstige Situation der Branche im Vergleich zu anderen Branchen, 2 = überdurchschnittlich gute Situation, 3 = durchschnittlich, 4 = eher ungünstig, 5 = sehr ungünstig

2) Erfolgspotenziale

Analog zum Rating der Branche sollen hier nun die Potenziale des eigenen Unternehmens durch qualitative Merkmale erfasst werden. Diese Faktoren beeinflussen die Kreditvergabe von Banken z. T. erheblich, da selbst ertragreiche Unternehmen durch eine ungeeignete Strategie risikoreich werden. Eine Aufschlüsselung der einzelnen Bereiche kann wie in Tab. 4.4 dargestellt erfolgen. Zu beachten ist, dass diese Einteilung von der

Tab. 4.4 Erfolgspotenziale. (Quelle: Gleißner und Füser 2010)

	Kategorie	1	2	3	4	5
	Strategie und Managementsysteme					
A	Unternehmensstrategie					
B	Strategische Steuerungsprozesse/Planungsprozesse					
C	Risikomanagementsysteme/Frühaufklärungssysteme					
D	Controlling- und Planungsinstrumente					
E	Standortqualität					
F	Personalmanagement/Zielvereinbarungssysteme					
G	Internes Kontrollsystem					
H	Produktivität der Leistungserstellung					
I	Kompetenzregelungen					
J	Qualitätsmanagement					
K	IT-Systeme					
	Mitarbeiter					
L	Eigeninitiative					
M	Spezialkompetenz (z. B. Produktentwicklung)					
N	Qualifikation					
O	Motivation					
P	Fluktuation					
	Produkt und Markt					
Q	Marktanteil					
R	Preisführerschaft					
S	Differenzierung durch Qualität					
T	Service					
U	Bekanntheitsgrad, Marke					
V	Vertriebsstärke					
W	Kundenabhängigkeit					
X	Wachstum					
	Anzahl der Antworten					
Durchschnitt:…						

Branche abhängt und daher stark variieren kann. Wichtig ist, die tatsächliche Situation realitätsnah abzubilden (Gleißner und Füser 2010).

3) Risiken
Notwendig für eine risikogerechte Entscheidung, z. B. über eine Akquisition, ist zunächst eine systematische, strukturierte und auf die wesentlichen Aspekte fokussierte Identifikation der Risiken. Für die Identifikation der Risiken können Arbeitsprozessanalysen, Workshops, Benchmarks oder Checklisten genutzt werden.

In der Praxis haben sich insbesondere folgende Quellen für die Identifikation von Risiken als besonders wesentlich herausgestellt:

- Strategische Planung:
  Im Kontext der strategischen Unternehmensplanung muss man sich über seine maßgeblichen Erfolgspotenziale (Kernkompetenzen, interne Stärken und für den Kunden wahrnehmbare Wettbewerbsvorteile) Klarheit verschaffen, um diese gezielt auszubauen und so die Zukunft des Unternehmens sichern zu können. Die wichtigen *strategischen Risiken* lassen sich identifizieren, indem die für das Unternehmen wichtigsten Erfolgspotenziale systematisch dahin gehend untersucht werden, welchen Bedrohungen diese ausgesetzt sind. Ist beispielsweise die Forschungs- und Entwicklungskompetenz ein zentrales Erfolgspotenzial, so wäre der Verlust der Schlüsselmitarbeiter in diesem Bereich als strategisches Risiko zu betrachten.
- Controlling, operative Planung und Budgetierung:
  Im Rahmen von Unternehmensplanung oder Budgetierung werden bestimmte Annahmen getroffen (z. B. bezüglich Konjunktur, Wechselkursen und Erfolgen bei Vertriebsaktivitäten). Alle wesentlichen Annahmen der Planung sollten systematisch fixiert werden, um Planungstransparenz zu erzielen. Alle unsicheren Planannahmen zeigen ein Risiko, weil hier Planabweichungen auftreten können.
- Risikoworkshop *(Risk Assessment)* und Checkliste zu Leistungsrisiken:
  Einige Risiken lassen sich am besten durch kritische Diskussionen im Rahmen eines Workshops erfassen. Hierzu gehören insbesondere die Risiken aus den Leistungserstellungsprozessen (operative Risiken), rechtliche und politische Risiken sowie Risiken aus Unterstützungsprozessen (z. B. IT). Bei operativen Risiken der Wertschöpfungsketten bietet es sich beispielsweise an, diese Arbeitsprozesse zunächst (einschließlich der wesentlichen Schnittstellen) zu beschreiben und anschließend Schritt für Schritt zu überprüfen, durch welche Risiken eine Abweichung des tatsächlichen vom geplanten Prozessablauf eintreten kann, die Auswirkungen auf die Unternehmensziele (das Ergebnis) hat. Gerade hier können viele Arbeiten und Instrumente (z. B. FMEA) des Qualitätsmanagements genutzt werden, weil erhebliche Teile des Qualitätsmanagements auch als Management technischer Risiken interpretiert werden können, sodass hier erhebliche Synergien genutzt werden können (s. dazu neu ISO 9001:2015).

Die Risiken werden dann in einem Risikoinventar zusammengefasst. Um eine Priorisierung der Risiken vorzunehmen, bieten sich im ersten Schritt eine Ersteinschätzung der

4 Risikogerechte Beurteilung: Unternehmenswert und Rating

Risiken anhand einer „Relevanzskala" an, wobei beispielsweise die Relevanzen von „1" (unbedeutend/gering) bis hin zu „5" (bestandsgefährdend) genutzt werden können. Bei sehr relevanten Risiken sollte später eine vertiefende Analyse durchgeführt werden.

Für die wesentlichen Risiken sollte im nächsten Schritt eine präzisere Quantifizierung angestrebt werden. Dabei sollte jedes Einzelrisiko zunächst durch eine geeignete (mathematische) Verteilungsfunktion beschrieben werden. Häufig werden Risiken dabei durch Eintrittswahrscheinlichkeit und Schadenshöhe qualifiziert, was einer sogenannten Binomialverteilung entspricht.[8] Manche Risiken, die mit unterschiedlicher Wahrscheinlichkeit verschiedene Höhen erreichen können (wie Abweichungen bei Instandhaltungskosten oder Zinsaufwendungen) werden dagegen durch andere Verteilungsfunktionen (z. B. Normalverteilung mit Erwartungswert und Standardabweichung) beschrieben. Beispielsweise kann man zur Qualifizierung eines Kostenrisikos dieses beschreiben durch

- Mindestwert,
- wahrscheinlichster und
- maximaler Wert des Kostenwachstums.

Die Bewertung eines Risikos kann sich orientieren an tatsächlich in der Vergangenheit eingetretenen Risikowirkungen (Schäden), an Benchmarkwerten aus der Branche oder an selbst erstellten (realistischen) Schadensszenarien, die dann präzise zu beschreiben und hinsichtlich einer möglichen quantitativen Auswirkung zu erläutern sind.

Aus dem Risikoinventar (siehe Tab. 4.5) kann nur abgeleitet werden, welche Risiken für sich alleine den Bestand eines Unternehmens gefährden. Um zu beurteilen, wie groß der Gesamtrisikoumfang ist (und damit der Grad an Bestandsgefährdung durch die Menge aller Risiken), wird eine Risikoaggregation erforderlich. Bei dieser Risikoaggregation werden die bewerteten Risiken in den Kontext der Unternehmensplanung gestellt, d. h. es wird jeweils aufgezeigt, welches Risiko an welcher Position der Planung (Erfolgsplanung) zu Abweichungen führen kann (vgl. Abschn. 4.3.4). Nach der Risikoidentifikation können die erkannten Risiken in einem Risikoinventar zusammengefasst werden. Diese Bewertung erfolgt unter anderem anhand der mittleren Ertragsbelastung, dem realistischen Höchstschaden, aber auch der Wirkungsdauer.

Dabei bedeutet ein „Relevanz-Wert" von Eins, dass es sich um ein unbedeutendes Risiko handelt; weder Jahresüberschuss noch Unternehmenswert werden spürbar beeinflusst. Eine Zwei symbolisiert ein mittleres Risiko, hier kommt es zu einer spürbaren Beeinträchtigung des Jahresabschlusses. Eine Drei steht für bedeutende Risiken, die z. B. mehr als 25 % des üblichen Ertrags „auslöschen". Die Vier zeigt ein schwerwiegendes Risiko, das schon für sich genommen Verluste auslösen kann, und die Fünf ein bestandsgefährdendes Risiko. Der Gesamtrisikoumfang sollte anhand des Maximalrisikos bestimmt werden, da bereits wenige hohe Einzelrisiken das Fortbestehen des

---

[8]Vgl. Gleißner (2017b).

Tab. 4.5 Das Risikoinventar. (Quelle: Gleißner 2017b)

Kategorie	Risikobezeichnung	1	2	3	4	5
Marktrisiken	Konjunkturelle Umsatzschwankungen (Preis, Menge)					
Marktrisiken	Abhängigkeit von einem Lieferanten (Preis, Mengenschwankungen)					
Marktrisiken	Abhängigkeit von Schlüsselkunden					
Marktrisiken	Markteintritt neuer Wettbewerber					
Marktrisiken	Beschaffungsmarktrisiken (z. B. Rohstoffpreisschwankungen)					
Strategische Risiken	Risiken durch Inkonsistenz der Unternehmensstrategie					
Strategische Risiken	Bedrohung von Kernkompetenzen					
Finanzmarktrisiken	Währungsrisiken					
Finanzmarktrisiken	Forderungsausfälle					
Finanzmarktrisiken	Zinsänderungsrisiken					
Leistungsrisiken	Ausfall zentraler Produktionskomponenten					
Leistungsrisiken	Ausfall von Schlüsselpersonen					
Leistungsrisiken	Schwankungen sonstiger Kosten					
Politische, rechtliche und gesellschaftliche Risiken	Risiken aus Konventionalstrafen, Haftung etc.					
Anzahl der Antworten						
Maximalwert:…						

Unternehmens bedrohen (Gleißner 2017c).[9] Die einzelnen Analyseergebnisse werden zur Bestimmung eines Ratings schließlich zusammengefasst. Es gilt dabei zunächst, die Resultate

- des Branchenratings,
- des Finanzratings und
- der Beurteilung der Erfolgspotenziale

zu verdichten. Die Berechnung des branchen- bzw. finanzbezogenen Zukunftspotenzials geschieht bspw. durch eine gewichtete Addition der Teilnoten (z. B. Finanzkennzahlenrating 70 %, Erfolgspotenziale 20 %, Branchenrating 10 %). Dieses Endergebnis sollte dann mithilfe der folgenden Matrix mit der Risikobewertung verknüpft werden. Die

---

[9]Werden vier Risiken in der höchsten Kategorie (z. B. „3er") identifiziert, wird heuristisch das Maximalrisiko um eine Stufe erhöht (im Beispiel auf „4").

4 Risikogerechte Beurteilung: Unternehmenswert und Rating

Tab. 4.6 Plausibilisierung und Adjustierung des Finanzkennzahlenratings durch das qualitative Rating

„Roh-Rating" (ohne Risikoadjustierung)		Qualitatives Rating (Erfolgspotenzial)				
		1	2	3	4	5
Finanz-Kennzahlen-Rating	A	AAA/AA	A	BBB	BB	B
	BBB	A−	BBB	BB	B+	B−
	BB	BBB−	BB+	BB	B	CCC
	B	BB	BB−	B	B−	CCC
	C	B-	B−	CCC	CCC	CCC

Tab. 4.7 Rating in Abhängigkeit von Risiko und „Roh-Rating"

Rating		„Roh-Rating" (ohne Risikoadjustierung)				
		1	2	3	4	5
Maximalrisiko	1	AA/A	A/BBB	BBB/BB	BB	BB/B
	2	A/BBB	BBB	BBB/BB	BB/B	B
	3	BBB/BB	BBB/BB	BB	BB/B	B
	4	BB	BB/B	BB/B	B	B/CCC
	5	BB/B	B	B	B/CCC	CCC

Matrizen in den Tab. 4.6 und 4.7 verknüpfen die Erfolgspotenzial-Bewertung (auf Basis der Durchschnittsgrößen) mit dem Maximalrisiko.

Aus der Verknüpfung von „Risiko" und „Potenzial" errechnet sich somit in Abhängigkeit der eigenen Finanzkennzahlen und der spezifischen Branchensituation das eigene Rating. Die Beurteilung des Unternehmens sollte zweimal durchgeführt werden: Vor und nach einer möglichen Akquisition.

4.2.3 Folgen für die Wachstumsstrategie

Bei der Beurteilung eines geplanten Unternehmenskaufs müssen die Implikationen für das zukünftige Rating beurteilt werden. Eine derartige Ratingprognose ist zu erstellen für das Planszenario, aber auch für ein risikobedingt mögliches Stressszenario. Nur so kann beurteilt werden, ob unter Abwägung der Auswirkungen auf Ertrag und den (aggregierten) Risikoumfang die Übernahme der zusätzlichen Risiken des Ziel-Unternehmens sowie die Fremdfinanzierung des Kaufpreises „tragbar" sind, also den Bestand des eigenen Unternehmens nicht gefährden.[10]

---

[10] Siehe Eayrs und Gleißner (2010) zu den Grenzen der Fremdfinanzierung.

Neben der Bilanzanalyse und dem daraus ermittelten Finanzkennzahlenrating (vgl. Abschn. 4.2.2.2) sind auch qualitative Faktoren und die Risiken entscheidend. Eine potenzielle Akquisition sollte auf Grundlage der oben aufgeführten Maßnahmen so genau wie möglich analysiert werden, um potenzielle Risiken der Akquisition aufzudecken. Auf diese Weise kann der Käufer sichergehen, dass sich die Akquisition neben guten Finanzkennzahlen auch durch gute *soft facts* auszeichnet, was eine fundierte Abschätzung des Ratings nach der Akquisition ermöglicht. Diese Faktoren helfen dem Käufer wiederum eine geeignete Finanzierung für die Übernahme zu erhalten. Außerdem ist es durch die Verknüpfung von Strategie und Managementsystemen mit der Branchenanalyse möglich, vorab die Kompatibilität der beiden Unternehmen festzustellen. Es bleibt also festzuhalten, dass die qualitative Analyse bei der Identifikation der Kernkompetenzen hilft und Anhaltspunkte für mögliche Strategien aufzeigt.

4.3 Unternehmensbewertung und Bewertung der Akquisition

4.3.1 Die Bedeutung der Unternehmensbewertung

Auf den ersten Blick könnte man vermuten, dass nur die Bewertung desjenigen Unternehmens, das im Rahmen der Akquisitionsstrategie gekauft werden soll, erforderlich ist. Tatsächlich ist dies jedoch unzureichend. Notwendig ist nämlich zu zeigen, dass – auch unter Berücksichtigung von Risikodiversifikationseffekten – der Wert des eigenen Unternehmens mit dem gekauften Ziel-Unternehmen (unter Berücksichtigung des gezahlten Kaufpreises) höher ist, als der Wert im Status Quo (d. h. ohne die Akquisition). Der so berechnete Unternehmenswert bzw. der Wertbeitrag der Akquisition ist der Erfolgsmaßstab (das Performancemaß, vgl. Gleißner und Ihlau 2017, S. 1387–1391) des Unternehmenskaufs aus Perspektive der Eigentümer des übernehmenden Unternehmens (als Bewertungssubjekt). Der Unternehmenswert als Erfolgsmaßstab hat den Vorteil, dass alle langfristigen Auswirkungen des Unternehmenskaufs auf die Ertragskraft und die Wirkungen auf den Risikoumfang sowie das Rating auf *eine* Kennzahl verdichtet abgebildet werden. Für eine sachgerechte Bewertung – die Bestimmung eines subjektiven Entscheidungswerts[11] – ist es dabei erforderlich, alle Implikationen des Unternehmenskaufs für die zukünftig erwarteten Erträge bzw. Cash-Flows, das Ertragsrisiko und die durch das Rating ausgedrückte Insolvenzwahrscheinlichkeit zu berücksichtigen. Die entsprechenden Methoden werden im folgenden Abschnitt erläutert. Dabei ist anzumerken, dass die in der Praxis heute noch üblichen kapitalmarktorientierten Bewertungsverfahren (insbesondere unter Nutzung des *Capital Asset Pricing Modells,* CAPM) in Anbetracht der empirisch belegten Kapitalmarktunvollkommenheiten unzureichend sind. Durch eine risikogerechte (so genannte semi-investitionstheoretische) Bewertung der Implikationen

---

[11]Siehe Matschke und Brösel (2013) und Hering (2014).

eines Unternehmenskaufs ist es nämlich z. B. erforderlich, den Diskontierungszinssatz (Kapitalkostensatz) zukunftsorientiert und ausgehend vom zukünftigen Ertragsrisiko (z. B. Ertrags- oder Cash-Flow-Volatilität) risikogerecht abzuleiten. Ebenso notwendig ist es den Sachverhalt zu berücksichtigen, dass Unternehmen nicht ewig existieren und die durch das Rating ausgedrückte Insolvenzwahrscheinlichkeit wie eine „negative Wachstumsrate" (in der Fortführungsphase) wirkt. Und gerade diese Insolvenzwahrscheinlichkeit steigt bei Akquisitionen infolge der zunehmenden Verschuldung durch den zu entrichtenden Kaufpreis (und die damit sinkende Eigenkapitalquote) oft deutlicher an, was in der Praxis heute noch häufig vernachlässigt wird.

4.3.2 Modelle und Theorien

Will man den Wertbeitrag einer Akquisition fundiert beurteilen, benötigt man ein Performancemaß, das Änderungen des Ertrags und Risikos erfasst. Dies leistet der Unternehmenswert (Ballwieser und Hachmeister 2013), da die erwarteten Erträge risikogerecht diskontiert werden. Allerdings darf man den Diskontierungszinssatz (Kapitalkostensatz) nicht mit dem CAPM[12] ableiten, wie in der Praxis noch üblich. Das Problem liegt dabei nicht nur in den bekannten restriktiven (und wenig realitätsnahen) Annahmen des CAPM, sondern in der Nutzung historischer Aktienrenditen als Grundlage der Ableitung von Diskontierungszinssätzen und die Fortschreibung des historischen Betas in die Zukunft. Auch die empirische Kapitalmarktforschung (vgl. Gleißner 2014 für eine Übersicht) zeigt, dass für eine risikogerechte Bewertung von Unternehmen oder Strategien (beispielsweise Outsourcing) kapitalmarktorientierte Bewertungsverfahren ungeeignet sind; dies gilt speziell für das CAPM (vgl. Dempsey 2013, S. 7–23). Diese Studien – beispielsweise von Zhang (2009) sowie Walkshäusl (2012, 2013) für den deutschen Aktienmarkt – bestätigen schon ältere empirische Studien; beispielsweise von Haugen (2004), denen zufolge überraschenderweise gerade risikoarme Unternehmen überdurchschnittliche Renditen am Aktienmarkt generieren. Diese *Volatilitätsanomalie* deckt sich mit dem aus der strategischen Managementforschung bekannten *Rendite-Risiko-Paradoxon* (Bowman 1980; Budd 1993). Interessant ist, dass gerade ertragsstarke Unternehmen (beispielsweise ausgedrückt durch hohe Gesamtkapital- oder Eigenkapitalrenditen) überdurchschnittlich hohe Renditen am Aktienmarkt erreichen. Dies lässt sich erklären durch eine systematische Unterbewertung solcher Unternehmen.

Die empirische Kapitalmarktforschung der letzten Jahre zeigt auch eine sogenannte *Distressed-Anomalie* (Chen et al. 2011). Diesen Resultaten zufolge ist die Aktienrendite von Unternehmen mit überdurchschnittlicher Insolvenzwahrscheinlichkeit, also schwachem Rating, unterdurchschnittlich (Campbell et al. 2008).

---

[12]Vgl. zu Grundlagen und Kritik Kruschwitz und Löffler (2005) und Hering (2014).

Für die Bewertung von Handlungsoptionen eines Unternehmens nutzt man – wie erwähnt – den Unternehmenswert als Performancemaß, da dieser Änderungen des Ertrags-Risiko-Profils in einer Kennzahl erfasst. Will man dabei die Probleme eines unvollkommenen Kapitalmarkts vermeiden, ist es naheliegend, ohne den Umweg über (historische) Aktienrenditen unmittelbar aus den Risiken der zu bewertenden Zahlungen und Cashflows auf risikogerechte Kapitalkosten oder – bei der Risikoabschlag-Methode – unmittelbar auf den risikogerechten Wert eines Unternehmens zu schließen (Rubinstein 1973; Ballwieser 1981; Schwetzler 2000; Spremann 2004; McConaughy und Covrig 2007; Gleißner und Wolfrum 2008; Gleißner 2017a). Sollen subjektive Entscheidungswerte (Laux und Schabel 2009; Matschke und Brösel 2013; Dorfleitner und Gleißner 2018) als Performancemaße der Entscheidungsvorbereitung (Gleißner 2014) konsistent zu Unternehmensplanung und Risikoanalyse abgeleitet werden, muss man sich hier auf simulationsbasierte Verfahren für die Ableitung des bewertungsrelevanten Risikomaßes stützen (Gleißner 2017c). Man nutzt also die Risikoaggregation mittels Monte-Carlo-Simulation, um z. B. die Standardabweichung oder Variationskoeffizient des Cashflows als Risikomaß abzuleiten (Auch über andere Risikomaße ist eine Bewertung möglich, vgl. hierzu Gleißner 2006 sowie Gleißner 2017f).

4.3.3 Risikogerechte Bewertung von strategischen Handlungsoptionen

Die Auswahl strategischer Handlungsoptionen, speziell möglicher neuer Akquisitionen, sollte also auf einem Bewertungskalkül basieren, das ein Abwägen erwarteter Erträge und Risiken gewährleistet. Bei einer nicht sicher vorhersehbaren Zukunft ist grundsätzlich die mit einer Entscheidung verbundene Änderung der bestehenden Chancen und Gefahren zu betrachten. Veränderungen der Unternehmensstrategie und Akquisitionen haben oft schwerwiegende, vor allen Dingen aber unsichere Implikationen. Sie verändern das Ertrags-Risiko-Profil eines Unternehmens.

Grundsätzlich sind im Rahmen einer fundierten Entscheidungsvorbereitung Risiko, Wert, Rating und deren Wechselwirkungen zu betrachten. Grundlagen einer Entscheidungsvorlage müssen eine nachvollziehbare Strategie mit einer daraus ebenso nachvollziehbar abgeleiteten operativen Planung sowie Transparenz über die zugrundeliegenden Annahmen sein. Da die Zukunft nicht sicher vorhergesehen werden kann, ist es erforderlich, Chancen und Gefahren, die Planabweichungen auslösen können, anzugeben und zu quantifizieren. Die Beurteilung der Planung hat aus der Perspektive der Gläubiger (Ratingprognose) und der Eigentümer (modellbasiert berechneter Unternehmenswert) zu erfolgen. Ratingprognosen für ein Plan- und Stressszenario sind der wesentliche Krisenfrühwarnindikator (vgl. Abb. 4.4) und helfen, eine potenzielle Bestandsgefährdung des Unternehmens (z. B. durch die Verletzung von Covenants oder Refinanzierungsrisiken bei der Rückzahlung einer Anleihe) rechtzeitig einzuschätzen.

4 Risikogerechte Beurteilung: Unternehmenswert und Rating

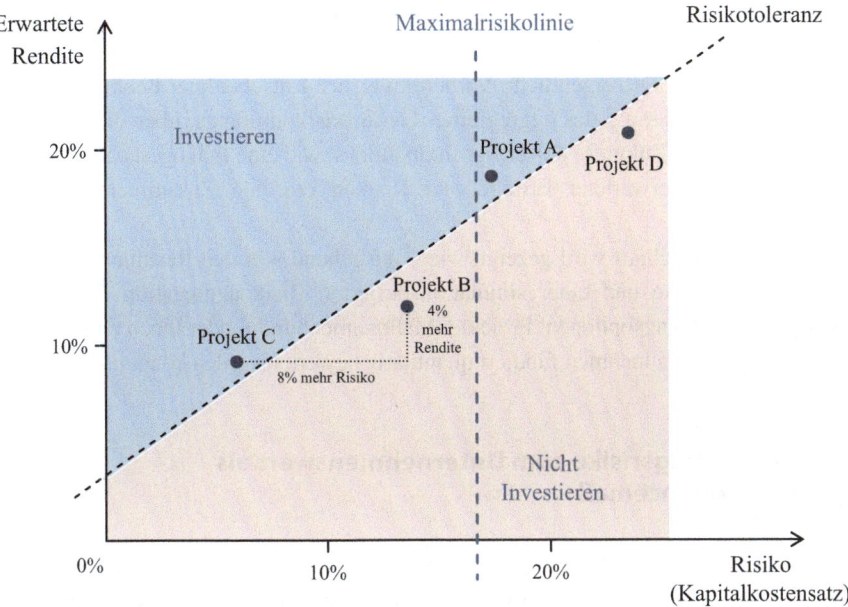

Abb. 4.4 Rendite-Risiko-Profil. (Quelle: Eigene Darstellung)

Das Abwägen erwarteter Erträge und der mit ihnen verbundenen Risiken kann erfolgen durch die Berechnung des fundamentalen Unternehmenswerts (Discounted Cashflow oder anderer wertorientierter Performancemaße wie z. B. des Economic Value Added). Entgegen der bisherigen Praxis in vielen Unternehmen ist dabei sicherzustellen, dass der den Unternehmenswert beeinflussende Werttreiber Kapitalkosten (die risikogerechten Mindestanforderungen an die Renditeerwartung) tatsächlich vom Ertragsrisiko (z. B. dem Variationskoeffizienten der Erträge, Gewinne oder Cashflows) abhängt.

Zu beachten ist schließlich, dass Veränderungen des Risikoumfangs auch zu Veränderungen des zukünftigen Ratings (Insolvenzwahrscheinlichkeit) führen und auch dieses Rating einen Werttreiber darstellt. Die Insolvenzwahrscheinlichkeit wirkt nämlich wie eine negative Wachstumsrate der Erträge und beeinflusst in erheblichem Umfang den Wert des Unternehmens (vgl. Abschn. 4.3.4). Noch immer wird bei Unternehmensbewertung und wertorientierter Steuerung fälschlicherweise ignoriert, dass Unternehmen nicht ewig existieren. Auch hier ist davon auszugehen, dass die Entscheidungen die zukünftig zu erwartenden Erträge und den aggregierten Umfang der Risiken unter Umständen sogar sehr wesentlich beeinflussen. Entscheidungen können damit wesentliche Auswirkungen auf den Unternehmenswert haben, der als Performancemaß die Ertrags- und Risikowirkungen erfasst. Für eine fundierte Beurteilung (im weiten Sinne) oder Maßnahmen (einschließlich der Risikobewältigungsmaßnahmen selbst) ist es bei der Vorbereitung der Entscheidung nötig zu untersuchen, welche Änderungen sich bei den Risiken ergeben (Update der Risikoidentifikation und der quantitativen Beschreibung bestehender Risiken).

Entscheidungsrelevant ist im Allgemeinen der aggregierte Gesamtrisikoumfang (ausgedrückt durch den Eigenkapitalbedarf), dessen Berechnung eine Monte-Carlo-Simulation erfordert. Die eigentliche Vorbereitung der Entscheidung benötigt Informationen über die Veränderung des aggregierten Gesamtrisikoumfangs, über die Auswirkung auf das Rating in der Zukunft (Krisenwarnindikator) sowie eine risikogerechte Bewertung, d. h. ein Abwägen erwarteter Erträge und Risiken (zu den Zusammenhängen siehe Gleißner 2017f).

Im folgenden Abschnitt wird gezeigt, wie – ausgehend von den Resultaten einer quantitativen Risikoanalyse und einer simulationsbasierten Risikoaggregation (Monte-Carlo-Simulation) – Handlungsoptionen, Projekte, Maßnahmenbündel oder Ideen zu ergänzenden Risikobewältigungsmaßnahmen fundiert quantitativ bewertet werden können.

4.3.4 Vom Ertragsrisiko zum Unternehmenswert als Performancemaß

Unternehmenswerte als Erfolgsmaßstäbe kann man durch Risikoabschläge vom Erwartungswert der Erträge oder Cashflows berechnen. Mit einem von der Risikomenge der Erträge oder der Cashflows abhängigen Risikoabschlag (bspw. der Standardabweichung σ_{Ertrag}) werden sogenannte Sicherheitsäquivalente berechnet[13]. Man benötigt für die Wertberechnung nur eine Annahme bezüglich der Alternativinvestments und eine Prämisse: Zwei Zahlungen zum gleichen Zeitpunkt haben den gleichen Wert, wenn sie in Erwartungswert *(Ertrag^e)* und gewähltem Risikomaß *(R,* hier die Standardabweichung σ_{Ertrag}) übereinstimmen. Der Risikoabschlag ist abhängig vom aggregierten Risikoumfang des Bewertungsobjekts *(R)*. Exakter gilt: Er ist abhängig vom Anteil der Risiken, den der Unternehmenseigentümer unter Berücksichtigung seiner Diversifikationsmöglichkeiten *(d)* trägt, und dem Marktpreis des Risikos *(λ)*. Sicherheitsäquivalente sind mit dem risikolosen Basiszinssatz *(r_f)* zu diskontieren. Damit existieren also zwei Wege zur Berechnung des Werts W[14]:

$$W\left(Ertrag^e\right) = \frac{Ertrag^e - \lambda \cdot \sigma_{Ertrag} \cdot d}{1 + r_f} = \frac{Ertrag^e}{1 + k} \quad (4.3)$$

Der Risikodiversifikationsfaktor d zeigt den Anteil der Risiken, den das Bewertungssubjekt unter Berücksichtigung von Diversifikationsmöglichkeiten im Gesamtvermögen zu tragen hat, welcher also bewertungsrelevant ist. Der Kapitalkostensatz k zeigt die risikogerechte Anforderung an eine Rendite (Hier wird vereinfachend von zeitunabhängigen Kapitalkosten ausgegangen).

---

[13] Zur Herleitung mit Risiko-Wert-Modellen – der Methode der *Unvollkommenen Replikation* – siehe Dorfleitner und Gleißner (2018).

[14] Nachfolgend wird vereinfachend von „Ertrag" gesprochen wenn die finanziellen Überschüsse gemeint sind, welche den Unternehmenseigentümern zufließen.

4 Risikogerechte Beurteilung: Unternehmenswert und Rating

Um den Marktpreis des Risikos λ bestimmen zu können, muss man die Alternativinvestments kennen. An dieser Stelle werden in Anlehnung an das CAPM ein breiter Marktindex (Näherung für das Marktportfolio mit unsicherer Rendite r_M) und eine näherungsweise risikolose Anlage mit der Rendite r_f als am Markt verfügbare Alternativinvestments angenommen *(marktorientierter Ansatz)*. Bei Verwendung der Standardabweichung als Risikomaß entspricht der Marktpreis des Risikos der Marktrisikoprämie bezogen auf die Standardabweichung der Rendite des Marktindex *(Sharpe Ratio)*.

$$\lambda = \frac{r_m^e - r_f}{\sigma_{r_m}} \quad (4.4)$$

Mit dem Erwartungswert des Ertrags *(Ertrag^e)* und dessen Standardabweichung *(σ_{Ertrag})* als Risikomaß ergibt sich nun durch Auflösen von Gl. 4.3 folgende Formel für den Kapitalkostensatz:

$$k = \frac{1 + r_f}{1 - \lambda \cdot \frac{\sigma_{Ertrag}}{Ertrag^e} \cdot d} - 1 \quad (4.5)$$

Will man nun eine unternehmerische Strategie oder Maßnahme beurteilen, muss man die Wirkung

1. auf den erwarteten Ertrag und
2. auf das Ertragsrisiko und damit die Kapitalkosten k

ermitteln, um zu prüfen, ob der Wert W als Erfolgsmaßstab steigt. Ergänzend sollte die Wirkung auf das Rating beachtet werden (Gleißner 2017a, d). Die Insolvenzwahrscheinlichkeit p wirkt in der Fortführungsphase wie eine negative Wachstumsrate, d. h. sie ist als Zuschlag auf den Kapitalkostensatz zu berücksichtigen[15]. Gerade bei Akquisitionen im Rahmen einer „Build"-Strategie sind aus Eigentümerperspektive die Wirkungen der Änderungen des Werttreibers bzw. des Ratings auf den Wert W. zu berücksichtigen. Eine Steigerung der Ertragskraft führt unter sonst gleichen Bedingungen zu einer Reduzierung der Insolvenzwahrscheinlichkeit p; höhere Verschuldung führt zu steigendem p.

Die Überlebenswahrscheinlichkeit $ÜWSK$ des Unternehmens wird gemäß Gl. 4.6 ermittelt, wobei p die (als konstant angenommene) Insolvenzwahrscheinlichkeit eines Jahres darstellt (vgl. Gleißner 2011, S. 243–251, 2010, S. 735–743).

$$ÜWSK = 1 - kumulierte\,Insolvenzwahrscheinlichkeit = (1 - p)^t \quad (4.6)$$

---

[15]Sie ist aber kein Teil der Kapitalkosten, sondern erfasst – wie auch die übliche Wachstumsrate – die zeitliche Veränderung des Erwartungswerts.

Damit ergeben sich die Erwartungswerte E gleich der zukünftigen Erträge oder freien Cashflows Z in der Periode t (aus Sicht von t = 0) gemäß Gl. 4.7.[16]

$$E(Z_t) = E(Z_0) \cdot (1-p) \tag{4.7}$$

Der Wert des betrachteten Unternehmens W berechnet sich damit nicht mehr wie in Gl. 4.3, sondern gemäß Gl. 4.8

$$W(Z) = \sum_{t=0}^{\infty} \frac{E_0(Z_o) \cdot (1-p)^t}{(1+k)^t} \tag{4.8}$$

Dies kann kompakt dargestellt werden gemäß Gl. 4.9

$$W(Z) = \frac{E(Z_o) \cdot (1-p)}{p+k} \tag{4.9}$$

Die Insolvenzwahrscheinlichkeit wirkt quasi wie eine negative Wachstumsrate (ist aber keine „Insolvenzrisikoprämie"). Diese verdeutlicht, dass Unternehmen nicht ewig existieren (vgl. weiterführend Gleißner 2017d).

4.3.5 Folgen für die Wachstumsstrategie

Der letztendlich ausschlaggebende Erfolgsmaßstab für einen Unternehmenskauf ist der durch den Kauf geschaffene, zusätzliche Unternehmenswert. Er ist das Performancemaß aus Perspektive der Eigentümer. Auch wenn ein Unternehmenskauf

1. strategisch plausibel erscheint und
2. aufgrund des vorhandenen Risikodeckungspotenzials gemäß Ratingprognosen tragbar ist,

muss doch unter Abwägen von Ertrag und Risiko nachvollziehbar belegt werden, dass durch die geplante „Build"-Strategie ein Vorteil entsteht[17]. Dank der Verdichtung aller Informationen über die Auswirkungen der Akquisition (und der gewünschten Synergien) für Erträge, Risiken und Rating auf den Unternehmenswert erfolgt eine ganzheitliche Beurteilung. Eine derartige Beurteilung des Unternehmenskaufs bzw. der Akquisition ist notwendiger Bestandteil des Kaufbuches und sollte für jeden Übernahmekandidaten erfolgen, schon bevor selbiger überhaupt zum Verkauf steht, damit im Falle des Falles

---

[16]Die oben erläuterten indirekten Insolvenzkosten werden hier zunächst vereinfachend vernachlässigt. Indirekte Insolvenzkosten entstehen, da es mit zunehmender Insolvenzwahrscheinlichkeit für Unternehmen schwieriger wird, dauerhafte Geschäftsbeziehungen zu etablieren, was sich in sinkenden Erwartungswerten zukünftiger Zahlungen ausdrückt.

[17]Vgl. Gleißner und Ihlau (2017) mit einem Fallbeispiel.

schnell entschieden werden kann. Der Nutzen einer Akquisition bzw. einer „Build-Strategie" muss sich an der Verbesserung des Ertrag-Risiko-Profils und damit an einem steigenden fundamentalen Unternehmenswert zeigen lassen.

Aus den Ausführungen wird ersichtlich, dass Unternehmen bessere Chancen haben, eine „Build"-Strategie umzusetzen, wenn ihnen aufgrund des Ratings eine hohe Risikotragfähigkeit bescheinigt wird. Allerdings nützen ausschließlich gute Bilanzen im Gesamtrating wenig, wenn qualitative Faktoren nicht oder ungenügend beachtet werden. Als Unternehmer gilt es hierbei (im Zusammenhang mit Fusionen und Zukäufen) einzuschätzen, ob sich das Rating aufgrund der „Build"-Strategie verbessert. Gleichzeitig sollte vermieden werden, dass eine Fusion am Ende zu einem allzu schlechten Ratingergebnis führt. Das Rating muss auch in einem risikobedingt möglichen Stressszenario, also bei Wirksamwerden schwerwiegender Risiken, zumindest bei „B" bleiben, um die Kapitaldienstfähigkeit und Finanzierung des Unternehmens zu sichern. Es ist zudem zu beachten, dass die durch das Rating ausgedrückte Insolvenzwahrscheinlichkeit selbst einen wesentlichen Werttreiber darstellt, also den modellbasiert berechneten Unternehmenswert (als Erfolgsmaßstab zur Beurteilung strategischer Handlungsoptionen) beeinflusst. Grundsätzlich sollte bei der Beurteilung strategischer Handlungsoptionen, wie „Build"-Strategien, Veränderungen des Ertrag-Risiko-Profils, die mit einer solchen Entscheidung einhergehen, betrachtet werden. Um dies zu gewährleisten, müssen in Anbetracht der Unvollkommenheiten des Kapitalmarkts und der empirisch belegten fehlenden Eignung traditioneller, kapitalmarktorientierter Bewertungsverfahren die Kapitalkostensätze, die den Werttreiber Risiko erfassen, unmittelbar aus dem aggregierten Ertragsrisiko abgeleitet werden.

Literatur

Altman, E. I., Caouette, J. B., & Narayanan, P. (1998). *Managing credit risk*. New York: Wiley.

Ballwieser, W. (1981). Die Wahl des Kalkulationszinsfußes bei der Unternehmensbewertung unter Berücksichtigung von Risiko und Geldentwertung. *Betriebswirtschaftliche Forschung und Praxis, 33*, 97–114.

Ballwieser, W., & Hachmeister, D. (2013). *Unternehmensbewertung – Prozess, Methoden und Probleme* (4. Aufl.). Stuttgart: Schäffer Poeschel.

Bemmann, M. (2007). *Entwicklung und Validierung eines stochastischen Simulationsmodells für die Prognose von Unternehmensinsolvenzen*. Dissertation, Dresden.

Blum, U., Gleißner, W., & Leibbrand, F. (2005). Stochastische Unternehmensmodelle als Kern innovativer Ratingsysteme. *IWH-Diskussionspapiere* (Nr. 6, November).

Bowman, E. (1980). A Risk-Return-Paradoxon for strategic management. *Sloan-Management Review, 21*(1), 17–33.

Budd, J. L. (1993). *Characterizing risk from the strategic management perspective*. Kent State University.

Campbell, J. Y., Hilscher, J., & Szilagyi, J. (2008). In Search of Distress Risk. *Journal of Finance, American Finance Association, 63*(6), 2899–2939.

Chen, L., Novy-Marx, R., & Zhang, L. (2011). *An alternative three-factor model,* Working paper. St. Louis: Washington University.

Dempsey, M. (2013). The Capital Asset Pricing Model (CAPM): The history of a failed revolutionary idea in Finance? *ABACUS, 49*(1), 7–23.

Dorfleitner, G., & Gleißner, W. (2018). Valuing streams of risky cash flows with risk-value models. *Journal of Risk (i.E.).*

Eayrs, W., & Gleißner, W. (2010). Grenzen der Fremdfinanzierung bei M&A-Transaktionen: Ein Fallbeispiel. *BewertungsPraktiker, 2*(2010), 20–27.

Gleißner, W. (2002). Wertorientierte Analyse der Unternehmensplanung auf Basis des Risikomanagements. *Finanz Betrieb, 7–8*(2002), 417–427.

Gleißner, W. (2006). Risikomaße und Bewertung. *Risiko Manager. Teil 1 – Grundlagen. 12/2006, 1–11. Teil 2 – Downside-Risikomaße. 13/2006, 17–23. Teil 3 – Kapitalmarktmodelle. 14/2006, S. 14–20.*

Gleißner, W. (2010). Unternehmenswert, Rating und Risiko. *Die Wirtschaftsprüfung, 14*(2010), 735–743.

Gleißner, W. (2011). Der Einfluss der Insolvenzwahrscheinlichkeit (Rating) auf den Unternehmenswert und die Eigenkapitalkosten. *Corporate Finance biz, 4*(2011), 243–251.

Gleißner, W. (2014). Kapitalmarktorientierte Unternehmensbewertung: Erkenntnisse der empirischen Kapitalmarktforschung und alternative Bewertungsmethoden. *Corporate Finance, 4*(2014), 151–167.

Gleißner, W. (2017a). *Grundlagen des Risikomanagements* (3. Aufl.). München: Vahlen.

Gleißner, W. (2017b). Risikoanalyse und Replikation für Unternehmensbewertung und wertorientierte Unternehmenssteuerung. *Wirtschaftswissenschaftliches Studium, 7*(2011), 345–352.

Gleißner, W. (2017c). *Grundlagen des Risikomanagements im Unternehmen* (2. Aufl.). München: Vahlen.

Gleißner, W. (2017d). Stochastische Simulation als Grundlage für Unternehmensbewertung und M&A-Entscheidungen. *M&A Review, 4*(2017), 90–95.

Gleißner, W. (2017e). Entscheidungsvorlagen für den Aufsichtsrat: Fallbeispiel Akquisition. *Der Aufsichtsrat, 4*(2017), 54–57.

Gleißner, W. (2017f). Unsicherheit, Risiko und Unternehmenswert. In K. Petersen & C. Zwirner (Hrsg.), *Handbuch Unternehmensbewertung* (2. Aufl., S. 917–948). Köln: Bundesanzeiger Verlag.

Gleißner, W., & Bemmann, M. (2008). Rating-Evidenz und Risikosimulation in strukturellen Modellen. *Risiko Manager, 17*(2008), 6–12.

Gleißner, W., & Füser, K. (2010). Anleitung zum Selbstrating – So beurteilen Kreditinstitute das Unternehmen Ihres Mandanten. *NWB Betriebswirtschaftliche Beratung, 7*(2010), 210–214.

Gleißner, W., & Füser, K. (2014). *Praxishandbuch Rating und Finanzierung – Strategien für den Mittelstand* (3. Aufl.). München: Vahlen.

Gleißner, W., & Ihlau, S. (2017). Anwendung von Unternehmensbewertungsmethoden bei der Strategiebeurteilung. *BetriebsBerater, 26*(2017), 1387–1391.

Gleißner, W., & Romeike, F. (2012). Effektives Risikomanagement zur Verbesserung von Planungsunsicherheit und Krisenstabilität. *Risk, Compliance & Audit, 2*(2012), 28–33.

Gleißner, W., & Wolfrum, M. (2008). Eigenkapitalkosten und die Bewertung nicht börsennotierter Unternehmen: Relevanz von Diversifikationsgrad und Risikomaß. *FINANZ BETRIEB, 9*(2008), 602–614.

Haugen, R. A. (2004). *The new finance – Overreaction, complexity, and uniqueness.* Upper Saddle River: Pearson.

Hering, T. (2014). *Unternehmensbewertung* (3. Aufl.). München: De Gruyter Oldenbourg.

Kaserer, C., & Berg, T. (2016). *Estimating Equity Premia from CDS Sreads, EFA 2009* Meeting Paper. https://papers.ssrn.com/sol3/papers.cfm?abstract_id=1019279. Zugegriffen: 28. Mai 2018.

Kruschwitz, L., & Löffler, A. (2005). *Discounted cash flow*. New Jersey: Wiley Finance.

Laux, H., & Schabel, M. M. (2009). *Subjektive Investitionsbewertung, Marktbewertung und Risikoteilung: Grenzpreise aus Sicht börsennotierter Unternehmen und individueller Investoren im Vergleich*. Berlin: Springer.

Matschke, M. J., & Brösel, G. (2013). *Unternehmensbewertung: Funktionen – Methoden – Grundsätze* (4. Aufl.). Wiesbaden: Gabler.

McConaughy, D. L., & Covrig, V. (2007). Owners' lack of diversification and cost of equity capital for closely held firm. *Business Valuation Review, 26*(4), 115–120.

Merton, R. C. (1974). On the pricing of corporate debt: The risk structure of interest rates. *Journal of Finance, 29*, 449–470.

Porter, M. E. (1979). How competitive forces shape strategy. *Harvard Business Review, 57*(2), 137–145.

Rubinstein, M. (1973). The fundamental theorem of parameter preference security valuation. *Journal of Financial and Quantitative Analysis, 8*(1), 61–69.

Schwetzler, B. (2000). Unternehmensbewertung unter Unsicherheit – Sicherheitsäquivalent- oder Risikozuschlagsmethode? *ZfbF – Zeitschrift für betriebswirtschaftliche Forschung, 52*(2000), 469–486.

Spremann, W. (2004). *Valuation: Grundlagen moderner Unternehmensbewertung*. Oldenbourg: Wissenschaftsverlag.

Strobel, S. (2012). *Unternehmensplanung im Spannungsfeld von Ratingnote, Liquidität und Steuerbelastung*. Erlangen-Nürnberg: Friedrich-Alexander-Universität.

Walkshäusl, C. (2012). Die Volatilitätsanomalie auf dem deutschen Aktienmarkt: Mit weniger Risiko zu einer besseren Performance. *Corporate Finance, 02*(2012), 81–86.

Walkshäusl, C. (2013). Fundamentalrisiken und Aktienrenditen – Auch hier gilt, mit weniger Risiko zu einer besseren Performance. *Corporate Finance, 3*(2013), 119–123.

Weber, M., Krahnen, J. P., & Voßmann, F. (1998). Risikomessung im Kreditgeschäft: Eine empirische Analyse bankinterner Ratingverfahren. *Schmalenbachs Zeitschrift für Betriebswirtschaftliche Forschung, Sonderheft 1998*, S. 117–142.

Wingenroth, T. (2004). *Risikomanagement für Corporate Bonds*. Bad Soden/Ts.

Zhang, C. (2009). On the explanatory power of firm-specific variables in cross-sections of expected returns. *Journal of Empirical Finance, 16*(2), 306–317.

Weiterführende Literatur

Gleißner, W. (2013). Die risikogerechte Bewertung alternativer Unternehmensstrategien: Ein Fallbeispiel jenseits CAPM. *Bewertungspraktiker, 3*(2013), 82–89.

Richter, F. (2005). *Merger & Acquisitions: Investmentanalyse, Finanzierung und Prozessmanagement*. München: Vahlen.

Werner Gleißner, Prof. Dr. ist Diplom-Wirtschaftsingenieur und hat an der Universität Karlsruhe in Volkswirtschaftslehre promoviert. Er ist Vorstand der FutureValue Group AG in Leinfelden-Echterdingen und Honorarprofessor für Betriebswirtschaftslehre, insbesondere Risikomanagement, an der Technischen Universität Dresden. Herr Prof. Dr. Werner Gleißner befasst sich mit wert- und risikoorientierter Unternehmensführung auf der Basis von Bewertungsverfahren für unvollkommene Kapitalmärkte, die Unternehmenswert und Kapitalkosten aus aggregierten Ertragsrisiken ableiten („Risiko-Wert-Modelle"). Seine Forschungs- und Tätigkeitsschwerpunkte liegen im Bereich Risikomanagement, Bewertung, Rating und Unternehmensstrategie sowie der Entwicklung von Methoden für eine simulationsbasierte Risikoaggregation – z. B. in Anwendung auf die Vorbereitung von Top-Managemententscheidungen sowie im Kapitalanlage- und Portfoliomanagement. Er arbeitet insbesondere an der Integration der bisher weitgehend getrennten Methoden für Risikomanagement, Rating und Unternehmensbewertung. Er ist Autor zahlreicher Fachartikel und Bücher.

Download von Fachveröffentlichungen unter www.werner-gleissner.de sowie www.futurevalue.de.

Björn Feldmann, M.Sc. war 2013 bis 2016 wissenschaftlicher Mitarbeiter am Lehrstuhl für Wirtschaftspolitik und Wirtschaftsforschung an der Martin-Luther-Universität Halle-Wittenberg. Nach seinem Bachelorabschluss der Empirischen Wirtschafts- und Sozialwissenschaften an der Leuphana Universität Lüneburg absolvierte er in Halle sein Masterstudium der Empirischen Ökonomik und Politikberatung. Während seines Studiums arbeitete er in der Abteilung „Banken, Finanzmärkte und realwirtschaftliche Entwicklung" des Instituts für Wirtschaftsforschung Halle (IWH) sowie als Tutor am Lehrstuhl für Geld und Währung zur Vorlesung „Monetäre Ökonomik". Björn Feldmann war als wissenschaftlicher Mitarbeiter, unter der Projektleitung von Herrn Professor Dr. Dr. h. c. Blum, im Team des „Headquarterprojektes" tätig - einem wissenschaftlichen Forschungsprojekt zu Entwicklungschancen mitteldeutscher Unternehmen und deren Potenzial für die wirtschaftliche Entwicklung in Mitteldeutschland. Er befasste sich vor allem mit den Themenfeldern „Wachstum", „Internationalisierung" und „Finanzierung" von ostdeutschen Unternehmen, insbesondere KMU.

Clemens Fuhrmeister, M.Sc. absolvierte sein Bachelorstudium der Volkswirtschaftslehre in Halle und Seoul. In seiner Bachelorarbeit beschäftigte er sich mit der Wirkung von staatlichen Eingriffen in Energiemärkten. Im Jahr 2011 begann er sein Masterstudium der Empirischen Ökonomik und Politikberatung und spezialisierte sich auf Industrieökonomik und Ökonometrie. Während dieser Zeit absolvierte er Praktika am Energiewirtschaftlichen Institut an der Universität zu Köln und am Institut für Wirtschaftsforschung Halle. Von 2013 bis 2016 war er Mitarbeiter am Lehrstuhl für Wirtschaftspolitik und Wirtschaftsforschung und forschte dort zu Wettbewerbsstrategien für Komplementärgüterproduzenten in mehrseitigen Märkten anhand von Daten für mobile Anwendungen. Seither arbeitet er bei der Sparkasse Hamburg.

Die Ausgestaltung des Kaufvertrags 5

Michael A. Veltins

5.1 Geheimhaltungsvereinbarungen *(Non Disclosure Agreements)*

Bereits vor Beginn der Verhandlungen zwischen Verkäufer und potenziellem Käufer eines Unternehmens werden Geheimhaltungsvereinbarungen geschlossen, die üblicherweise *Non Disclosure Agreements* (NDA) oder *Confidentiality Agreement* genannt werden. Derartige NDAs schützen den Verkäufer davor, dass die Absicht, das Unternehmen zu verkaufen, bekannt wird und ferner davor, dass die im Rahmen der Verhandlungen und bei der Due Diligence gewährten Einsichten und Informationen vom Käufer bzw. dessen Beratern für eigene oder fremde Zwecke genutzt werden.

Die Geheimhaltung mit dem Verbot der Weitergabe hinsichtlich aller vom Käufer erlangten Informationen und Unterlagen werden in NDAs für den Fall des Scheiterns der Vertragsverhandlungen auf unbefristete Dauer vereinbart. Die Bestimmungen schließen meist eine Dokumentation der geheimhaltungsbedürftigen Unterlagen mit Rückgabe- und Löschungsverpflichtungen des Käufers für den Fall ein, dass der Kaufvertrag nicht zustande kommt. In den NDAs wird ein umfassendes Verwertungsverbot hinsichtlich aller übergebenen Unterlagen und Informationen für eigene und fremde Zwecke vereinbart. Der Personenkreis der Geheimhaltungsträger auf Käufer- und Verkäuferseite, einschließlich Beratern und Mitarbeitern, wird regelmäßig ausführlich beschrieben. Häufig werden auch von den benannten Geheimhaltungsträgern spezielle Geheimhaltungsvereinbarungen verlangt. Zur Absicherung und Durchsetzung der Geheimhaltungsverpflichtung

M. A. Veltins (✉)
Dresden, Deutschland
E-Mail: mveltins@lsv-legal.de

© Springer Fachmedien Wiesbaden GmbH, ein Teil von Springer Nature 2018
U. Blum et al. (Hrsg.), *Vade Mecum für Unternehmenskäufe*,
https://doi.org/10.1007/978-3-658-20755-7_5

wird regelmäßig eine Vertragsstrafe vereinbart, die üblicherweise eine bereits vertraglich fixierte Höhe (z. B. 1 % des Transaktionswertes) vorsieht, dabei aber die Geltendmachung weiterer Schäden durch den Verkäufer nicht ausschließt.

5.2 Absichtserklärung *(Letter of Intent)*

Bei der Mehrzahl aller M&A-Transaktionen wird ein *Letter of Intent* (LoI) abgeschlossen. Dieser ist häufig Bedingung des Verkäufers dafür, dass er dem potenziellen Käufer Einblick in sein Unternehmen im Rahmen einer Due Diligence-Prüfung gewährt. Inhalt und Umfang des LoI sind je nach Transaktion unterschiedlich und insbesondere vom Stand der Verhandlungen abhängig. In der Praxis finden sich neben ausführlichen, viele Seiten umfassenden LoIs auch Absichtserklärungen, die nur ein oder zwei Seiten lang sind. Abhängig vom Detaillierungsgrad enthalten die LoIs auch Punktationen, d. h. Festschreibungen der über bestimmte Vertragspunkte bereits erzielten Verhandlungsergebnisse. Der LoI enthält bei einer ausführlichen Ausgestaltung folgende Elemente:

- Erwerbsabsicht des potenziellen Käufers
- Geplante Dauer der Verhandlungen und Zeitpunkt des Vertragsabschlusses
- Beabsichtigter Kaufpreis und Ausführungen zur Kaufpreisermittlung
- Kaufpreiszahlung und dessen Finanzierung
- Bereits erzielte Verhandlungsergebnisse
- Ablauf der Due Diligence unter Beifügung einer Anforderungsliste für Unterlagen, in die Einsicht genommen werden soll
- Verweis auf Geheimhaltungsvereinbarung und Vertragsstrafe
- Regelung der Verbindlichkeit des LoI
- Schlussbestimmungen

Üblicherweise werden LoIs so ausgestaltet, dass sie rechtlich nicht verbindlich sind. Dies unterscheidet rechtlich unverbindliche LoIs von *Vorverträgen,* die ungeachtet eines nachfolgenden Kaufvertragsabschlusses oder Nicht-Abschlusses rechtlich verbindlich sind. In der Regel soll der LoI keine Pflicht zum Vertragsabschluss begründen. Kommt es jedoch zum Vertragsabschluss, sollen zumindest die bisher ausgehandelten Vertragspunkte in den Kaufvertrag einbezogen werden, wobei es den Parteien frei steht, Änderungen an den erzielten Verhandlungsergebnissen vorzunehmen.

Trotz des Abschlusses eines LoI können die Vertragsparteien die Vertragsverhandlungen vor dem endgültigen Vertragsabschluss jederzeit abbrechen. Wenn eine Partei mit Unterzeichnung des LoI ein erhöhtes Vertrauen auf das Zustandekommen eines Kaufvertrages schafft, dessen Abschluss als sicher darstellt und die Verhandlungen später dennoch grundlos abbricht, können Schadensersatzpflichten entstehen, sofern der LoI dies nicht ausdrücklich ausschließt. Demzufolge ist in dem LoI zumindest eine Aussage zu denjenigen Bestimmungen zu treffen, die auch bei Abbruch von Vertragsverhandlungen Bestand haben sollen, wie zum Beispiel die Geheimhaltungsvereinbarung.

In einem LoI kann sich der Verkäufer dazu verpflichten, ausschließlich exklusiv mit dem potenziellen Käufer Verhandlungen und Verkaufsgespräche zu führen. Die Dauer einer solchen Exklusivitätsvereinbarung ist jedoch üblicherweise auf wenige Wochen beschränkt, da während dieser Zeit der Verkäufer daran gehindert ist, mit anderen potenziellen Interessenten Verhandlungen zu führen und einen Kaufvertrag abzuschließen. Für den Fall, dass die Exklusivitätsverpflichtung seitens des Verkäufers verletzt wird, verpflichtet sich der Verkäufer regelmäßig, an den Käufer eine Vertragsstrafe zu zahlen.

In einen LoI können auch Regelungen zur Kostenverteilung bei Abbruch der Verhandlungen *(Break-up Fees)* aufgenommen werden. Denn mit der Anbahnung und Vorbereitung eines Unternehmenskaufs sind für beide Seiten erhebliche Kosten verbunden. Dies gilt insbesondere für die Durchführung einer Due Diligence, die bei größeren Transaktionen den Einsatz zahlreicher Berater, Rechtsanwälte und Wirtschaftsprüfer bei beiden Parteien umfassen kann. Sollte daher der Verkäufer die Verhandlungen ohne triftigen Grund abbrechen, kann eine pauschale Entschädigung für Untersuchungs- und Verhandlungskosten des Kaufinteressenten zugunsten des Verkäufers vereinbart werden.

5.3 Vertragsverhandlungen

Sobald sich ein Unternehmensverkäufer und ein potenzieller Kaufinteressent darüber prinzipiell geeinigt haben, dass das Unternehmen zum Verkauf steht und der Interessent bereit ist, das Unternehmen zu erwerben, werden auf beiden Seiten die Vorbereitungen für den weiteren Ablauf getroffen. Aufseiten des Verkäufers wird ein Team gebildet, das den Transaktionsprozess begleiten soll. Die Unterlagen für den Due Diligence-Prozess müssen vorbereitet und zusammengetragen werden. Die Rechtsanwälte des Unternehmens werden eingeschaltet. Ebenso werden die Steuerberater und Wirtschaftsprüfer des Verkäufers über die bevorstehende Transaktion informiert, sodass auch sie die Vorbereitungen für den Due Diligence-Prozess treffen können. Aufseiten des potenziellen Erwerbers wird ebenfalls ein Team gebildet. Ebenfalls müssen Rechtsanwälte, Steuerberater und Wirtschaftsprüfer beauftragt werden, um den Transaktionsprozess zu begleiten. Für die Durchführung und Prüfung der im Due Diligence-Prozess vom Verkäufer gesammelten Unterlagen müssen weitere Teams bereitgestellt werden.

Die Dauer der Verhandlungen über einen Letter of Intent, die Durchführung des Due Diligence-Prozesses bis zum Signing des Vertrages dauert nach den Erfahrungen der Praxis regelmäßig länger als vier Monate. Bei komplexen Transaktionen kann eine wesentlich höhere Dauer angenommen werden. Je spezialisierter das Beraterteam ist, umso geringer ist dagegen die Transaktionsdauer.

Die durchschnittliche Anzahl von Verhandlungsrunden zwischen Käufer und Verkäufer ist abhängig von der Größe des Transaktionsvolumens, der Qualität der Vorbereitung und des Grads der Spezialisierung der M&A-Berater. Durchschnittlich werden drei bis fünf Verhandlungsrunden in großer Runde, d. h. zwischen Käufer und Verkäufer und ihren Beratern durchgeführt. Grundsätzlich sinkt die Anzahl von Verhandlungsrunden bei zunehmender Transaktionserfahrung der Berater. Je spezialisierter die Beraterteams sind, bei denen M&A-Prozesse zum Tagesgeschäft gehören, umso besser werden bereits kritische Punkte zwischen den Parteien in Vorbereitung der Verhandlungsrunden ab- und ausgehandelt. In den Verhandlungsrunden werden demgemäß nur noch Punkte behandelt, die komplex sind und ggf. aus taktischen Gründen nicht zwischen den Beratern vorab ausgehandelt werden konnten. Typischerweise sind die folgenden Punkte Verhandlungsgegenstände der Verhandlungsrunden:

- Strukturierung der Transaktionen
- Höhe des Kaufpreises und dessen Ermittlung
- Finanzierung des Kaufpreises
- Sicherung der Kaufpreiszahlung
- Garantien und Gewährleistungen
- Allgemeine Vertragspunkte
- Aufgabenstellung an die Beraterteams, insbesondere die Kommunikation zwischen den Experten in Vorbereitung der nächsten Verhandlungsrunde.

5.4 Risikoprüfung *(Due Diligence)*

Der Unternehmenskauf erfordert unabhängig von der Größe des Unternehmens eine gründliche Klärung der rechtlichen, wirtschaftlichen, personellen und technischen Verhältnisse des Unternehmens. Beim Kauf einer Beteiligung ist überdies die Prüfung der gesellschaftsrechtlichen Verfassung der betroffenen Gesellschaft und des rechtlichen Bestandes der zu verkaufenden Anteile unerlässlich. Die *Due Diligence* soll hierzu dem Käufer wichtige Informationen und Erkenntnisse darüber verschaffen, wie der konkrete rechtliche und wirtschaftliche Kaufgegenstand des Unternehmens ist.

Mit der Due Diligence-Prüfung des Zielunternehmens werden von mittleren Unternehmensgrößen ab nicht nur die mit der späteren Vertragsgestaltung befassten Rechtsanwälte, sondern auch Wirtschaftsprüfungsgesellschaften, Investmentbanken und andere spezialisierte Unternehmensberatungen vom Käufer betraut. Für den Käufer sind im Rahmen der Due Diligence regelmäßig die Bereiche Recht, Finanzen, Steuern, Personal, Umwelt und Technik von zentraler Bedeutung. Bei größeren Transaktionen werden diese Bereiche der Due Diligence zwischen mehreren Teams aufgeteilt. Die Due Diligence-Prüfung umfasst daher üblicherweise eine

- Legal Due Diligence
- Commercial and Financial Due Diligence
- Tax Due Diligence
- Human Resources Due Diligence
- Environmental Due Diligence und
- Technical Due Diligence.

5 Die Ausgestaltung des Kaufvertrags

Der Umfang der Due Diligence-Liste des Käufers richtet sich nach seinem Informationsbedürfnis, insbesondere jedoch nach der Größe und Komplexität des zu erwerbenden Unternehmens. Üblicherweise wünscht der Käufer im Rahmen einer Legal Due Diligence Informationen über folgende Bereiche:

- Handelsregisterauszüge, Gesellschaftsverträge, Gesellschafterbeschlüsse, Protokolle der Gesellschafterversammlungen etc. einschließlich Beteiligungen
- Liste der Gesellschafter unter Angabe der Art der Beteiligung, Nennbetrag, Inhaberschaft, Treuhandverhältnisse, Veräußerungsbeschränkungen, zum Handelsregister eingereichte Gesellschafterlisten etc.
- Angaben zu Rechtsbeziehungen zwischen Gesellschaft und Gesellschaftern, insbesondere zu Forderungen und Verbindlichkeiten gegenüber Gesellschaftern, Verpflichtungen gegenüber ausgeschiedenen Gesellschaftern und ihren Hinterbliebenen, z. B. noch nicht abgewickelte Abfindungen, Versorgungszusagen etc.
- Liste aller Geschäftsführer, Vorstände und Aufsichtsgremien einschließlich der Dienstverträge, insbesondere Informationen über Nebenabreden, nachvertragliche Wettbewerbsverbote, Beratungsverträge etc.
- Anzahl der Mitarbeiter, Kopien der Standardverträge, Aufstellung von Sondervertragsverhältnissen, Liste der in der Vergangenheit gezahlten und für die Zukunft zugesagten Gehaltserhöhungen, Beförderungen und Boni, Abfindungen und Versorgungszusagen
- Liste sämtlicher Arbeitnehmervertretungen der Gesellschaften, Überblick über Betriebsvereinbarungen und betriebliche Übungen, Tarifverträge, Sozialpläne etc.
- Vorlage von Standardverträgen und allgemeinen Geschäftsbedingungen, Rahmenvereinbarungen mit Kunden und Lieferanten, Liste der größten Lieferanten und Kunden, Aufstellung von Produkthaftungsansprüchen und Rückrufaktionen
- Angaben zu weiteren, wesentlichen Vertragsverhältnissen wie Händler- und Vertriebsverträgen, Change of Control-Klauseln, Miet-, Pacht und Leasingverträgen, Kooperations-, Kredit- und Factoring-Verträgen sowie sonstige Darlehensverträge, Haftungsverpflichtungen wie Garantien, Patronatserklärungen, Schuldbeitritte, Sicherungsverträge, Treuhandverträge, laufende Dienstleistungsverträge etc.
- Angaben über Versicherungsverhältnisse
- Liste aller gewerblichen Schutzrechte, Urheber- und Nutzungsrechte
- Angabe zu Grundstücken, Grundpfandrechten, Erbrechten; Liste der genutzten Grundstücke, die nicht im Eigentum der Gesellschaft stehen; Kopien aller Miet- und Pachtverträge für Grundbesitz, an denen die Gesellschaft als Mieter oder Vermieter beteiligt ist
- Angaben zur finanziellen Situation, wie Vorlage der Jahresabschlüsse, Liste der Bankkonten, Angaben zur Finanzierung sowie Angaben zur Marktstellung
- Vorlage der letzten Steuerbilanzen, Steuererklärungen, Betriebsprüfungsberichte, Angaben zu ausstehenden Steuerzahlungen und Sozialabgaben etc.

- Angaben zu umweltrechtlichen Angelegenheiten, insbesondere zu erteilten und ausstehenden Genehmigungen, zu etwaigen Verstößen der Gesellschaft gegen umweltrechtliche oder immissionsschutzrechtliche Vorschriften, Vorlage entsprechender Bescheide etc.
- Angaben zu weiteren, öffentlich-rechtlichen Rechtsverhältnissen, wie Gewerbeanmeldungen, Konzessionen, genehmigungspflichtigen Betriebsanlagen, Baugenehmigungen etc.
- Aufstellung über rechtliche Auseinandersetzungen, an denen die Gesellschaft beteiligt ist; Liste der in den letzten Jahren abgeschlossenen oder drohenden Rechtsstreitigkeiten; anhängige oder angedrohte Ordnungswidrigkeits-, Bußgeld oder Strafverfahren einschließlich laufender Ermittlungsverfahren gegen das Unternehmen oder deren Organe.

Der Due Diligence-Prozess kann – abhängig vom Umfang der angeforderten Unterlagen – sehr umfangreich sein. Zu achten ist insbesondere auf sogenannte Change of Control-Klauseln, die dem Vertragspartner das Recht geben, sich vom Vertrag zu lösen, wenn sich die Beteiligungsverhältnisse wesentlich ändern. Die im Rahmen der Prüfung der Unterlagen ermittelten Ergebnisse (insbesondere Haftungsrisiken) werden in den Kaufvertrag eingearbeitet. Sie finden regelmäßig ihren Niederschlag in den Bestimmungen über Garantien und Gewährleistungen, die vom Verkäufer bezüglich des verkauften Unternehmens gewährt werden.

Eine Rechtspflicht zur Durchführung einer Due Diligence besteht nicht. Für die Geschäftsführung einer GmbH und den Vorstand einer AG ist die Durchführung einer Due Diligence jedoch regelmäßig intern verpflichtend, um einen Verstoß gegen die Business Judgement Rule[1] des § 93 Abs. 1 Satz 2 AktG auszuschließen.

Um den Betriebsablauf des zu verkaufenden Unternehmens durch eine Due Diligence nicht zu behindern und die Transaktion gegebenenfalls unternehmensintern geheim zu halten, werden häufig externe Datenräume eingerichtet, in denen Kopien der Geschäftsunterlagen zur Einsichtnahme für die Kaufinteressenten ausgelegt werden. Mehr und mehr setzen sich auch virtuelle Datenräume durch, in denen die Geschäftsunterlagen online von speziell benannten Beratern des Verkäufers eingesehen werden können. Dies gilt insbesondere, wenn mehrere Kaufinteressenten im Rahmen eines Bieterverfahrens *(Controlled Auction)* zeitgleich eine Due Diligence durchführen. Bei größeren Transaktionen beauftragt der Verkäufer häufig selbst Berater mit der Durchführung der Due Diligence *(Vendor's Due Diligence)*. Diese erstellen einen Due Diligence-Bericht, der den potenziellen Käufern oder den Bietern bei Controlled Actions in möglichst neutraler

---

[1]Hierbei handelt es sich international um ein Rechtsprinzip, das die Verantwortlichen in Unternehmen vor einer weit gefassten persönlichen Haftung für die Folgen ihrer Entscheidungen schützt, sofern diese auf Grundlage angemessener Informationen sorgfältig vorbereitet wurden und an den Interessen des Unternehmens ausgerichtet waren.

Form die notwendigen Informationen vermittelt. Für die Richtigkeit der bereitgestellten Informationen haftet der Verkäufer bzw. die betreffenden Berater.

Wenn alle Gesellschafter einer GmbH oder einer Personengesellschaft ihre Geschäftsanteile verkaufen wollen, können sie in einer Gesellschafterversammlung einen einstimmigen Gesellschafterbeschluss fassen, mit dem sie in die Due Diligence einwilligen und die Geschäftsführung anweisen, die erforderlichen Informationen herauszugeben. Anderes gilt jedoch für den Verkauf einer Aktiengesellschaft. Aufgrund der strikten Gewaltenteilung zwischen Vorstand, Aufsichtsrat und Hauptversammlung ist es verkaufswilligen Aktionären nicht möglich, den Vorstand zur Herausgabe von Informationen anzuweisen. Vielmehr ist der Vorstand unbedingt zur Verschwiegenheit verpflichtet (§ 93 Abs. 1 Satz 1 AktG). Verletzt der Vorstand seine Verschwiegenheitspflicht, kann er sich schadensersatzpflichtig und gegebenenfalls sogar strafbar machen. Der Vorstand einer AG kann sich durch den Abschluss von zusätzlichen Vertraulichkeitsvereinbarungen rechtlich gegen den Bruch von Verschwiegenheitspflichten schützen.

5.5 Unternehmenskauf von Wirtschaftsgütern *(Asset Deal)*

Bei einem *Asset Deal* werden nicht Beteiligungen an einem Unternehmen (Shares), sondern einzelne Wirtschaftsgüter des Unternehmens (Assets) wie etwa Grundstücke, Maschinen, Vorräte, Patente etc. im Wege der Universalsukzession übertragen. Beim Einzelrechtserwerb werden daher das Aktiv- und Passivvermögen des Unternehmens mit den dazugehörenden Vertrags- und Rechtsverhältnissen im Kaufvertrag unmittelbar einzelgegenständlich erfasst und vom Verkäufer auf den Käufer als neuen Rechtsträger übertragen.

Wichtigste Fälle sind der Verkauf einzelkaufmännischer Unternehmen und die Veräußerung von Unternehmensteilen, wie Betriebe oder Teilbetriebe, aus einer im Übrigen beim Verkäufer verbleibenden Unternehmenseinheit. Beim Asset Deal müssen folglich die vom Käufer zu übernehmenden unternehmensbezogenen Sachen, Rechte, Verbindlichkeiten, Vertrags- und Rechtsverhältnisse *(Assets)* einzelgegenständlich erfasst, hinreichend bestimmt und übertragen werden, soweit sie nicht auf gesetzlicher Grundlage übergehen. Dies betrifft insbesondere die betriebsbezogenen Arbeitsverhältnisse; die Arbeitsverträge der dem einzelkaufmännischen Unternehmen oder Betriebsteil zugeordneten Mitarbeiter gehen bei einem Betriebsübergang gemäß § 613 a) BGB auf den Erwerber über. Wesentliche Vertragsbestandteile eines Asset Deal-Vertrages sind:

- Festlegung eines Stichtages zur Übernahme des Geschäftsbetriebes des Handelsgeschäfts oder des Unternehmensteiles
- Beschreibung der Kaufgegenstände des Anlage- und Vorratsvermögens (notarielle Form erforderlich bei der Übertragung von Grundstücken)
- Übernahme von Arbeitsverhältnissen
- Übernahme von Vertragsverhältnissen mit Kunden und Lieferanten

- Eintritt in sonstige Vertragsverhältnisse
- Übernahme von betrieblichen Steuern und Abgaben
- Regelung zur Ablösung von Sicherheiten, insbesondere von Bankkrediten
- einzelgegenständliche Erfassung und Übertragung der zu übernehmenden Gegenstände
- Ausschluss weitergehender Übernahme-, Abführungs- und Freistellungsverpflichtungen, Abwicklung nicht übertragbarer Rechte und Pflichten
- Regelung zur Erfassung und Bewertung des vom Käufer übernommenen Aktiv- und Passivvermögens und zur Ermittlung des Kaufpreises zum Stichtag
- Festlegung des Kaufpreises sowie Anpassungsmechanismen
- Erklärung des Verkäufers zur Beschaffenheit des Geschäftsbetriebs und der verkauften Gegenstände, insbesondere Gewährleistungen und Garantien
- Regelungen über die Rechtsfolgen unrichtiger und unvollständiger Erklärungen, verschuldensabhängige und verschuldensunabhängige Haftung des Verkäufers
- Schlussbestimmungen, Nebenabreden und Rechtsweg (insbesondere Möglichkeiten einer gerichtlichen Prüfung oder Vereinbarung einer Schiedsgerichtsklausel)

5.6 Unternehmenskauf von Beteiligungen *(Share Deal)*

Werden Beteiligungen – d. h. Geschäftsanteile oder Aktien – verkauft *(Share Deal)*, überträgt der Verkäufer seine gesellschaftsrechtliche Beteiligung am Rechtsträger des Unternehmens auf den Käufer. Kaufgegenstand sind also allein die Anteile des Verkäufers an dem als Personen- oder Kapitalgesellschaft organisierten Unternehmen, d. h. die Geschäftsanteile an der GmbH, Aktien an der AG usw. Der Share Deal ist die in der Praxis häufigste Erscheinungsform des Unternehmenskaufs. Beim Share Deal sind unmittelbar die vom Käufer zu übernehmenden Geschäftsanteile des Verkäufers am Rechtsträger des Unternehmens (mit den damit verbundenen Rechten und Pflichten aus der Gesellschafterstellung) zu erfassen und zu übertragen. Wesentliche Vertragsbestandteile eines Share Deal-Vertrages sind folgende:

- Festlegung des Kaufgegenstandes, des Übergangsstichtages und der Übertragung (notarielle Form erforderlich bei Übertragung von GmbH-Geschäftsanteilen)
- Abwicklung von Gesellschafterkonten, Verwendung des sich zum Stichtag ergebenden Gewinn- oder Verlustanteils des Verkäufers
- Regelungen zu Entnahmen vor dem Übergangsstichtag; Abschluss, Übernahme und Beendigung von Vertragsverhältnissen
- Festlegung des Kaufpreises und dessen Anpassung
- Erklärung des Verkäufers bezüglich gesellschaftsrechtlicher Verhältnisse, Veräußerungsbeschränkungen und Rechten Dritter; Insolvenz- und Haftungsrisiken

- Erklärungen und Verpflichtungen der Verkäufer hinsichtlich der Vermögensverhältnisse des verkauften Unternehmens, bezüglich Arbeitsverhältnissen und sonstigen Vertrags- und Rechtsverhältnissen
- Rechtswirkungen der Verkäufererklärungen, Rechtsfolgen unrichtiger oder unvollständiger Erklärungen, verschuldensabhängige und verschuldensunabhängige Haftung der Verkäufer, Gewährleistungen und Garantien
- Überleitung des Unternehmens auf den Käufer, insbesondere Regelungen zum Vollzug des Unternehmenskaufvertrages
- Schlussbestimmungen, Nebenabreden und Rechtsweg (insbesondere Möglichkeiten einer gerichtlichen Prüfung oder Vereinbarung einer Schiedsgerichtsklausel)

5.7 Besondere Vertragsklauseln

5.7.1 Kaufpreis und Unternehmensbewertung

Die Höhe des Kaufpreises hängt mit der Bewertung des Unternehmens zusammen, die der Käufer im Vorfeld des Unternehmenskaufs durchführt. In den meisten Fällen wird in Deutschland die Unternehmensbewertung auf der Grundlage des *Ertragswertverfahrens* durchgeführt (d. h. auf der Grundlage einer Ertragsprognose), verbunden mit einer Kapitalisierung und Abzinsung der zu erwartenden Erträge auf den Übergangsstichtag. Für die Ertragswertprognose sind mithin das in der Bilanz ausgewiesene Eigenkapital, insbesondere die sich aus den Jahresabschlüssen ergebenden Gewinne der vergangenen Jahre, von entscheidender Bedeutung. Regelmäßig wird ein fest bezifferter vorläufiger Kaufpreis vereinbart, der nach dem Übergangsstichtag durch eine Stichtagsbilanz überprüft und angepasst wird, wobei die Kaufpreisanpassung vor allem auf der Betrachtung des bilanziellen Eigenkapitals beruht.

Alternativ hat sich zum Ertragswert das *Discounted Cash-Flow*-Verfahren (DCF) etabliert, das vielfach von angelsächsischen Finanzinvestoren bevorzugt wird. Beim DCF-Verfahren werden die zukünftigen Zahlungsmittelüberschüsse mit einem Kapitalisierungszinssatz auf den Zeitpunkt der Kaufpreiszahlung abgezinst. Das DCF-Verfahren ermittelt den Wert des Unternehmens also ohne Berücksichtigung von liquiden Mitteln und Finanzverbindlichkeiten *(cash free – debt free)*. Die Berechnung wird regelmäßig bei der Kaufpreisformel im Kaufvertrag berücksichtigt. Auch hier wird ein fest bezifferter vorläufiger Kaufpreis vereinbart, der nach dem Übergangsstichtag durch eine Stichtagsbilanz überprüft und angepasst wird.

5.7.2 Garantie und Gewährleistungen

Gesetzlich steht der Verkäufer im Rahmen der Gewährleistung dafür ein, dass der Vertragsgegenstand frei von Sach- und Rechtsmängeln ist. Der Käufer eines Unternehmens erwartet vom Verkäufer darüber hinausgehende Garantien. Regelmäßig enthalten Unternehmenskaufverträge daher einen Katalog von Garantien oder Beschaffenheitsbestimmungen, mit denen der Verkäufer für die Richtigkeit bestimmter Sachverhalte in Bezug auf das Unternehmen einsteht. Dies gilt nicht nur für den Bestand des Unternehmens, Angaben zu Gesellschaftsverhältnissen, Arbeitnehmern, Kunden oder finanziellen Verhältnissen, sondern auch für Aussagen über die Ertragskraft des Unternehmens, die wirtschaftlichen Kennzahlen der Vergangenheit etc. Für den Fall, dass die Garantie- oder Beschaffenheitserklärungen des Verkäufers fehlerhaft sind, werden regelmäßig abweichend vom gesetzlichen System der Mängelhaftung spezielle Mangelfolgeansprüche des Käufers geregelt. Denn der Verkäufer ist grundsätzlich hinsichtlich der zur Kaufpreisbildung und zur Transparenz der vertragsrelevanten Verhältnisse offenlegungspflichtig und muss für die Richtigkeit der Informationen eintreten. Er darf dabei auch für ihn nachteilige Zustände und Umstände nicht verschweigen, wenn er eine abschließende kaufvertragliche Bestimmung seiner Verschaffungspflichten und eine Beschränkung seiner Haftung (also die Minimierung seiner Risiken bei der Vertragsabwicklung) erreichen will. In den Kaufvertrag fließen damit insbesondere die in der Due Diligence vom Verkäufer ermittelten Ergebnisse ein, die für ihn haftungsmäßig relevant sind. Vertraglich vereinbarte Haftungsbeschränkungen zugunsten des Verkäufers sind unwirksam, wenn und soweit der Verkäufer haftungsbegründende Umstände arglistig verschweigt (§ 444 BGB). Dann ist der Verkäufer nicht nur den Anfechtungsrisiken aus § 123 BGB, sondern – falls der Kaufvertrag vom Käufer nicht angefochten wird – uneingeschränkt den Folgen des gesetzlichen Haftungsregimes ausgesetzt, insbesondere drohen der Rücktritt vom bereits vollzogenen Unternehmenskaufvertrag und die Geltendmachung von Schadensersatz durch den Käufer.

Für etwaige Garantien und Gewährleistungen, die der Käufer im Unternehmenskaufvertrag verlangt, möchte der Verkäufer regelmäßig nur der Höhe nach und zeitlich begrenzt einstehen. Der Verkäufer wird daher versuchen, seine Haftungsdauer auf einen bestimmten Zeitraum (z. B. zwei Jahre nach Abschluss des Übergangsstichtags oder der Aufstellung der Stichtagsbilanz) festzuschreiben. Der Käufer benötigt wiederum zu seiner Sicherheit einen angemessenen Zeitraum, um die Erklärungen des Verkäufers im Tagesgeschäft überprüfen zu können. Regelmäßig wird eine kurze Haftungsbegrenzung für steuerliche Risiken nicht akzeptiert, da Steuerbescheide nur unter Vorbehalt der Nachprüfung ergehen und gegebenenfalls noch durch Betriebsprüfungen geändert werden.

5.7.3 Stichtag des Unternehmensübergangs

Im Unternehmenskaufvertrag, gleich ob Asset Deal oder Share Deal, wird in der Regel ein Stichtag *(Closing)* festgelegt. Er bezeichnet den Zeitpunkt des tatsächlichen Übergangs des Unternehmens auf den Käufer und ist der zentrale zeitliche Bezugspunkt vieler kaufvertraglicher Regelungen, insbesondere der Verschaffungspflichten und der Garantie- und Beschaffenheitserklärungen des Verkäufers. Liegt zwischen Vertragsschluss (Signing) und

Übergangsstichtag (Closing) eine gewisse Zeitspanne, können in dieser Zeit Veränderungen in den Verhältnissen des Unternehmens eintreten. Es ist daher im Unternehmenskaufvertrag zu regeln, wer in diesem Zwischenzeitraum das Unternehmen führt (Verkäufer, Käufer oder beide), wer Gewinne erhält oder Verluste trägt, wer für Zahlungsausfälle eintritt oder Haftungsrisiken übernimmt.

Zu Verzögerungen des dinglichen und wirtschaftlichen Übergangs kommt es regelmäßig, wenn die kaufvertragliche Vereinbarung insgesamt bzw. in wesentlichen Teilen noch schwebend unwirksam oder noch nicht vollziehbar ist, z. B. weil vormundschaftliche Genehmigungen erforderlich werden oder Organe noch zustimmen müssen. Für die Praxis besonders bedeutsam ist das kartellrechtliche Vollzugsverbot gemäß § 41 Abs. 1 GWB oder gemäß Artikel 7 Abs. 1 Fusionskontrollverordnung. Der Kaufvertrag unterliegt diesen Bestimmungen, falls der damit verbundene Zusammenschluss unter die kartellrechtliche Zusammenschlusskontrolle nach §§ 35 ff. GWB oder nach der Europäischen Fusionskontrollverordnung fällt. Das Vollzugsverbot entfällt erst, wenn die im Einzelfall zuständige Kartellbehörde – d. h. das Bundeskartellamt oder die Europäische Kommission – den Zusammenschluss freigegeben hat oder bei Zuständigkeit des Bundeskartellamts die Fristen aus § 40 Abs. 1 Satz 1, Abs. 2 Satz 2 GWB abgelaufen sind. Bis dahin bleibt nicht nur der dingliche Vollzug des Unternehmenskaufvertrages verboten, sondern auch der wirtschaftliche Übergang des Unternehmens auf den Käufer. Für den Fall, dass das Hindernis nicht oder erst nach dem ursprünglich avisierten Übergangsstichtag behoben wird, sollte ausdrücklich geregelt sein, wie mit einer derartigen Situation umzugehen ist. Insbesondere ist zu regeln, welche Kostenfolgen mit einer Verweigerung der Behörden verbunden sind.

5.7.4 Rechtswahlklausel und Rechtsweg

Die Vereinbarung einer Rechtswahlklausel über die auf das Vertragsverhältnis anzuwendende Rechtsordnung ist immer dann angebracht, wenn Ausländer Vertragspartner sind oder sich das Vermögen des Unternehmens ganz oder teilweise im Ausland befindet. Soweit für Rechtsstreitigkeiten aus dem Unternehmenskaufvertrag Entscheidungen der ordentlichen Gerichte vorgesehen sind (also keine Schiedsgerichte vereinbart wurden), sind für Gerichtsstandsvereinbarungen der Parteien die Beschränkungen des § 38 ZPO zu beachten[2]. Mit dem Abschluss von Gerichtsstandsvereinbarungen sollen Streitigkeiten über die Zuständigkeit von Gerichten ausgeschlossen werden. Insbesondere soll das sogenannte *Forum-Shopping* verhindert werden, das als systematisches Ausnutzen

---

[2]Gemäß § 38 ZPO sind Gerichtsstandsvereinbarungen vor dem Entstehen einer Streitigkeit nur zwischen Kaufleuten, nicht aber zwischen Privatpersonen zulässig, sofern die Privatpersonen nicht ihren Wohnsitz im Ausland haben.

nebeneinander existierender internationaler Zuständigkeiten in mehreren Staaten definiert wird, um bestimmte rechtliche oder tatsächliche Vorteile für den Kläger auszunutzen. Sofern sich die Parteien daher nicht auf einen Gerichtsstand in ihrem Vertragswerk festgelegt haben, besteht insbesondere bei internationalen Streitigkeiten die Gefahr, dass sich der Kläger unter mehreren zuständigen das für ihn vorteilhafteste Gericht aussucht. Denn der Gerichtsstand hat unmittelbar Einfluss auf die Dauer des Verfahrens, des anwendbaren internationalen Zuständigkeits- und des materiellen Rechts, der Urteilsfindung durch Richter oder Jurys, der Belastung der Parteien mit Gerichtskosten sowie der sichersten Anerkennung, Durchsetzung und Vollstreckung eines Urteils.

Üblicherweise wird allerdings bei komplexen Unternehmenskaufverträgen eine Schiedsgerichtsvereinbarung getroffen. Hierbei wird dem Vertrag in der Regel eine institutionelle Schiedsgerichtsordnung – z. B. der Deutschen Institution für Schiedsgerichtsbarkeit (DIS) oder der Internationalen Handelskammer in Paris (ICC) – zugrunde gelegt. Der Vorteil des Schiedsgerichtsverfahrens liegt vor allem darin, dass Rechtsstreitigkeiten in einem Rechtszug (d. h. unter Ausschluss eines mehrinstanzlichen ordentlichen Verfahrens) rasch und zügig erledigt werden können. Ferner ist die Besetzung des Schiedsgerichts mit wirtschaftlich sachkundigen Schiedsrichtern möglich. Im Gegensatz zum ordentlichen Gerichtsverfahren ist die Öffentlichkeit bei Schiedsgerichtsverfahren ausgeschlossen, sodass Streitigkeiten zwischen den Parteien geräuschlos geführt und beendet werden können.

Auch hier gilt, dass etwaige Streitigkeiten, die sich aus Unternehmenskaufverträgen entwickeln, nur erfahrenen Beratern überlassen werden sollten. Auf dieses Rechtsgebiet der *Post-Merger-Disputs* sind eine Reihe wirtschaftsberatender Rechtsanwälte spezialisiert.

Weiterführende Literatur

Beisel, W. & Klumpp, H.-H. (2016). *Der Unternehmenskauf.* (7. Aufl.,) München: Beck.
Ettinger, J. & Jaques, H. (2017). *Beck'sches Handbuch Unternehmenskauf im Mittelstand.* (2. Aufl.,) München: Beck.
Hilgard, M. C. (2007). *Cash-free/Debt-free Klauseln beim Unternehmenskauf.* DB, S. 447–559.
Holzapfel, H.-J. & Pöllath, R. (2010). *Unternehmenskauf in Recht und Praxis,* (14. Aufl.,) Köln: RWS.
Merkt, H. & Göthel, S. R. (2011). *Internationaler Unternehmenskauf.* (3. Aufl.,) Köln: RWS.
Schütze, R. A., Weipert, L., & Rieder, M. S. (2012). (Hrsg.) *Münchener Vertragshandbuch Band 4: Wirtschaftsrecht III,* (7. Aufl.,) München: Beck.
Walz, R. (Hrsg.). (2014). *Beck'sches Formularbuch Zivil-, Wirtschafts- und Unternehmensrecht: Deutsch-Englisch,* (3. Aufl.,) München: Beck.

Michael A. Veltins, Prof. Dr. Rechtsanwalt, ist seit 2005 Senior Partner und Geschäftsführer der LSV Rechtsanwalts GmbH in Frankfurt am Main. LSV besteht aus einem Team von Fachanwälten, Rechtsanwälten, Steuerberatern und Wirtschaftsprüfern, das eine umfassende und fachübergreifende Rechtsberatung, Steuerberatung und Wirtschaftsprüfung anbietet. Nach langjähriger Tätigkeit für die heutige Kanzlei Taylor Wessing war er zuvor Gründungs- und Managing Partner der PricewaterhouseCoopers Veltins Rechtsanwaltsgesellschaft mbH. In dieser Funktion gehörte er u. a. dem Vorstand der Wirtschaftsprüfungsgesellschaft PwC an. Seit dem Jahr 1993 lehrt Prof. Dr. Veltins an der TU Dresden; er ist Verfasser zahlreicher Aufsätze und Bücher, u. a. Kommentator des Handbuches von Hauschka, „Corporate Compliance", das gerade in der 3. Auflage erscheint. Prof. Veltins berät vorwiegend Unternehmen in den Bereichen Wirtschaftsrecht und Arbeitsrecht für Führungskräfte. Darüber hinaus ist er als Schiedsrichter insbesondere bei Streitigkeiten aus Unternehmenskäufen tätig.

Humankapital und menschliche Interaktion

Claudia Lubk und Laura Mahl

6.1 Humankapital, Face-to-Face-Gruppen

6.1.1 Die Bedeutung von Humankapital und persönlichen Kontakten

Die Ressourcen eines Unternehmens werden in der Ökonomie oft auch als Kapital bezeichnet und können eingeteilt werden in monetäre Ressourcen (Geldkapital), physische Ressourcen (Sach- oder Realkapital), Kompetenzen (Humankapital), organisatorische Ressourcen (Organisationskapital) sowie Beziehungsressourcen (Sozialkapital). Die letztgenannten drei Ressourcen zählen zum intellektuellen Kapital eines Unternehmens und beinhalten damit auch teilweise die intellektuellen Eigentumsrechte (Leana und Buren 1999).

Schon Alfred Marshall (1890) schreibt: *„The most valuable of all capital is that invested in human beings."* Julian Simon (1981) bezeichnet das Humankapital als seine *„ultimate resource"*. Schneider (2008) grenzt ab: *„Humankapital bezeichnet die individuellen Fähigkeiten und Fertigkeiten der Mitarbeiter, das Organisationskapital hingegen die unternehmensspezifischen, Wert schaffenden Routinen und Praktiken."* De la Fuente

---

C. Lubk (✉)
Dresden, Deutschland
E-Mail: claudia.lubk@hsf.sachsen.de

L. Mahl
Martin-Luther-Universität Halle-Wittenberg, Halle/Saale, Deutschland
E-Mail: Laura.Poesniger@t-online.de

und Ciccone (2003) unterscheiden drei Komponenten von Humankapital, nämlich allgemeine Fähigkeiten (grundlegende sprachliche und quantitative/mathematische Lese- und Schreibkompetenz), spezifische Fähigkeiten (bei Anwendung bestimmter Technologien oder Produktionsfaktoren) sowie technische und wissenschaftliche Kenntnisse (Wissen und analytische Methodik, die relevant für Produktion oder Weiterentwicklung von Technologien sind).

6.1.2 Modelle und Theorien

Friedrich List (1841) erkannte als einer der ersten die Bedeutung des Humankapitals, wenn er ausführt, dass für die Wirtschaftskraft einer Nation, neben guten Institutionen, vor allem die Kombination von Sach- und Humankapital entscheidend sei und die nachlaufende Wirtschaft gut daran täte, von den Besten zu lernen – nicht erst heute, schon damals verband man dies mit Plagiaten.

Becker (1975) schreibt: *„The productivity of employees depends not only on their ability and the amount invested in them both on and off the job but also on their motivation, or the intensity of their work."* Er verweist damit auf die Rahmenbedingungen des Handelns, die in der ökonomischen Milieutheorie (Aydalot 1986; Hägerstrand 1952), der Neuen Ökonomischen Geographie (Krugman P. 1991a) und der Endogenen Wachstumstheorie (Romer 1990) aufgegriffen wurden. Diese Rahmenbedingungen bestimmen die Produktivität der Arbeit, weshalb Wanderungen von Arbeitnehmern von Ost nach West trotz unveränderter Qualifikationen deren Produktivität erhöhen (Uhlig 2006). Dies gilt umso mehr, wenn ein hohes Niveau des Organisationskapitals infolge einer gemeinsamen technologischen Basis vorhanden ist, also ein horizontales Cluster vorliegt. Bezieht man die Rückwanderungen ein, dann ergibt sich ein negativer Qualifikationssaldo (Granato und Niebuhr 2009). Schließlich führt eine Strategie des Bindens und Haltens von Hochqualifizierten vor Ort wiederum zu Wachstumsimpulsen (Beine et al. 2001; Commander et al. 2004). Derartige positive Rahmenbedingungen werden beispielsweise in Milieustudien wie denen des Sinusinstitutes analysiert, die soziodemografische, geografische und verhaltensbezogene Segmente verbinden (Abb. 6.1).

6.1.3 Folgen für die Wachstumsstrategie

Unternehmen müssen bei der Standortwahl, bei der Erweiterung und ggf. beim Kauf anderer Unternehmen auf die Milieueffekte und deren Bedeutung achten, denn diese spielen für den Erfolg eine herausragende Rolle. Ziel muss es sein, diese Effekte zu stärken, beispielsweise durch Gründung oder Übernahme an einem Standort, der besonders nachhaltig auf die Qualität des Humankapitals wirkt durch die Vielfältigkeit der Ausbildungsinfrastruktur oder die Verfügbarkeit von Forschungseinrichtungen; von der man dann profitieren kann, weil man an diesen indirekt andockt.

Die Sinus-Milieus® in Deutschland

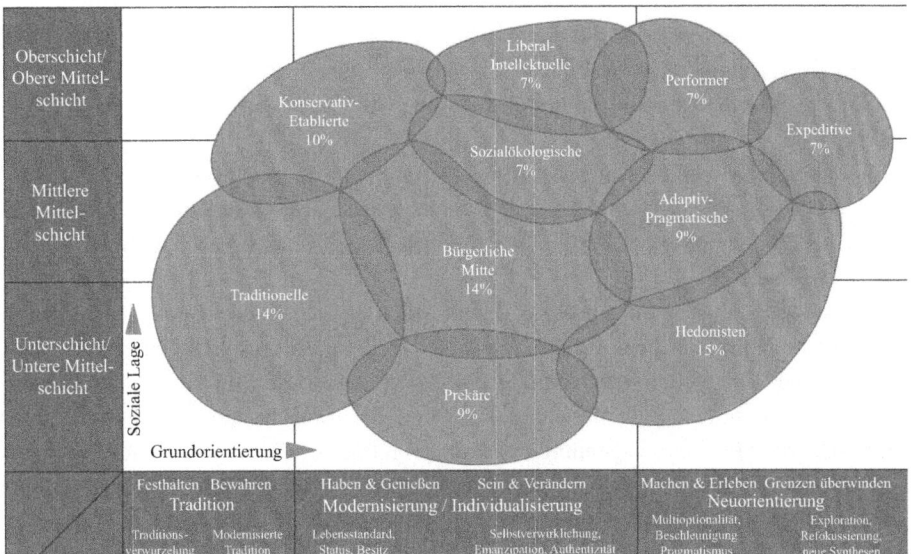

Abb. 6.1 Die Sinus-Milieus in Deutschland. (Quelle: Sinus-Institut 2010)

6.2 Mitarbeiter als „Ultimate Resource" und Quelle des Wachstums

6.2.1 Die Bedeutung der Mitarbeiter als zentrale Ressource

Der Mensch als *Ultimate Resource* ist die zentrale, treibende Größe des Unternehmenswachstums, weil nur er in der Lage ist, die verschiedenen (anderen) Ressourcen zielorientiert zu bündeln. Ohne Wachstum wird ein Unternehmen Probleme haben, hochqualifiziertes Personal anzuziehen, weil dieses üblicherweise aufstiegswillig ist und dies organisch nur geht, wenn das Unternehmen expandiert. Daher ist ein *Commitment* vor allem der Unternehmensführung von zentraler Bedeutung, insbesondere mit dem Ziel, durch einen transformationalen Führungsstil den Geführten Vertrauen, Respekt, Loyalität und Bewunderung gegenüber der Führungskraft zu vermitteln und damit die Bereitschaft zu überdurchschnittlichen Leistungen zu erzeugen (Herz et al. 2009).

Ein wesentlicher Unteraspekt ist die *transformationale Innovationskultur,* die das Ziel hat, innovationsförderliche Elemente als Motor wirtschaftlichen Wachstums zu nutzen (Schmitt et al. 2014). Insgesamt entwickelt sich hierdurch eine Kultur des Vertrauens für Erfolg und Innovation, und Mitarbeiter sind auch motiviert, Aufgaben wahrzunehmen, die über ihre eigentliche Rolle hinausreichen (Krause und Kobald 2013; Meyer und Allen 1991). Das Unternehmen wird damit als Marke sichtbar *(Employer Branding),* was seine Fähigkeit zur (Neu-)Rekrutierung oder Rückgewinnung von (verlorenen) Mitarbeitern nachhaltig verbessert. Insbesondere für die Generation Y (Y steht für „*Why*" wegen des Stellens der Sinnfrage) ist die Work-Life-Balance von zentraler Bedeutung.

Die hier verfolgte Hypothese lautet, dass in den Neuen Bundesländern in zweierlei Hinsicht eine Humankapitallücke besteht:

1. Es fehlt Talent, weil eine massive Abwanderung nach Westdeutschland stattgefunden hat und immer noch stattfindet, auch wenn gewisse Rückwanderungen als vielversprechend eingeordnet werden – ihr Erfolg ist allerdings bisher noch nicht wirtschaftlich messbar.
2. Vorhandenes, aber nicht genutztes Talent spielt in den neuen Bundesländern eine erhebliche Rolle. Für beides gibt es Evidenz: Das Angebot an verfügbaren Führungskräften hält sich in den neuen Bundesländern in engen Grenzen, es fehlen sehr hohe Einkommen in der Einkommensstatistik und die Erbschaftssteuerverteilung zeigt deutlich, dass östliches Eigentum im Westen vererbt wird; schließlich belegen wissenschaftliche Untersuchungen, dass Qualifizierte in der Regel nicht entsprechend ihrer Fähigkeiten am Arbeitsplatz eingesetzt sind (Ragnitz 2007).

6.2.2 Die Bedeutung der Führung

Sowohl für die optimale Entwicklung und Allokation des Humankapitals als auch zur Entwicklung von Loyalität zum Unternehmen sowie gegenüber Vorgesetzten, Kollegen und Mitarbeitern ist eine gute Führung durch das Management unerlässlich.

Führung ist das Motivieren Dritter für das eigene Ziel und dabei das Koordinieren von Mitteln in Zeit und Raum mittels eines (Informations-)Führungssystems. Auf der strategischen Ebene muss die Führung entscheiden, ob eine Auseinandersetzung aufzunehmen ist, ob beispielsweise der konkurrierende Waschmaschinenhersteller aufgekauft oder gar vernichtet werden soll. Eine Vorstellung über die eigene Unternehmensentwicklung, die Entwicklung der Märkte und damit das Bilden von Szenarien und deren Bewertung sind entscheidend für die Strategieformulierung. Diese Ebene füllt den langfristigen Zeit- und Planungshorizont. Auf der *operativen Ebene* erfolgt die Koordination einzelner Operationen, deren Erfolg von den Einsatzfähigkeiten und -bereitschaften sowie dem Willen zum Erfolg abhängen. Zum Fähigkeitsprofil eines Unternehmens zählen:

- Wirksamkeit der Mittel: Welche Mittel stehen zur Verfügung?
- Durchhaltevermögen: Wie lange stehen diese Mittel zur Verfügung?
- Überlebensfähigkeit: Wie kann der Kern des Unternehmens erhalten werden für den Fall einer Auseinandersetzung, die die eigenen Abwehrmöglichkeiten übersteigt?
- Führungskompetenz: Wie kann die Fähigkeit, das Unternehmen in einer Auseinandersetzung zu führen, gesichert werden?

- Informationskompetenz: Betrifft Nachrichtengewinnung und Digitalisierungsgrad und dabei auch das Lobbying und die Einbindung der Politik sowie die Informationsstrategie (besonders Signalgebung)
- Logistikkompetenz: Betrifft Nachrichtengewinnung und Digitalisierungsgrad

Die einzelnen Operationen werden in der taktischen Ebene ausgefüllt, nämlich Angriff, Verteidigung und Stabilisierung, die durch Entscheidung bestimmt werden, sowie der Verzögerung, die der Entscheidungsvorbereitung dient. Hier muss sich das Unternehmen auf seine Kräfte und Fähigkeiten stützen.

6.2.3 Modelle und Theorien

Der hier vorgetragene Vorschlag lautet, das Unternehmen als Arbeitgeber einzigartig zu positionieren, weil dies die eigene Strategiebildung stärkt und zudem Identität schafft. Genau das bezeichnet man als *Employer Branding;* die *Employer Brand* ist das arbeitgeberspezifische Markenbemühen, das in das Employer Branding als einem strategischen Prozess zum Aufbau des Employer Brands mündet. Das umfasst alle Entscheidungen der Planung, Gestaltung, Führung und Kontrolle, die identitätsorientiert intern oder extern wirksam werden. Sie beziehen insbesondere die Personalmarketingmaßnahmen ein, mit dem Ziel, ein Unternehmen als glaubwürdige und attraktive Institution zu positionieren, bei dem es sich lohnt mitzuwirken, womit Präferenzwirksamkeit bei vorhandenen und bei potenziellen Mitarbeitern entsteht. Ziel ist es, ein aktives Commitment der Mitarbeiter zu erreichen. Die Zusammenhänge verdeutlicht Abb. 6.2.

Zwei wichtige Theoriebausteine sind demzufolge prominent zu nennen:

1. Employer Branding Konzept: Dieses ist ein entscheidungsorientierter Managementprozess der identitätsbasierenden, strategischen und operativen Führung der Arbeitgebermarke (außen- und innengerichteter Prozess der Planung, Koordination und

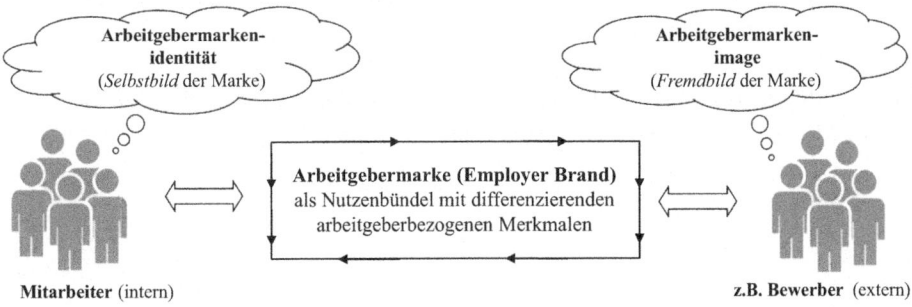

Abb. 6.2 Transfer des identitätsorientierten Markenverständnisses auf den Personalbereich. (Quellen: Eigene Darstellung nach Böttger 2012; Petkovic 2008; Stritzke 2010; Weinreich 2014)

Kontrolle aller Aktivitäten und Gestaltungsparameter). Eine Arbeitgebermarke ist zu verstehen als Nutzenbündel mit spezifischen arbeitgeberbezogenen Merkmalen, die dafür sorgen, dass sich das Unternehmen bzw. die Organisation aus Sicht der relevanten, arbeitgeberspezifischen Zielgruppe nachhaltig differenziert (Böttger 2012). Mit Employer Branding wird deutlich, was das Unternehmen als Arbeitgeber von anderen konkurrierenden Unternehmen unterscheidet. Employer Branding wird daher durch die systematische und kontinuierliche Weiterentwicklung der Arbeitgebermarke in Auseinandersetzung mit den internen und externen Rahmenbedingungen gekennzeichnet (Lukasczyk 2012).

Durch das Employer Branding werden aus Sicht der Ökonomik Informationsasymmetrien überwunden, weshalb das Unternehmen glaubhafte Signale aussenden muss. Darunter versteht man eine Kommunikation, die das Ziel hat, das Umfeld im eigenen Sinne zu beeinflussen und sich von anderen abzusetzen.

Zu den Zielen des Employer Branding zählen (Lukasczyk 2012):
- Verbesserung der Rekrutierungsqualität
- Erhöhung der Attraktivität als Arbeitgeber bei potenziellen Mitarbeitern
- Festigung der Bindung von vorhandenen Mitarbeitern an das Unternehmen
- Steigerung der Motivation und Leistungsbereitschaft bei vorhandenen Mitarbeitern.

2. Affektives Commitment nach Meyer und Allen (1991): Das Commitment der Geführten ist ein wichtiger Erfolgsfaktor von Führung. Nach Meyer und Allen beschreibt organisationales Commitment einen psychologischen Status des Mitarbeiters, der sein Verhältnis zur Organisation charakterisiert und Aufschluss darüber gibt, ob er die Mitgliedschaft zur Organisation aufrechterhalten will. Unterschieden wird in affektives Commitment (emotionale Bindung des Mitarbeiters an die Organisation sowie Grad seiner Identifikation mit der Organisation), Continuance Commitment (Verbundenheit mit der Organisation aufgrund hoher Austrittskosten oder mangelnder Alternativen; die Arbeitsbeziehung wird aus Vernunftgründen fortgeführt) sowie normatives Commitment (moralische Verpflichtung, der Organisation anzugehören) (Allen und Meyer 1990; Felfe 2008; Krause und Kobald 2013; Meyer und Allen 1991). Aus der Hypothese der Studie geht zudem hervor: Alle Formen der transformationalen Führung gehen einher mit affektivem Commitment und mit normativem Commitment der Geführten (Krause und Kobald 2013).

Mögliche Strategien zur Ausbildung und Aufrechterhaltung organisationaler Identifikation der Mitarbeiter mit dem Unternehmen zeigt die Tab. 6.1.

Tab. 6.1 Strategien zur organisationalen Identifikation. (Quelle: Eigene Darstellung nach van Dick 2004)

Strategien zur Ausbildung und Aufrechterhaltung organisationaler Identifikation
Personalrekrutierung
Transparente Methoden der Mitarbeiterrekrutierung können es verhindern, dass die potenziellen neuen Mitarbeiter ein Bild des Unternehmens gewinnen, das sich im Anschluss nicht bestätigt und somit eine Identifikation erschwert (bspw. *ehrliche* Stellenanzeigen – *Realistic Job Preview* – sowie fairer Ablauf der Bewerberbeurteilung und der tatsächlichen Einstellung)
Personalführung
Faire, transparente und partizipative Methoden der Mitarbeiterführung führen zu verstärkter Bindung an die Ziele der Organisation. Der Mitarbeiter wird Teil der Entscheidungsstruktur
Personalentwicklung
Mitarbeiter, die sich innerhalb der Organisation weiterentwickeln können, bleiben ihr eher treu und fühlen sich ihr auch eher verbunden
Outplacement
Scheiden Mitarbeiter aus betriebsbedingten (oder Alters-)Gründen aus, ist es v. a. für die verbleibenden Mitarbeiter von großer Bedeutung, wie das Outplacement im Unternehmen organisiert wird. Unfaire, intransparente Methoden verhindern bzw. reduzieren die Identifikation

6.2.4 Folgen für die Wachstumsstrategie

Es sind insbesondere vier Dinge, die entscheidend und auch als (menschliche) Engpässe zu identifizieren sind:

- Mitarbeiterbindung und Unternehmensattraktivität: Ziel muss es sein, die *besten Köpfe* für das Unternehmen zu gewinnen und zu halten sowie ein positives Image aufrechtzuerhalten.
- Dialog auf Augenhöhe: Bewerber und Mitarbeiter nie als Bittsteller behandeln, sondern auch als Repräsentanten sowie potenzielle Kunden der Unternehmen ansehen (Hesse 2014).
- Gestaltung eines integrativen Commitmentmanagements von Führungskraft, Mitarbeiter und Kunde: Wesentliches Handlungsfeld ist die Sicht auf die Wirkungskette von transformationaler Führung, Kundenzufriedenheit und des affektiven, organisationalen Commitment. Transformationale Führung fördert emotionale Bindung auf Seiten der Mitarbeiter und führt somit zu kundenorientiertem Verhalten, was wiederum eine Steigerung der Kundenzufriedenheit, insbesondere bezüglich der Mitarbeiter-Kunden-Interaktion auslöst (Herz et al. 2009).
- Beachten der Kulturfaktoren: Insbesondere im internationalen Management spielt dies eine entscheidende Rolle (Bsp.: Wer gibt wem zuerst die Hand?).

6.3 Loyalität

6.3.1 Die Bedeutung von Loyalität im Unternehmen

Loyalität ist definiert als freiwillige, nicht erzwungene, anhaltende Treue. Sie führt zu hohem Engagement und zeigt eine emotionale Verbundenheit (affektives Commitment) zum und eine Identifikation mit dem Unternehmen. Loyalität unterstützt das interne und externe Employer Branding und bietet damit die Möglichkeit für das Unternehmen, positiv für sich zu werben. Dabei können nicht nur Mitarbeiter gegenüber einem Unternehmen loyal sein, sondern auch Kunden oder Lieferanten. Mitarbeiter gelten als die besten Kunden-Loyalisierer, es besteht eine positive Kausalität zwischen der Käufer- und Mitarbeiterloyalität und dem Unternehmenserfolg (Schüller und Fuchs 2009).

Die aus dem Stand der Forschung zu Loyalität im Unternehmenskontext als relevant eingestuften Loyalitätskriterien sind vor allem Wertschätzung, Vertrauen, Engagement sowie Investitionsbereitschaft. Loyalitäten können verschiedene Dimensionen aufwiesen, beispielsweise zu Kollegen (horizontal), zu Vorgesetzten und Untergebenen (vertikal), zum Unternehmen (institutionell) usw.

Loyalitäten erfüllen folgende Funktionen:

- Kitt im Unternehmen; bedingt Irreversibilität, aber auch *„Lock in"*
- Verbundenheit mit dem Unternehmen; Leben der Unternehmenswerte (Unternehmenskultur)
- Auswirkungen der Mitarbeiterloyalität auf die Zufriedenheit der Mitarbeiter
- Mitarbeiter sind ein Leben lang Angehörige einer Organisation

Eine Corporate Identity, die sowohl aus Loyalität entsteht, als auch das Entstehen von Loyalität begünstigt, kann als *„The way we do business"* begriffen werden. Dabei ist aber auch eine kritische Begutachtung der möglichen Betriebsblindheit notwendig.

Innerbetriebliche Loyalität befindet sich im Spannungsfeld aus zunehmend intensiverem Wettbewerb zwischen Unternehmen und zunehmendem Wettbewerb um Fachkräfte in einigen Branchen und Regionen. Die Loyalität im Unternehmen kann demnach längerfristig erhalten werden, wenn sie sowohl die unternehmerische Wettbewerbsposition stärkt als auch zugleich den Beschäftigten im Unternehmen, die die Wettbewerbspositionierung ihres Unternehmens stark beeinflussen, eine planbare Perspektive bietet. Die Loyalität des Unternehmens zu seinen Mitarbeitern dient der nachhaltigen unternehmerischen Zielerreichung. Die erhöhte Planungssicherheit der Beschäftigten bezüglich ihrer Karriereentwicklung dient der nachhaltigen individuellen Zielerreichung. Die ökonomischen Unsicherheiten durch marktbedingte Volatilitäten bestärken das unternehmerische Loyalitätskonzept als zukunftsfähiges Konzept der mitarbeiterorientierten Unternehmensführung (Schubert 2009).

6.3.2 Modelle und Theorien

Reichheld (1997) begründet den Erfolg eines Unternehmens maßgeblich mit der Loyalität wichtiger Stakeholder (Beziehungsmanagement zwischen dem Unternehmen und seinen wichtigsten Stakeholdern). Hirschmann (1972) misst der Loyalität von Mitarbeitern und Kunden (Loyalität der Kunden wird v. a. durch die Arbeitsleistung der Mitarbeiter, die in direktem Kundenkontakt stehen, beeinflusst) darüber hinaus eine wesentliche Bedeutung für den Turn-Around von Unternehmen bei. Die Arbeitsleistung der Mitarbeiter ohne direkten Kundenkontakt darf jedoch nicht außer Acht gelassen werden. Daher ist die allgemeine, aufgabenunabhängige Wertschätzung der Mitarbeiter durch die Organisation bzw. das Unternehmen ein wesentliches Loyalitätskriterium. Die Loyalitätskriterien *Wertschätzung* und *Engagement* eröffnen die Diskussion der Voraussetzungen, unter denen Mitarbeiter bereit sind, sich in einem Unternehmen zu engagieren – entsprechend dem theoretischen Ansatz der Anreiz-Beitrags-Theorie nach Simon und March (1993). Das Kriterium *Vertrauen* bezieht sich auf die Frage nach der Gestaltung verlässlicher innerbetrieblicher Kooperationsbeziehungen jenseits von niedergeschriebenen vertraglichen Vereinbarungen. Bei der *Innovationsbereitschaft* zeigt das kalkulatorische Engagement, dass die Individuen bestrebt sind, ihre Ziele entsprechend ihrer individuellen Präferenzen nutzenmaximierend umzusetzen, wobei zwischen individuellen und organisationalen Zielen der handelnden Person unterschieden werden muss (Schubert 2009).

6.3.3 Folgen für die Wachstumsstrategie

Jeder Unternehmenskauf muss auf die Frage hin überprüft werden, wie er auf die Loyalitätsstrukturen des Unternehmens wirkt und welche Folgen er vor allem auf das Employer Branding hat. Denn die Erfahrung lehrt, dass Konflikte bei schlecht durchgeführten Zusammenschlüssen an mangelnder Loyalität aufbrechen.

Literatur

Allen, N., & Meyer, J. P. (1990). The measurement and antecedents of affective, continuance and normative commitment to the organization. *Journal of Occupational Psychology, 63*(1), 1–18.

Aydalot, P. (1986). *L'aptitude des milieux locaux à promouvoir l'innovation. Technologie nouvelle et ruptures régionales*. Paris: Economica.

Becker, G. S. (1975). *Human capital: A theoretical and empirical analysis, with special reference to education* (2. Aufl.). New York: National Bureau of Economic Research.

Beine, M., Docquier, F., & Rapoport, H. (2001). Brain drain and economic growth: Theory and evidence. *Journal of Development Economics, 64*(1), 275–289.

Böttger, E. (2012). *Employer Branding. Verhaltenstheoretische Analysen als Grundlage für die identitätsorientierte Führung von Arbeitgebermarken*. Wiesbaden: Gabler.

Commander, S., Kangasniemi, M., & Winters, A. L. (2004). The brain drain: Curse or boon? A survey of the literature. In R. Baldwin & L. Winters (Hrsg.), *Challenges to globalization: Analyzing the economics, National Bureau of Economic Research Conference Report*. Chicago: Chicago University Press.

Dick, R. van. (2004). *Commitment und Identifikation mit Organisationen*. Göttingen: Hogrefe.

Felfe, J. (2008). *Mitarbeiterbindung*. Göttingen: Hogrefe.

Fuente, A. d., & Ciccone, A. (2003). Das Humankapital in der wissensbasierten globalen Wirtschaft. ec.europa.eu/social/BlobServlet?docId=1941&langId=de. Zugegriffen: 28. Nov. 2014.

Granato, N., & Niebuhr, A. (2009). Arbeitskräftewanderungen nach Qualifikation: Verluste in Ostdeutschland gehen zurück. IAB Kurzbericht 7, 1–8.

Hägerstrand, T. (1952). The propagation of innovation waves. *Lund Studies in Geography, Series B, Human Geography, 4*, 1–20.

Herz, A., Beck, A., & Felfe, J. (2009). Organisationales Commitment als Mediator zwischen transformationaler Führung und Kundenzufriedenheit. *Wirtschafspsychologie, 11*(3), 106–118.

Hesse, G. (2014). Auf dem Weg zum Enterprise 2.0: Digitalisierung, Demografie und Wertewandel als Treiber für Change-Management und Kulturwandel. In R. Dannhäuser (Hrsg.), *Praxishandbuch Social Media Redia Recruiting* (S. 375–399). Wiesbaden: Springer Fachmedien.

Hirschman, A. O. (1972). *xit, voice and loyalty: Responses to decline in firms, organizations and states*. Cambridge: Harv. Univ. Press.

Krause, D. E., & Kobald, S. (2013). Perspektiven zu Führung und Innovation und Validierung eines neuen Instruments zur Messung transformationaler Führung im deutschsprachigen Raum. In D. E. Krause (Hrsg.), *Kreativität, Innovation und Entrepreneurship* (S. 251–284). Wiesbaden: Springer Fachmedien.

Krugman, P. (1991). Increasing returns and economic geography. *Journal of Political Economy, 99*(31), 483–499.

Leana, C., & Buren, H. v. (1999). Organizational social capital and employment practices. *Academy of Management Review, 24*(3), 538–555.

List, F. (1841). *Das nationale System der politischen Ökonomie*. Stuttgart: J. G. Cotta'scher.

Lukasczyk, A. (2012). Personalmarketing und Employer Branding – Zusammenhänge und Abgrenzung. In D. e. V. (Hrsg.), *Employer Branding. Die Arbeitgebermarke gestalten und im Personalmarketing umsetzen*. Bielefeld: Bertelsmann.

March, J. G., & Simon, H. A. (1993). *Organizations*. Cambridge: Blackwell.

Marshall, A. (1890). *Principles of economics* (8. Aufl.). London: Macmillan.

Meyer, J. P., & Allen, N. J. (1991). A three-component conceptualization of organizational commitment. *Human Resource Management Review, 1*, 61–89.

Petkovic, M. (2008). *Employer Branding. Ein markenpolitischer Ansatz zur Schaffung von Präferenzen bei der Arbeitgeberwahl*. München: Hampp.

Ragnitz, J. (2007). Explaining the East German productivity gap. *Kiel Working Paper Nr. 1310*. Kiel Institute for the World Economy.

Reichheld, F. F. (1997). *Der Loyalitäts-Effekt: Die verborgene Kraft hinter Wachstum, Gewinnen und Unternehmenswert*. Frankfurt a. M.: Campus.

Romer, P. M. (1990). Endogenous technological change. *Journal of Political Economy, 98*(5), 70–102.

Schmitt, C. T., Strothmann, P., & Goepel, M. (2014). Dauerhaft innovationsfähig?! Ein idealtypisches Modell transformationaler Kultur. In B. P. Schültz, P. Strothmann, C. Schmitt, & L. Laux (Hrsg.), *Innovationsorientierte Personalentwicklung. Konzepte, Methoden und Fallbeispiele für die Praxis* (S. 267–291). Wiesbaden: Springer.

Schneider, M. (2008). Organisationskapital und Humankapital als strategische Ressourcen. *Zeitschrift für Personalforschung, 22*(1), 12–34.

Schubert, A. v. (2009). *Loyalität im Unternehmen. Nachhaltigkeit durch mitarbeiterorientierte Unternehmensführung.* Frankfurt a. M.: Lang.

Schüller, A. M., & Fuchs, G. (2009). *Total Loyalty Marketing. Mit begeisterten Kunden und loyalen Mitarbeitern zum Unternehmenserfolg.* Wiesbaden: Gabler.

Simon, J. (1981). *The ultimate resource.* Princeton: Princeton Univ. Press.

Sinus-Institut. (2010). *Modellwechsel 2010.* https://www.sinus-institut.de/fileadmin/user_data/sinus-institut/Bilder/downloadcenter/Modellwechsel_2010_neue_Charts.pdf. Zugegriffen: 28. Mai 2018.

Stritzke, C. (2010). *Marktorientiertes Personalmanagement durch Employer Branding. Theoretisch-konzeptioneller Zugang und empirische Evidenz.* Gabler: Wiesbaden.

Uhlig, H. (2006). Regional labor markets, network externalities and migration: The case of German reunification. *American Economic Review, 96*(2), 383–387.

Weinreich, K. (2014). *Nachhaltigkeit im Employer Branding. Eine verhaltenstheoretische Analyse und Implikationen für die Markenführung.* Wiesbaden: Gabler.

Weiterführende Literatur

Petkovic, M. (2008). *Employer Branding. Ein markenpolitischer Ansatz zur Schaffung von Präferenzen bei der Arbeitgeberwahl* (2. Aufl., S. 379–382). München: Hampp.

Claudia Lubk, Prof. Dr. studierte Volkswirtschaftslehre sowie Regionalstudien Ostasien in Dresden und Xiamen, VR China. Dabei spezialisierte sie sich auf Außenwirtschaft, Umweltökonomie sowie Wirtschaftspolitik. Während ihres Studiums arbeitete sie als Hilfskraft und Praktikantin für das ifo Institut, Niederlassung Dresden, sowie für den Lehrstuhl für Wirtschaftspolitik. Ihre Doktorarbeit schrieb sie zum Thema „Evaluation nachhaltiger Arbeitsmarktpolitik". 2006 bis 2012 war sie Mitarbeiterin am Lehrstuhl für Makroökonomik an der BTU Cottbus; 2012 bis 2017 arbeitete sie am Lehrstuhl für Wirtschaftspolitik und Wirtschaftsforschung an der Martin-Luther-Universität in Halle. Dort forschte sie in einem Projekt zu Headquartereffekten und der Headquarterlücke in Ostdeutschland. Seit 2017 arbeitet und forscht Frau Lubk als Professorin für Öffentliche Betriebswirtschaftslehre an der Hochschule Meißen (FH) und Fortbildungszentrum. Sie leitet dort außerdem das Akademische Auslandsamt.

Laura Mahl, Dipl.-Kfr. hat im Jahr 2010 ihr Studium der Betriebswirtschaftslehre an der Martin-Luther-Universität Halle-Wittenberg, mit Studienschwerpunktsetzung Organisation und Personalwirtschaft, Finanzwissenschaft und Umweltmanagement erfolgreich abgeschlossen und engagierte sich anschließend bis Oktober 2011 in den Tätigkeitsbereichen Personalentwicklung und Personalauswahl als Trainer/Coach für Erwachsenenqualifikation im Institut für Sprachen und Wirtschaft Dr. Hirsch GmbH in Halle. Bis 2015 war Laura Mahl an der Martin-Luther-Universität Halle-Wittenberg als wissenschaftliche Mitarbeiterin in der Lehre, Forschung und Verwaltung tätig, zunächst bei der Unterstützung der Lehre am Lehrstuhl für Organisation und Personalwirtschaft und anschließend am Lehrstuhl für Wirtschaftspolitik und Wirtschaftsforschung. Dabei lag der Schwerpunkt ihrer wissenschaftlichen Forschung beim personalwirtschaftlichen Fokus im Headquarterprojekt, insbesondere bei der Analyse zu den Themen Employer Branding, Bindungsmanagement und Mitarbeiterloyalität in ostdeutschen Unternehmen.

Technologie und Innovation 7

Ulrich Blum, Julia Grüber, Claudia Lubk und Marc Schmid

7.1 Verwendungsoffene Technologien und Zukunftsinnovationen

7.1.1 Die Bedeutung verwendungsoffener Technologien

Verwendungsoffene Technologien (*General purpose technologies,* GPT) sind sowohl für die betroffenen Unternehmen als auch für das Wachstum einer ganzen Region von großer Bedeutung (Bresnahan und Trajtenberg 1995; Helpman 1998; Helpman und Trajtenberg 1994), da sie ein breites Bündel von Anwendungsmöglichkeiten bieten, mittels dessen regionale, technologische Milieus entstehen. Durch die Offenheit und Flexibilität der Systeme, die durch GPT hervorgebracht werden, ist es aus Unternehmensperspektive

---

U. Blum (✉)
Martin Luther Universität Halle-Wittenberg;
Center für Ökonomik der Werkstoffe, Halle, Deutschland
E-Mail: ulrich.blum@wiwi.uni-halle.de; ulrich.blum@imws.fraunhofer.de
URL: http://wipofo.wiwi.uni-halle.de; http://www.materials-economics.de

J. Grüber
Halle, Deutschland
E-Mail: julia.grueber@gmail.com

M. Schmid
Halle, Deutschland
E-Mail: marc.schmid@wiwi.uni-halle.de

C. Lubk
Meißen, Deutschland
E-Mail: claudia.lubk@hsf.sachsen.de

© Springer Fachmedien Wiesbaden GmbH, ein Teil von Springer Nature 2018
U. Blum et al. (Hrsg.), *Vade Mecum für Unternehmenskäufe,*
https://doi.org/10.1007/978-3-658-20755-7_7

sinnvoll, Forschung und Entwicklung relativ nah am eigenen Unternehmen anzusiedeln. Die Konkurrenz konzentriert sich folglich auf nachgelagerte Technologien und auf die Arbeitskräfte, nicht aber auf den Bereich der Produkte. Seitens des Staates ergibt sich die Möglichkeit, durch spezialisierte und qualitativ hochwertige Bildungseinrichtungen die regionale Identität zu verstärken. So zeigen die Entwicklungspfade beispielsweise der Mikrotechnologie (Zentrum um Dresden), der Glastechnologie (Jena) oder auch der Spezialchemie (Dreieck um Halle) das Erfolgspotenzial von polyvalenten Technologien für Industrie- und Dienstleistungsunternehmen verschiedenster Branchen (Helpman und Trajtenberg 1996). Schließlich begründen sie horizontale und verstärken laterale Cluster (Blum 2008, 2013).

Sehr häufig sind grundlegende verwendungsoffene Technologien in bestimmten, oft über Patente oder Geheimhaltung geschützten Spezifizierungen die zentrale Kernkompetenz des Unternehmens und daher maßgeblich für sein Zukunftspotenzial. Aus Sicht einer Wachstumsstrategie greifen GPT gemeinsam mit dem Milieu, in das das Unternehmen eingebettet ist, sowie den Märkten und deren Entwicklung ineinander.

Mit den Zukunftsinnovationen werden hier die Technologiefelder und deren Erforschung, Entwicklung und Nutzung angesprochen, die aus Sicht der vorhandenen Kompetenzen des Unternehmens zugänglich sind und sich in die (Mega-)Trends einordnen. Mit dem Zukauf von Unternehmen kann dann das entsprechende technologische Neuland erworben oder verstärkt werden (Ahuja und Katila 2001; Stiebale und Reize 2011). Die Chancen, dies zu angemessenen Preisen zu tun, sind dabei umso größer je mehr die eigene Sicht *nicht* der allgemeinen Überzeugung entspricht. Denn ansonsten kann – vor allem dann, wenn die erforderliche Vertraulichkeit nicht gesichert ist – ein Bekanntwerden von Übernahmeüberlegungen den Kaufpreis nach oben treiben. Dies ist verbunden mit dem Risiko von Bieterkämpfen oder dem Verlust strategisch wichtiger Mitarbeiter beim potenziellen Übernahmekandidaten. Aus Clustersicht kann dies mit einer technologischen Aufwertung der Region einhergehen, die wiederum zu erhöhter Attraktivität für weitere Unternehmen und potenzielle Arbeitskräfte führt (Stiebale 2013).

7.1.2 Modelle und Theorien

Verwendungsoffene Technologien sind die wesentlichen Treiber positiver Netzwerkexternalitäten; mit Verbreiterung ihrer Basis steigt der Nutzen für tatsächliche und potenzielle Anwender überproportional (Katz und Shapiro 1985). Allerdings bestehen zwei Gefahren bzw. Einschränkungen:

- Hochspezialisierte Technologien stellen im Sinne der Theorie der versunkenen Kosten eine Gefahr infolge von *lock-in*-Effekten dar (North 2005). Damit werden Strukturen möglicherweise weit über ihre ökonomisch sinnvolle Verwendung hinaus konserviert.
- Sie sind Markteintrittsbarrieren für Dritte. Das kann schützen, aber auch Flexibilität mindern und neue Abhängigkeiten schaffen.

Der Aspekt der Portfolio- und der Technologieergänzung im Sinne einer Substituierbarkeit von vorhandenen (alten) Technologien und der Komplementarität zu vorhandenem Wissen und Systemen spielt eine erhebliche Rolle, vor allem dann, wenn sich das Neue in die vorhandenen verwendungsoffenen Technologien einordnen soll. Die Innovationsfähigkeit/-intensität von übernehmenden bzw. übernommenen Unternehmen (vor und nach einer Übernahme) entwickelt sich sehr unterschiedlich, wie Szücs (2014) in einer Studie zeigt. Die Messung des „technologischen Wertes" eines Unternehmen kann mit Methoden der Realoptionstheorie (Hommel 2001) oder anderweitigen Verfahren geschehen, die Risiken und Rückflüsse der Eigen- und der Fremdnutzung bewerten (Nagaoka et al. 2010; Pavitt 1985).

7.1.3 Folgen für die Wachstumsstrategie

Beim Kauf von Unternehmen sollte man die Kooperationschancen, also den Technologiezugang und nicht die Produktkonkurrenz, betonen. Ersterer ist für das Cluster interessant, weil er systemverstärkend wirkt. Allerdings sind dagegen die Gefahren der eigenen Produktfestlegung – sie soll nicht konkurrenzintensivierend wirken – zu setzen (vgl. Tab. 7.1).

Der Erfolg einer Übernahme hängt aus Sicht der technologischen Zukunftsfähigkeit von aktueller Passform und künftiger Entwicklungskongruenz der beiden Unternehmen ab. Letzteres bedeutet auch, dass das vorhandene Wissen bezüglich der neuen Technologie hinreichend entwickelt sein muss. Eine sorgfältige Bewertung, ökonomisch ebenso wie juristisch, ist dabei erforderlich, weil Rechte geschützt sein könnten und bei Übernahme die Möglichkeit der Nutzung verloren gehen könnte.

Tab. 7.1 Chancen und Gefahren der Technologieabgrenzung. (Quelle: Eigene Darstellung)

	Chancen	Gefahren
Abgrenzung (spezialisierte Technologie)	Alleinstellungsmerkmal • Nischenmarktführer	Hohe versunkene Kosten für (Weiter-) Entwicklung; Inflexibilität/„Lock-in"; Abhängigkeit von vor- und nachgelagerten Wertschöpfungsstufen
Öffnung (GPT)	Bildung von Clustern • Synergieeffekte insb. im Bereich F&E; Positive Netzwerkexternalitäten	Verstärkter Wettbewerb um Fachkräfte

7.2 Kritische Ressourcen und Technologien

7.2.1 Die Bedeutung kritischer Ressourcen und Technologien

Als kritische Ressourcen und Technologien werden hier solche Ressourcen und Technologien bezeichnet, die für die Zielerreichung besonders bedeutend sind, also auch als Engpassfaktor für die Erfolgswirksamkeit anzusehen sind. Damit ist praktisch das gesamte Unternehmen auf derartige Engpassgrößen zu überprüfen.

Es gilt weiterhin, unternehmensinterne von unternehmensexternen Ressourcen zu unterscheiden. Während unternehmensinterne Ressourcen Vorteile im Wettbewerb gewährleisten und somit als Kernkompetenz zu sehen sind, zählen sämtliche Inputs der Wertschöpfungskette als externe Ressourcen, die für den Wertschöpfungsprozess von Zulieferern bezogen werden (insbesondere Rohstoffe, strategisch bedeutsame Vorleistungen, …).

Unter Risikogesichtspunkten stellt sich damit die Frage nach der Substituierbarkeit für den Fall des Fehlens oder der verminderten Verfügbarkeit des Faktors. Weiterhin ist zu fragen, ob neben einer Engpasssubstitution auch eine strategisch induzierte Substitution stattfinden kann, die langfristige Überlegenheit gewährleistet, beispielsweise in Form eines überlegenen Werkstoffs. Insbesondere ist im Sinne des Modells der Wettbewerbskräfte von Porter (1979) darauf zu achten, welche Substitutionsbeziehungen existieren und wie diese von besagten Engpassfaktoren beeinflusst werden können.

7.2.2 Modelle und Theorien

7.2.2.1 Die unternehmensinterne Perspektive

In Kombination mit dem marktorientierten Ansatz (insbesondere Porter, s. o.) und dem wissensorientierten Ansatz (Nonaka und Takeuchi 1995) bildet der *ressourcenbasierte* Ansatz eine der wesentlichen Säulen strategischen Managements. Er besagt, dass der Erfolg eines Unternehmens maßgeblich von dessen Ressourcenausstattung und dem Umgang damit abhängt (Barney 1991; Prahalad und Hamel 1990; Wernerfelt 1984). Wesentliche Eigenschaften sind dabei die Werthaltigkeit, die Knappheit (Seltenheit), die unvollständige Nachahmungsmöglichkeit und die Nicht-Substituierbarkeit (siehe Abb. 7.1).

Aus interner Sicht wird der eigene Wettbewerbserfolg demzufolge von der Fähigkeit beeinflusst, eine einzigartige und unbestreitbare Qualität auf der Inputseite bereitzustellen, für welche die Bereitschaft der Nutzung und der Wille zum Aufbau von Marktmacht bestehen. Dass Letzteres nicht trivial ist, sieht man anhand großer Erfindungen, die in Deutschland getätigt wurden und dann ins Ausland abwanderten, wo sie zum Erfolg geführt wurden, beispielsweise das Fax-Gerät oder das mp3-Format. Die frühen Phasen der Produktherstellung beinhalten üblicherweise Rohstoffe und Halbzeuge. Hier erfolgt eine Orientierung entlang einer informationstechnischen Wertschöpfungskette, die

7 Technologie und Innovation

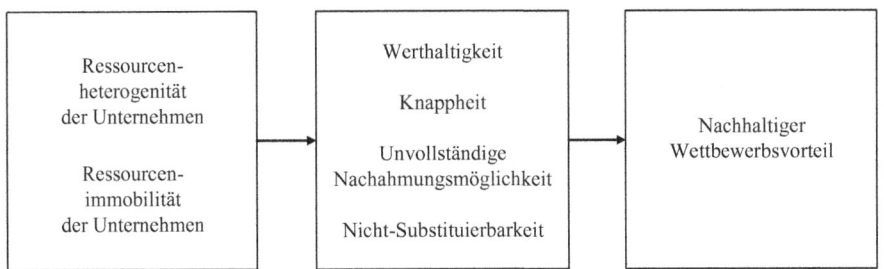

Abb. 7.1 Ressourcenbasierte Sicht und nachhaltige Wettbewerbsvorteile. (Quelle: Eigene Darstellung nach Barney 1991)

die Technologie potenziell abbildet; kurz: entlang intelligenter Information. Dann sind Werkstofftechnologien und damit auch Forschung und Entwicklung sowie das gesamte Umfeld der technologiegetriebenen Markenstrategien – somit auch das Design, welches als Synthese aus Ästhetik, Funktionalität sowie Fertigungs- und Werkstofftechnologien zu begreifen ist – von Relevanz.

Dem *wissensorientierten* Ansatz folgend entstehen mit der zunehmenden Tertiärisierung der Wirtschaft verschiedene Formen des Wissens, dazu zählen explizites wie implizites Wissen, Routinen, aber auch eine Organisationsstruktur, die eine Dynamik der Wissenserzeugung begünstigt (Nonaka und Takeuchi 1995). Eng verbunden damit ist der *fähigkeitenorientierte* Ansatz, der eine dynamische Perspektive einnimmt: Unternehmen nutzen ihre Fähigkeiten, um Pfade zu durchbrechen, Prozesse und ihre gegenwärtige Position zu gestalten (Hungenberg 2008). Offensichtlich besitzt Wissen folgende Eigenschaften (Cattell 1971; Lam 2000; Polanyi 1985):

- Explizit/implizit
- Kodiert/tradiert
- Tacit („Können, ohne sagen zu können, wie")/open (versprachlichtes Faktenwissen)
- Kristallin (erlernt)/fluid (geerbt).

Wenn die Wissensbasis des Unternehmens von hoher Wettbewerbsrelevanz ist und wesentliche Teile des Wissens im Humankapital inkorporiert sind, dann stellt es eine der wichtigen unternehmerischen Herausforderung dar, bei M&A einen reziproken Altruismus der Mitarbeiter zu fördern, um die Integration der Belegschaft zu erleichtern und im (Wissens-)Austausch Neues zu schaffen. Dadurch wird Wissen zum Innovationstreiber (Nonaka und Takeuchi 1995). Das Ziel ist hierbei das Erreichen und Absichern eines nachhaltigen Technologievorsprungs. Notwendige Voraussetzung hierzu ist eine Technologiekompatibilität, denn es besteht das Risiko, dass Ressourcen in anderem Kontext – also im Rahmen einer Übernahme in ein anderes Unternehmen integriert – anders wirken als in der ursprünglichen Umwelt. Schließlich besteht die Gefahr eines Verwässerns der Technologie. Daher ist es zwingend, nach einer Übernahme die Strategie des Unternehmens

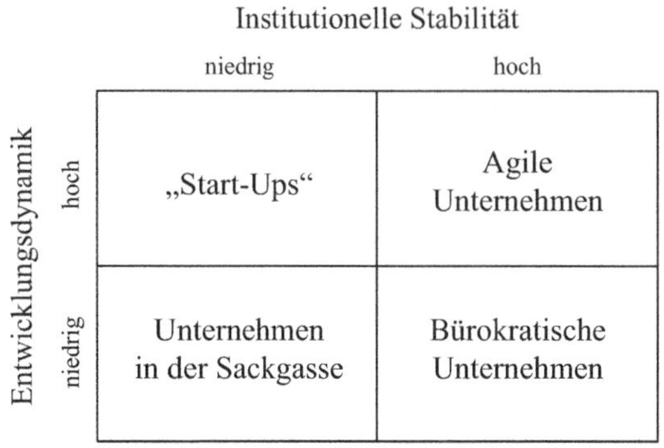

	Institutionelle Stabilität	
	niedrig	hoch
Entwicklungsdynamik hoch	„Start-Ups"	Agile Unternehmen
Entwicklungsdynamik niedrig	Unternehmen in der Sackgasse	Bürokratische Unternehmen

Abb. 7.2 Entwicklungsdynamik und institutionelle Stabilität bei Unternehmen. (Quelle: Eigene Darstellung nach Bazigos et al. 2015)

so anzupassen, dass eine vorhandene Marktposition nicht leidet und die Innovationsgeschwindigkeit erhalten bleibt. Dabei ist die Entwicklung einer neuen Strategie meist deutlich schwerer als die einer neuen Technologie (Christensen und Bower 1996).

Einer Analyse von Bazigos et al. (2015) zufolge stellt eine steile Expansionsrate der Unternehmen bei gleichzeitig hoher Stabilität ein wesentliches Charakteristikum erfolgreicher Unternehmen dar, welche die Autoren als *agil* bezeichnen (siehe Abb. 7.2). Dies folgt der grundlegenden Überlegung, dass Unternehmen, die schnell wachsen, üblicherweise große Probleme haben, die inneren und die nach außen wirkenden Strukturen ihres Hauses stabil zu halten, weil die Entwicklung ihnen kaum Zeit zur organisatorischen Anpassung lässt. Umgekehrt lähmen gerade stabile Organisationen die Unternehmen und die Herausbildung von Innovationen.

Damit ergeben sich vier Felder, in die Bazigos et al. die Unternehmen ihrer Stichprobe einordnen. Dabei befindet sich die Mehrheit der Unternehmen im Mittelfeld, was der Eichung des Indexes, der abgebildet wird, geschuldet ist. Rund 14 % der Unternehmen befanden sich in einer Sackgasse, weil sie eine unzureichende Stabilität bei geringer Entwicklung aufwiesen. Die sogenannten *Start-Ups* hingegen waren mit 8 % zwar wenig robust, aber stark in der Expansion. Weitere 8 % wurden bei geringer Entwicklungsgeschwindigkeit von der Bürokratie ausgebremst. Rund 12 % konnten in der Gruppe der agilen Unternehmen verortet werden, also solcher Unternehmen, die den scheinbaren Konflikt aus Expansionsgeschwindigkeit und Stabilität für sich gelöst hatten. In dieser Gruppe war eine Reihe von Führungscharakteristika typisch: Verantwortung und Zurechnung, offene Lernprozesse, ein klares Bekenntnis zur Unternehmenskultur und damit auch zur Motivation sowie schließlich die Akzeptanz von externen Ideen, ebenso wie von internem Wettbewerb.

Fragt man sich nun, welche Unternehmen für entsprechende Übernahmen besonders geeignet erscheinen, so dürfte besonders die Gruppe von Unternehmen in der Sackgasse als wenig geeignet erscheinen. Interessant sind die Start-Ups, weil sie durch ihre neuen Ideen über ein hohes Potenzial verfügen, allerdings aufgrund ihrer fehlenden internen

Stabilität hier einen Ergänzungsbedarf haben und durch kluge Umstrukturierung bzw. Integration in die eigene Firma eine starke Verbesserung erfahren können. Gleichermaßen ist es für Unternehmen mit Potenzial, die aber überreguliert sind, möglich aufzuschließen, wobei hier aber vermutlich ein erheblich größerer Kulturwandel erforderlich ist. Nicht umsonst kaufen agile Unternehmen lieber Start-Ups!

7.2.2.2 Die unternehmensexterne Perspektive

Inputs in der Wertschöpfungskette (z. B. natürliche Ressourcen, mineralische Rohstoffe etc.) können strategisch wichtige Ressourcen darstellen. Dies kann kritisch werden, sobald hier Engpässe drohen oder Abhängigkeiten bestehen. Abhängigkeitsverhältnisse können insbesondere ausgelöst sein durch eine geringe Anzahl potenzieller Lieferanten, geostrategische Risiken (z. B. politische Instabilitäten in Herkunftsländern) oder geringe Verfügbarkeit (z. B. durch geringe geologische Vorkommen einzelner Rohstoffe oder beschränkte technische Abbau-/Fördermöglichkeiten). Sofern eine reduzierte Belieferung oder gar der Lieferausfall nicht überbrückt werden können und die eigene Produktion gefährden, gilt es, die Abhängigkeit von derartigen *Inputs* abzubauen oder durch strategische Zukäufe zu verringern.

Strategien des Verringerns von Abhängigkeiten umfassen die (quantitative) Reduktion des Einsatzes derartiger Ressourcen, beispielsweise durch Effizienzsteigerung oder Einsatz alternativer Rohstoffe oder Materialien und die Prüfung von Möglichkeiten zur Wiederverwendung oder Wiederverwertung (Recycling). Im Rahmen von M&A-Aktivitäten ist zu prüfen, ob der Zugang zu strategisch wichtigen Inputs durch Rückwärtsintegration, also den Aufkauf von entsprechenden Lieferanten, gesichert werden muss. Alternativ ist die Sicherstellung der Belieferung durch langfristige Vertragsverhältnisse oder gemeinsame *Joint Ventures* zu prüfen. Sind diese Strategien allesamt nicht erfolgversprechend, so ist die (vollständige) Substitution kritischer Rohstoffe oder Materialien durch weniger kritische in Erwägung zu ziehen (Blum und Schmid 2015). In jedem Fall bedarf es eines professionellen Managements etwaiger Rohstoffrisiken (Eller et al. 2010). Davon abgesehen besteht die Möglichkeit des Unternehmenszusammenschlusses mit dem Ziel des Einbaus entsprechender Funktionen in das eigene Unternehmen. Das kann durch eine Rückwärtsintegration geschehen, wenn Unternehmen aus dem Rohstoff- oder Werkstoffbereich übernommen werden. Dies geschieht oft in Konkurrenz zur Vorwärtsintegration, die das Ziel hat, die eigene Marktseite zu verstärken.

Die Wahl der entsprechenden Strategie ist von einer Reihe von Faktoren abhängig, insbesondere vom jeweils anfallenden Kosten- bzw. Investitionsaufwand, der eigenen technologischen Fähigkeit und der Frage, ob etwaige Vertragsverhältnisse oder Investitionen durch internationale Verträge (z. B. Investitionsschutz) abgesichert werden können. Insbesondere auf dem Gebiet des Rohstoffabbaus entstehen Risiken bezüglich des Umweltschutzes und der Einhaltung von Arbeitsschutz- und Sozialstandards. Angesichts zunehmender Aufmerksamkeit in der Öffentlichkeit, aber auch im Wettbewerb und bei der Auftragsvergabe kommt der Beachtung von Nachhaltigkeitskriterien als Teil unternehmerischer Verantwortung und Risikovorsorge große Bedeutung zu. Nachhaltigkeit ist damit aus der Perspektive kritischer Ressourcen und Technologien von immenser Bedeutung.

Nicht unerheblich sind bei engen Märkten – also Märkten mit wenigen Teilnehmern, wie das bei hochspezialisierten Anbietern meist gegeben ist – die Folgen für die künftige Wettbewerbslage. Es besteht die Chance bzw. die Gefahr für die andere Marktseite, ein Unternehmen durch die Abschottung von seinen Inputs, beispielsweise von seinen Rohstoffbezügen, aus dem Markt zu drängen. Das kann gleichermaßen eine unternehmerische Strategie in engen Märkten oder eine nationale Strategie sein. Derartige Abschottungen oder Maßnahmen des Preisdrucks treten in einer Vielzahl von Ausprägungen auf, die Steven Salop und David Scheffman (1983) in den Kontext der Marktbarrieren stellen und zeigen, dass Unternehmen aus dem Markt gedrängt oder auch Markteintritte verhindert werden. Zu unterscheiden sind die Lieferantenabschottung im Falle der Rückwärtsintegration, wenn dadurch der Konkurrent seines bisherigen Lieferanten beraubt wird (so hat Samsung etwa das sächsische Unternehmen Novaled übernommen, um dem Konkurrenten Lucky Goldstar [LG] einen strategischen Zulieferer zu nehmen), die Kundenabschottung bei Vorwärtsintegration und ganz allgemein das Ausüben von Preisdruck durch beherrschen der Wertschöpfungskette.

Auch bei Unternehmensübernahmen ist eine Kostensteigerung zu Lasten Dritter möglich. Will ein konkurrierendes Unternehmen ein anderes kaufen, so bietet sich für das eigene Unternehmen die Abgabe eines Pseudo-Angebots an, allein um den Preis nach oben zu treiben. Ziel ist, dass sich, wie bei der Versteigerung, im Bieterwettbewerb für den vermeintlich siegenden Konkurrenten ein Fluch des Siegers ergibt (*winners curse* Thaler 1992): Durch den hohen Kaufpreis unterbleiben möglicherweise wichtige Investitionen, erforderliche Preissteigerungen verringern die Wettbewerbsfähigkeit, erhöhte Kredite für die Finanzierung des Kaufs belasten die Bilanz, verschlechtern das Rating und führen zu neuen Kapitalkosten.

7.2.3 Folgen für die Wachstumsstrategie

Vor diesem Hintergrund muss sich ein Unternehmen folgende Fragen beantworten:

- Was sind die strategischen, kritischen Ressourcen?
- Worin besteht der damit verbundene nachhaltige Wettbewerbsvorteil?
- Benötigt das Unternehmen erweiterten Ressourcenzugang oder strategische Versorgungssicherheit? Kann dies durch M&A geleistet werden?
- Welche Veränderungen der Wettbewerbslage ergeben sich nach M&A und sind diese für das eigene Unternehmen kritisch? Greift die Wettbewerbsaufsicht ein?
- Eröffnen die Kaufkandidaten den Zugriff auf neue Technologien oder Rohstoffe bzw. auf strategisch wichtige Ressourcen – und ist dies zu integrieren?
- Ermöglicht der Kauf eines Unternehmens eine strategische Repositionierung durch neue Technologien, Produktplatzierungen oder Marktsegmente?

7.3 Nachhaltigkeit

7.3.1 Die Bedeutung von Nachhaltigkeit für die Unternehmen

Nachhaltigkeit ist als Leitbild für ökonomisches, ökologisches, soziales und politisches Handeln etabliert, auch wenn über die konkrete Ausgestaltung und Umsetzung nach wie vor kontrovers diskutiert wird. Nachhaltige Entwicklung, die in der Definition der Weltkommission für Umwelt und Entwicklung (WCED) eine Entwicklung ist, *„die die Bedürfnisse der Gegenwart befriedigt, ohne zu riskieren, dass zukünftige Generationen ihre eigenen Bedürfnisse nicht befriedigen können."* (WCED 1987), bezieht sich nicht nur auf langfristiges Wirken von Handlungen, sondern auch auf die Aspekte der intra- und intergenerationellen Gerechtigkeit.

Da die Realisierung dieses Leitbildes sowohl von politischer Seite her eingefordert wird (z. B. im Rahmen der Nachhaltigkeitsprüfung in der Gesetzesfolgenabschätzung [§ 44 Abs. 1 GGO] sowie bei konkreten Maßnahmen wie beispielsweise dem Energiekonzept der Bundesregierung) als auch von Konsumentenseite her ein steigendes Bewusstsein für die Relevanz nachhaltiger Entwicklung zu verzeichnen ist, müssen sich Unternehmen auch mit diesem Thema auseinandersetzen. Gleichfalls scheint nachhaltiges Handeln bei eigentümergeführten mittelständischen Unternehmen eine immanente Anforderung an ihre Geschäftspraxis zu sein. Anders als die kurzfristige Steigerung des Shareholder-Value steht eine mittel- bis langfristige Sicherung des Unternehmenserfolges im Vordergrund.[1]

7.3.2 Modelle und Theorien

Diskussionen um Nachhaltigkeit beziehen sich auf drei Dimensionen: Die soziale, die ökologische und die ökonomische, teilweise ergänzt um die institutionellen Aspekte als vierte Dimension. Dabei wird häufig darauf verwiesen, dass zwischen den Bereichen der einzelnen Dimensionen enge Verbindungen bestehen, sodass teilweise eine eindeutige Zuordnung eines Themas zu einer bestimmten Dimension nicht möglich ist (vgl. Abb. 7.3).

Für Unternehmen sind die Dimensionen nachhaltiger Entwicklung auf zwei Ebenen relevant: Zum einen weist die Nachhaltigkeitsdebatte deutlich darauf hin, dass es knappe Ressourcen gibt, die es zu erhalten bzw. auszubauen gilt. Demnach kann ein Unternehmen z. B. der ökologischen Nachhaltigkeit Rechnung tragen, indem es Ressourcen spart oder substituiert – dies kann auch eine Notwendigkeit bzw. ein Kostenvorteil sein, wenn durch eine Verknappung des Rohstoffes die Preise steigen. Zur sozialen Nachhaltigkeit kann innerhalb des Unternehmens z. B. durch eine entsprechende Förderung des Humankapitals beigetragen werden.

---

[1] Einen Überblick bietet Corsten, H. und Roth, S. (Hrsg.) (2012).

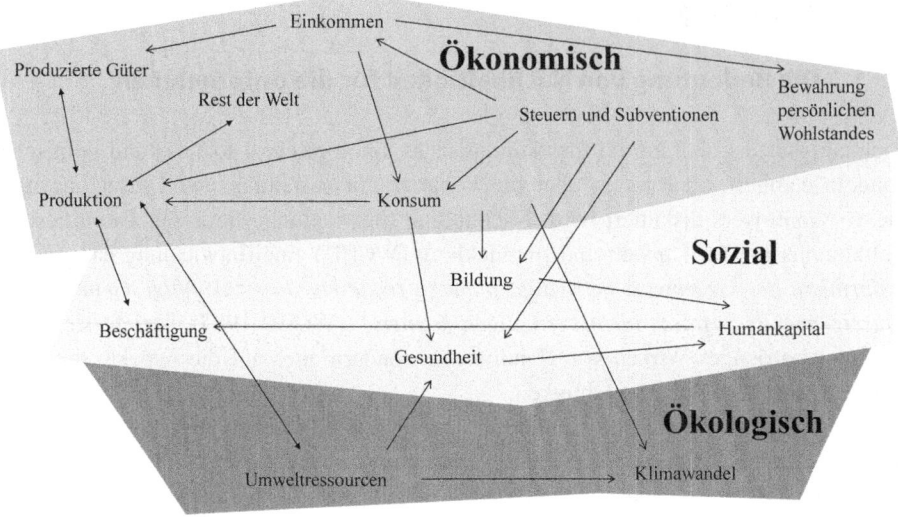

Abb. 7.3 Verbindungen zwischen den Dimensionen nachhaltiger Entwicklung. (Quelle: Harrison 2000)

Zum anderen kann Nachhaltigkeit auch einen Beitrag zur Markterschließung leisten, wenn damit ein besonderer Kundenwunsch verbunden ist (vgl. Pyramide der *corporate social responsibility* in Abb. 7.4 nach Carroll 1991). Dabei geht es um Erwartungen und Wünsche der Kunden, die über das von einem Unternehmen aus gesetzlicher Sicht erforderliche Handeln hinausgehen. Die Erfüllung der Kundenerwartungen kann sowohl zu einer Erhöhung bzw. Sicherung des Absatzes führen, als auch die Attraktivität des Unternehmens als Arbeitgeber sichern und somit aus ökonomischer Sicht sinnvoll sein. Im Sinne einer Risikovermeidung ist zudem zu bedenken, dass sich Legalität und Legitimität nicht zwangsläufig entsprechen: Die von Stakeholdern an das Unternehmen gestellten Erwartungen können über das gesetzlich erforderliche hinausgehen. Entspricht ein Unternehmen diesen Erwartungen nicht, drohen Reputationsschäden.

7.3.3 Folgen für die Wachstumsstrategie

Im Rahmen der Betrachtung von Nachhaltigkeitsaspekten müssen sich Unternehmen die folgenden Fragen stellen:

- Welche Erwartungen im Bereich der Nachhaltigkeit haben die Kunden?
- Welche Erwartungen im Bereich der Nachhaltigkeit haben (potenzielle) Arbeitnehmer?
- Wie werden Anstrengungen des Unternehmens im Bereich der nachhaltigen Entwicklung und nachhaltigen Unternehmensführung kommuniziert?

7 Technologie und Innovation

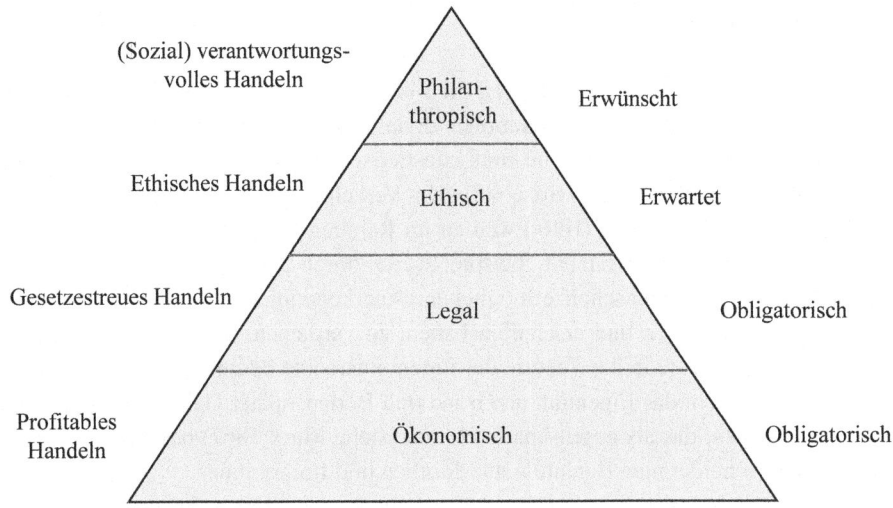

Abb. 7.4 Pyramide der Corporate Social Responsibility. (Quelle: Carroll 1991)

- Welche zukünftigen Entwicklungen im Bereich knapper Ressourcen gibt es und welche Risiken, aber auch Chancen stellen diese für das Unternehmen dar?
- Welche regulatorischen Entwicklungen im Bereich der Nachhaltigkeit sind zu erwarten? Welche Risiken stellen diese für das Unternehmen dar?

7.4 Intellektuelle Eigentumsrechte

7.4.1 Die Bedeutung intellektueller Eigentumsrechte

Intellektuelle Eigentumsrechte, also das Eigentum an (bzw. die Verfügung über) Patenten, Markenzeichen, Copyright bzw. entsprechenden Lizenzen, stellen wichtige Anlagegüter – oft wichtiger als ersetzbare Maschinen oder Mitarbeiter – und damit Kernkompetenzen des Unternehmens dar. Sie beeinflussen direkt seine Wettbewerbsaufstellung sowie seinen Unternehmenswert und sind neben der Konkurrenz auf den Produkt- oder Beschaffungsmärkten immer wieder wesentlicher Gegenstand der Wettbewerbsauseinandersetzung *(Patentkrieg, Markenkrieg)*.

Die ökonomische Theorie spricht statt von Eigentumsrechten meist von *Verfügungsrechten* als äußere und damit sichtbare Form des Eigentums. Verfügungsrechte sind alle Arten von Berechtigungen, über Ressourcen (materielle oder immaterielle) zu verfügen, sei es von Gesetzes wegen, aus Vertrag oder aufgrund sozialer Verpflichtungen (Göbel 2002). Sie sind somit die Summe der Rechte, die erlaubte, geduldete und gebotene Nutzungen vorhandener Ressourcen definieren. Die elementarste Form des Verfügungsrechtes ist das Eigentum an Sachen.

7.4.2 Modelle und Theorien

Geistiges Eigentum (*Intellectual Property*, IP) ist nach der World Intellectual Property Organization (WIPO) der Vereinten Nationen definiert als Schöpfungen des Geistes, beispielsweise Erfindungen, literarische und künstlerische Werke, Designs und Symbole sowie Namen und Bilder, die im wirtschaftlichen Verkehr eingesetzt werden. Kodifizierte intellektuelle Eigentumsrechte (IPRs) werden im Rahmen nationaler und internationaler Konventionen gesetzlich geschützt, beispielsweise durch Patentrechte, Urheberrechte und Marken, die den Menschen ermöglichen, Anerkennung oder finanziellen Vorteil an dem, was sie erfunden und erschaffen haben, zu verdienen. Sie sind damit Teil der Eigentumsrechte, wie sie in der Theorie der Eigentumsrechte beschrieben werden. Historisch war es vor allem das Eigentum an Grund und Boden, später Gebäuden, schließlich Produktionsanlagen, das als gesellschaftsrelevant (siehe Marx 1867) beschrieben wurde. Weiterhin unterscheidet man Eigentum an Mobilien und Immobilien.

Neben den oben genannten drei Arten von Schutzmechanismen für geistiges Eigentum (Urheberrechte, Patente und Marken) existieren als vierte Form Geschäftsgeheimnisse. Dies macht deutlich, dass eine Unterscheidung zwischen implizitem und explizitem Wissen wichtig ist. Ersteres stellt ein privates Gut dar und will, falls es unternehmerisch verortet ist, als solches zum Schutz der Wettbewerbsvorteile vor dritten abgeschottet werden. Oft ist es „tacit", also stillschweigend und nur den Insidern bekannt und muss dann zumindest im Unternehmen „gehoben" werden, um nicht in strukturelle Abhängigkeit von einzelnen Wissensträgern zu gelangen.

Sobald intellektuelle Objekte öffentlich werden, sind sie allgemein nutzbar und werden ohne Exklusivitätsschranken, beispielsweise durch den Patent- und Markenschutz, zu öffentlichen Gütern. Ohne Schutz oder staatliche Intervention tendieren sie zur *„Unterproduktion"*, weil Dritte ohne einen irgendwie gearteten Schutz, der ein gewisses Maß an Exklusivität bietet, nicht von der Nutzung ausgeschlossen werden können, also zum Trittbrettfahren eingeladen werden, was die Ertragsmöglichkeiten reduziert, wenn nicht sogar eliminiert. Deshalb ist es Aufgabe der Wirtschaftspolitik, beispielsweise im Patentrecht, eine optimale Schutzdauer zu definieren, die das individuelle (Ertrags-)Interesse zur geistigen Schöpfung ebenso im Auge behält wie das allgemeine Interesse an einer (langfristig) preiswürdigen Nutzung.

7.4.3 Folgen für die Wachstumsstrategie

Mit Blick auf Abnehmer und Lieferanten ist es wichtig, Abhängigkeiten von diesen im Bereich der IPRs zu vermeiden bzw. umgekehrt solche bezogen auf den eigenen Vorteil zu erzeugen. Vor allem bei kleineren Unternehmen ist dies bedeutsam, da sie meist nicht über die Finanzkraft verfügen, Streitigkeiten in Bezug auf IPRs durchzustehen, weshalb sie deren Kodifizierung vermeiden. In der Tat wird sichtbar, dass durch Rückwärts- und Vorwärtsintegration, entweder mittels internen Wachstums oder mittels externen Unternehmensaufkaufs hohe Kernkompetenzen abgesichert werden können. Dies ist schließlich auch für das Rating und den Firmenwert, also die Robustheit des Unternehmens, bedeutsam.

Literatur

Ahuja, G., & Katila, R. (2001). Technological acquisitions and the innovation performance of acquiring firms: A longitudinal study. *Strategic Management Journal, 22*(3), 197–220.
Barney, J. (1991). Firm resources and sustained competitive advantage. *Journal of Management, 17*(1), 99–120.
Bazigos, M., Desmet, A., & Dagnon, C. (2015). Why agility pays. *McKinsey Quarterly, 4,* 28–35.
Blum, U. (2008). Institutions and clusters. In B. Johansson & C. Karlsson (Hrsg.), *Handbook on research on clusters* (S. 361–373). Cheltenham: Elgar.
Blum, U. (2013). Unternehmertum, Unternehmerwerte und Wachstum. *Wirtschaftspolitische Blätter der Wirtschaftskammer Österreich, 1,* 75–85.
Blum, U., & Schmid, M. (2015). 可再生能源和战略资源的瓶颈 (Erneuerbare Energien und Engpässe bei strategischen Ressourcen), Annual Report on China's Low-Carbon Economic Development 2015. *Blue Book of Low-Carbon Economy,* S. 169–180.
Bresnahan, T., & Trajtenberg, M. (1995). General purpose technologies ‚Engines of Growth'? *Journal of Econometrics 65*(1), 83–108.
Carroll, A. B. (1991). The pyramid of corporate social responsibility: Toward the moral management of organizational stakeholders. *Business Horizons, 34*(4), 39–48.
Cattell, R. B. (1971). *Abilities: Their structure, growth, and action.* Boston: Houghton-Mifflin.
Christensen, C. M., & Bower, J. L. (1996). Customer power, strategic investment, and the failure of leading firms. *Strategic Management Journal, 17*(3), 197–218.
Corsten, H., & Roth, S. (2012). *Nachhaltigkeit. Unternehmerisches Handeln in globaler Verantwortung.* Gabler: Wiesbaden.
Eller, R., Heinrich, M., Perrot, R., & Reif, M. (2010). *Management von Rohstoffrisiken. Strategien, Märkte und Produkte.* Wiesbaden: Gabler.
Göbel, E. (2002). *Neue Institutionenökonomik: Konzeption und betriebswirtschaftliche Anwendungen* (1. Aufl. Ausg.). Stuttgart: Lucius & Lucius.
Harrison, N. E. (2000). *Constructing Sustainable Development.* New York: State University of New York Press.
Helpman, E. (1998). *General purpose technologies and economic growth.* Cambridge: MIT Press.
Helpman, E., & Trajtenberg, M. (1994). *A time to sow and a time to reap: Growth based on general purpose technologies.* NBER Working Paper (4854).
Helpman, E., & Trajtenberg, M. (1996). *Diffusion of general purpose technologies.* National Bureau of Economic Research Cambridge.
Hommel, U. (2001). *Realoptionen in der Unternehmenspraxis: Wert schaffen durch Flexibilität.* Berlin: Springer.
Hungenberg, H. (2008). *Strategisches Management in Unternehmen. Ziele – Prozesse – Verfahren* (5. Aufl. Ausg.). Wiesbaden: Gabler.
Katz, M. L., & Shapiro, C. (1985). Network externalities, competition and compatibility. *American Economic Review, 75*(3), 424–440.
Lam, A. (2000). Tacit knowledge, organizational learning and societal institutions: An integrated framework. *Organization Studies, 21*(3), 487–513.
Marx, K. (1867). *Das Kapital. Kritik der politischen Ökonomie.* Hamburg : O. Meissner.

Nagaoka, S., Motohashi, K., & Goto, A. (2010). Patent statistics as an innovation indicator. In B. A. Hall & N. Rosenberg (Hrsg.), *Handbook of the economics of innovation*, (Bd. 2, S. 1083–1127). Amsterdam: Elsevier.

Nonaka, I., & Takeuchi, H. (1995). *The knowledge-creating company. How Japanese companies create the dynamics of innovation*. Oxford: Oxford University Press.

North, D. C. (2005). *Institutions, institutional change and economic performance*. Cambridge: Cambridge University Press.

Pavitt, K. (1985). Patent statistics as indicators of innovative activities: Possibilities and problems. *Scientometrics, 7*(1), 77–99.

Polanyi, M. (1985). *Implizites Wissen*. Frankfurt a. M.: Suhrkamp.

Porter, M. E. (1979). How competitive forces shape strategy. *Harvard Business Review, 57*(2), 137–145.

Prahalad, C. K., & Hamel, G. (1990). The core competence of the corporation. *Harvard Business Review, 68*(3), 79–91.

Salop, S. C., & Scheffman, D. T. (1983). Raising Rivals' Costs. *American Economic Review, 73*(2), 267–271.

Stiebale, J. (2013). The impact of cross-border mergers and acquisitions on the acquirers' R&D – Firm-level evidence. *International Journal of Industrial Organization, 31*(4), 307–321.

Stiebale, J., & Reize, F. (2011). The impact of FDI through mergers and acquisitions on innovation in target firms. *International Journal of Industrial Organization, 29*(2), 155–167.

Szücs, F. (2014). *Innovationsverhalten nach der Fusion, DIW Roundup: Politik im Fokus*, Nr. 13.

Thaler, R. H. (1992). *The winner's curse: Paradoxes and anomalies of economic life*. Princeton: Princeton University Press.

WCED. (1987). *Our common future. Report of the world commission on environment and development*. Oxford: Oxford University Press.

Wernerfelt, B. (1984). A resource-based view of the firm. *Strategic Management Journal, 5*(2), 171–180.

Ulrich Blum, Prof. Dr. Dr. h.c. (Jahrgang 1953) ist Professor für Volkswirtschaftslehre und Inhaber des Lehrstuhls für Wirtschaftspolitik und Wirtschaftsforschung an der Universität Halle-Wittenberg. Er ist zugleich Inhaber des Alexander-von-Humboldt-Lehrstuhls an der *University of International Business and Economics* (UIBE) in Peking und Internationaler Exzellenzprofessor der Volksrepublik China.

Nach seiner Promotion (1982) und seiner Habilitation (1986) an der Universität Karlsruhe nahm er im akademischen Jahr 1986/1987 eine Gastprofessur an der Universität Montreal wahr, wo er seitdem im Rahmen regelmäßiger Aufenthalte forscht. Von 1987 bis 1992 war er Professor für Volkswirtschaftslehre an der Universität Bamberg. Im Jahr 1991 wurde er auf den Lehrstuhl für Wirtschaftspolitik und Wirtschaftsforschung an der Technischen Universität Dresden berufen und war hier in der Zeit von 1992 bis 1994 Gründungsdekan der Fakultät Wirtschaftswissenschaften. Von November 2004 bis Dezember 2011 war er Präsident des Instituts für Wirtschaftsforschung Halle. Im Oktober 2008 erhielt er die Ehrendoktorwürde der Technischen Universität Dresden. Im Jahr 2012 wurde er in die Europäische Akademie der Wissenschaften aufgenommen.

Er ist Autor und Herausgeber von zahlreichen wirtschaftswissenschaftlichen Veröffentlichungen in den Bereichen der Institutionen- und Industrieökonomik, der Risikotheorie, des Normungswesens sowie der Regional- und Verkehrsökonomie und zum Entrepreneurship. Aktuell forscht er vornehmlich zur Ökonomie von Ressourcen, Neuen Materialien, Recycling und Total Design Management. Er ist Gründungsdirektor des in Kooperation mit dem Fraunhofer-Institut für Mikrostruktur von Werkstoffen und Systemen eingerichteten Center for Economics of Materials.

Julia Grüber, M.Sc., schloss 2012 bzw. 2013 ihre Masterstudien an der Martin-Luther-Universität Halle-Wittenberg in Betriebs- bzw. Volkswirtschaftslehre ab. Anschließend war sie als wissenschaftliche Mitarbeiterin am Lehrstuhl für Wirtschaftspolitik und Wirtschaftsforschung an der Universität Halle-Wittenberg im Drittmittelprojekt „Headquarterlücke" (finanziert vom Ministerium für Wirtschaft und Wissenschaft des Landes Sachsen-Anhalt) beschäftigt. Seit September 2015 unterstützt sie an der Otto-von-Guericke-Universität Magdeburg als Mitarbeiterin für Qualitätsentwicklung in Studium und Lehre die Fakultäts- und Universitätsleitung bei der Entwicklung eines Qualitätsmanagementsystems.

Claudia Lubk, Prof. Dr. studierte Volkswirtschaftslehre sowie Regionalstudien Ostasien in Dresden und Xiamen, VR China. Dabei spezialisierte sie sich auf Außenwirtschaft, Umweltökonomie sowie Wirtschaftspolitik. Während ihres Studiums arbeitete sie als Hilfskraft und Praktikantin für das ifo Institut, Niederlassung Dresden, sowie für den Lehrstuhl für Wirtschaftspolitik. Ihre Doktorarbeit schrieb sie zum Thema „Evaluation nachhaltiger Arbeitsmarktpolitik". 2006 bis 2012 war sie Mitarbeiterin am Lehrstuhl für Makroökonomik an der BTU Cottbus; 2012 bis 2017 arbeitete sie am Lehrstuhl für Wirtschaftspolitik und Wirtschaftsforschung an der Martin-Luther-Universität in Halle. Dort forschte sie in einem Projekt zu Headquartereffekten und der Headquarterlücke in Ostdeutschland. Seit 2017 arbeitet und forscht Frau Lubk als Professorin für Öffentliche Betriebswirtschaftslehre an der Hochschule Meißen (FH) und Fortbildungszentrum. Sie leitet dort außerdem das Akademische Auslandsamt.

Marc Schmid, M.Sc., LL.M. oec., ist wissenschaftlicher Mitarbeiter am Lehrstuhl für Wirtschaftspolitik und Wirtschaftsforschung der Martin-Luther-Universität Halle-Wittenberg. Er studierte Betriebswirtschaftslehre, International Area Studies und Wirtschaftsrecht an der DHBW, University of Aberdeen und an der Martin-Luther-Universität Halle-Wittenberg.

Seine Arbeits-, Studien- und Forschungsaufenthalte führten ihn unter anderem in die USA, nach Russland, Großbritannien und Äthiopien. Seine Forschungsinteressen umfassen insbesondere Rohstoffstrategien und Ressourcenökonomik, Strategisches Management sowie Institutionenökonomik und Governance.

Der Wettbewerb

8

Ulrich Blum, Werner Gleißner, Christiane Henckel und Marc Schmid

8.1 Wettbewerbsfaktoren und -strategien

8.1.1 Die Bedeutung von Wettbewerbsfaktoren und -strategien

Unternehmen stehen im Wettbewerb mit Konkurrenten und können sich in diesem nur behaupten, wenn sie komparative Wettbewerbsvorteile besitzen. Diese lassen sich durch unternehmerisches Handeln beeinflussen. Zu ihnen zählen alle Eigenschaften eines Unternehmens, einschließlich seiner Führung, seines Personals und seines Leistungsprogramms (Simon H. 1988). Sie können, je nach Konkurrenzlage, Stärken oder Schwächen gegenüber dritten Unternehmen darstellen.

Wettbewerbsstrategien bestehen aus Kombinationen von Zielen, die Unternehmen verfolgen, den dabei eingesetzten Mitteln und ihrer Verknüpfung in Zeit und Raum. Die

---

U. Blum (✉)
Martin Luther Universität Halle-Wittenberg;
Center für Ökonomik der Werkstoffe, Halle, Deutschland
E-Mail: ulrich.blum@wiwi.uni-halle.de; ulrich.blum@imws.fraunhofer.de
URL: http://wipofo.wiwi.uni-halle.de; http://www.materials-economics.de

C. Henckel
Halle, Deutschland
E-Mail: christiane.henckel@gmx.de

M. Schmid
Halle, Deutschland
E-Mail: marc.schmid@wiwi.uni-halle.de

W. Gleißner
Dresden, Deutschland
E-Mail: w.gleissner@futurevalue.de

© Springer Fachmedien Wiesbaden GmbH, ein Teil von Springer Nature 2018
U. Blum et al. (Hrsg.), *Vade Mecum für Unternehmenskäufe*,
https://doi.org/10.1007/978-3-658-20755-7_8

Existenz einer Wettbewerbsstrategie ist Voraussetzung einer effektiven und effizienten Unternehmensführung. Sie stellt damit die Weichen zwischen Erfolg und Misserfolg (Plötner 2012; Porter 2008, 2010).

Ziel einer Wettbewerbsstrategie ist es, gewinnbringende Positionen zu stärken und Verlust bringende zu sanieren oder abzustoßen *(fix it or sell it)*. Das macht es erforderlich, die wettbewerbsbestimmenden Kräfte innerhalb der Branche zu identifizieren, zu analysieren und zu bewerten. Dabei ist der Wettbewerbsvorteil grundsätzlich relativ zu den Wettbewerbern – im Sinne eines Kräftevergleichs – zu ermitteln. Wesentliche Felder der Analyse sind die Bereiche Forschung und Entwicklung einschließlich Entwurf, die Fertigung, das Marketing, die Auslieferung und die Unterstützung des Produkts.

Bei der konkreten Formulierung von Wettbewerbsstrategien müssen vier entscheidende Faktoren berücksichtigt werden, die den Handlungsspielraum des Unternehmens gestalten bzw. begrenzen, s. Abb. 8.1.

Stärken *(Strengths)* und Schwächen *(Weaknesses)* sowie Möglichkeiten *(Opportunities)* und Gefahren *(Threats)* im Kontext der Strategiefindung können mittels einer SWOT-Analyse erfolgen (Porter 2008). Die SWOT-Analyse ist eine häufig im strategischen Management und Marketing angewendete systematische Situationsanalyse, die strategische Unternehmensentscheidungen erleichtert (Pelz 2004). Sie kombiniert eine Analyse der unternehmensexternen Chancen und Bedrohungen sowie der unternehmensinternen Stärken und Schwächen, und stellt diese einander gegenüber (Homburg und Krohmer 2009). Eine exemplarische SWOT-Matrix ist in Abb. 8.2 dargestellt.

Aus der damit abgesicherten langfristigen Strategie folgt dann die praktische Ausgestaltung in der mittelfristigen Taktik als zweite Ebene und schließlich in kurzfristigen Operationen als der dritten Ebene der (Unternehmens-)Führung. In diesem Kontext ist es auch sinnvoll, die Kernkompetenzen des Konkurrenten zu analysieren und Schwachstellen zu ermitteln (Blum 2013; Bruhn 2012; Homburg 2000; Kotler et al. 2011; Scharf et al. 2009; Scheuch 2007).

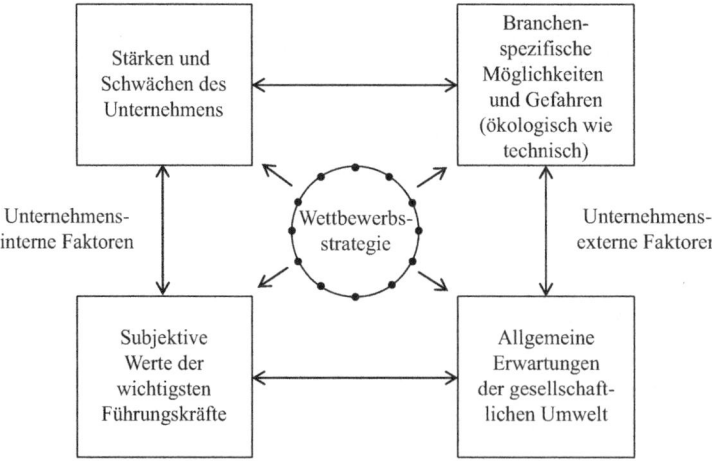

Abb. 8.1 Der Kontext der Formulierung von Wettbewerbsstrategien. (Quelle: Eigene Darstellung nach Porter 2008)

	Stärken (Strengths)	Schwächen (Weaknesses)
Unternehmensinterne Faktoren / **Unternehmensexterne Faktoren**		
Chancen (Opportunities)	Stärken – Chancen (Sind Stärken vorhanden, um entsprechende Chance zu nutzen?)	Schwächen – Chancen (Welche Chancen sind aufgrund von Schwächen nicht nutzbar?)
Bedrohungen (Threats)	Stärken – Bedrohungen (Sind Stärken vorhanden, um mögliche Bedrohungen abzuwenden?)	Schwächen – Bedrohungen (Sind Schwächen vorhanden, die Bedrohungen verursachen?)

Abb. 8.2 Exemplarische SWOT-Matrix. (Quelle: Eigene Darstellung)

Zu den unternehmensexternen Faktoren zählen z. B. Branchenwachstum, Kundenstrukturen, Konkurrenzverhältnisse, verwendete Technologien sowie politische und rechtliche Rahmenbedingungen. Die relevanten unternehmensinternen Faktoren umfassen vorhandene Kernkompetenzen, Produktionskapazitäten, Vertriebswege, Personal und die Finanzlage des Unternehmens (Meffert et al. 2012). Die SWOT-Analyse hat die Aufgabe, „[…] das Entscheidungsfeld des strategischen Planers einzuengen". So kann beispielsweise herausgefunden werden, ob bestimmte Chancen am Markt nicht ausgeschöpft werden können, weil sie nicht mit dem Ressourcen- und Kompetenzprofil des Unternehmens vereinbar sind (Meffert et al. 2012).

8.1.2 Modelle und Theorien

Wettbewerb wird definiert als das Zusammenspiel aus *Innovation* – also „neuen Kombinationen" im Sinne von Schumpeter (1912) – und *Transfer* – also dem Übergang von Marktanteilen von den „Unterlassern" zu den „Unternehmern". Wettbewerb wirkt direkt auf die Wettbewerbsintensität, also die Geschwindigkeit, mit der Vorsprungsgewinne erodieren. Ziel der Unternehmen ist es, diese Geschwindigkeit zu verlangsamen und Innovationsrenditen abzuschöpfen. Ziel des Staats ist es, dies hinlänglich lang zu ermöglichen, damit sich Innovation lohnt, aber die Zeit zu begrenzen, um effiziente Märkte durch die Konkurrenz der Nachahmer und ggf. auf die Patente aufbauende Nachfolgeinnovationen zu ermöglichen. Deshalb sieht Kantzenbach (1966) Marktunvollkommenheiten, insbesondere in Gestalt von weiten Oligopolen mit begrenzter Produktvielfalt, durchaus positiv. Sie können aber für KMU eine Markteintrittsbarriere bzw. ein Wachstumshemmnis darstellen.

Oft wird unterstellt, dass eine Kausalität zwischen Marktstruktur *(Structure)*, Marktverhalten *(Conduct)* und dem Marktergebnis *(Performance)* existiert, die maßgeblich von den Wettbewerbsfaktoren beeinflusst wird. Die Grundidee dieses SCP-Ansatzes lautet, dass sich die wesentlichen Marktergebnisse kausal aus dem Markverhalten, und dieses wiederum aus der Marktstruktur ergibt.

Jedes Unternehmen versucht seine Differentialrente zu erhöhen, also den Profit, der über dem Normalgewinn liegt (Der Normalgewinn ergäbe sich aus einer alternativen Verwendung der Ressourcen). Hierzu muss es sein eigenes Wettbewerbsumfeld und damit einhergehend die entsprechenden Wettbewerbsfaktoren, die auf das Umfeld einwirken, analysieren. Ein theoretisches Grundkonzept liefert dazu Porter (1998), der eine Reihe von Wettbewerbsfaktoren identifiziert:

- Bedrohung durch eventuelle neue Konkurrenten,
- Bedrohung durch Substitute (andere Produkte, die denselben Zweck erfüllen),
- Verhandlungsstärke von Lieferanten,
- Verhandlungsmacht der Kunden.

Diese Wettbewerbsfaktoren bzw. Wettbewerbskräfte werden in Abschn. 8.3 nochmal aufgegriffen und detailliert erläutert.

Entlang der Beschaffungskette muss sich das Unternehmen mit der Frage des *make or buy* auseinandersetzen, ob es also Zulieferer aufkaufen (bzw. entsprechende Leistungen durch Erweiterung des eigenen Unternehmens erbringen) oder aber am Markt beschaffen soll. Diese vertikale Integration und damit einhergehend die Fertigungstiefe eines Unternehmens ist abhängig davon, ob es wirtschaftlicher ist, eine Leistung selbst zu erbringen oder zu kaufen. Maßstab sind die Transaktionskosten, die unter Bedingungen der Marktmacht ergänzt werden durch Einsparungen infolge des Fortfalls der doppelten Marginalisierung, also der preiserhöhenden Wirkung von Marktmacht auf jeder Stufe.

Zentrales Ziel eines Unternehmens oder eines Geschäftsfeldes ist es, dem Wettbewerb zu entkommen, d. h. einen eigenen monopolistischen Bereich aufzubauen und sich eine Differentialrente zu sichern, also nicht in wettbewerbsverseuchten Gewässern sondern im offenen Meer zu segeln. Drei bewährte Strategien kristallisieren sich dabei heraus, die die Abwehrmöglichkeiten des Unternehmens mittels einer angemessenen strategischen und operativen Positionierung zu stärken: Die umfassende Kostenführerschaft, die Differenzierung und die Konzentration auf Schwerpunkte (siehe hierzu Abb. 8.3). Die beiden letztgenannten Punkte betonen die Bedeutung der monopolistischen Konkurrenz – also eines Wettbewerbs an den Rändern des Markts; ob geographisch, in Bezug auf das Sortiment, den Geschmack oder andere Qualitäten – sowie eines Bereiches mit hohem akquisitorischen Potenzial, bei dem Kundentreue herrscht und damit Preisspielräume bestehen, welche die besagte Differentialrente ermöglichen.

Eine umfassende Kostenführerschaft wird gesichert durch

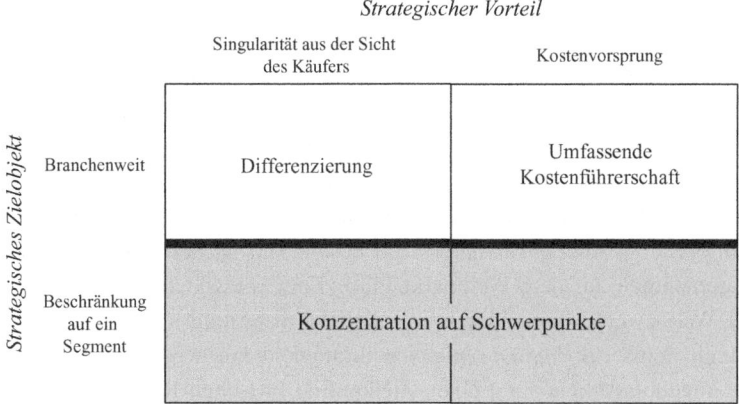

Abb. 8.3 Drei Strategien. (Quelle: Eigene Darstellung in Anlehnung an Porter 2008)

- überragende Technologien und das Ausnutzen von externen Ökonomien,
- ein hohes Qualitätsniveau, das Reklamationen und Nacharbeiten verhindert,
- massive Investitionen, um Dritte vom Markteintritt abzuschrecken,
- niedrige Kosten, die vor mächtigen Lieferanten schützen, da sie größere Flexibilität bei Kostensteigerungen der Inputs erlauben.

Kostenführer verkaufen i. d. R. keine Luxus- sondern Standardprodukte und messen der Ausnutzung größenbedingter oder absoluter Kostenvorteile aus sämtlichen Quellen erheblichen Stellenwert bei (Blum et al. 2006; Homburg 2000; Plötner 2012; Porter 2008, 2010).

Bei einer Differenzierungsstrategie muss sich ein Produkt oder eine Leistung deutlich von den Wettbewerbern abheben. Eine gezielte Differenzierung wird durch eine Ware, eine Dienstleistung oder ein Recht gesichert, welches das Unternehmen anbietet und womit es etwas erzeugt, was in der ganzen Branche als einzigartig angesehen wird. Ansätze zur Differenzierung können viele Formen annehmen, z. B. Design oder Markenname, Technologie, werbewirksame Aufhänger, Kundendienst oder ein Händlernetz. Weiterhin kann sich die Differenzierung neben dem Gut selbst auch auf ergänzende Leistungen beziehen, bspw. das Auslieferungssystem oder die Marketingmethoden, und auf einer Reihe weiterer Faktoren beruhen. Voraussetzung dafür ist es, ein Produkt oder eine Leistung anzubieten, die sich deutlich vom Produkt der Wettbewerber abhebt, wobei sich das Unternehmen im Idealfall auf mehreren Ebenen differenziert. Ziel ist es, eine überlebensfähige Strategie mit überdurchschnittlichen Erträgen zu erreichen, um eine gefestigte Position in der Auseinandersetzung mit den fünf Wettbewerbskräften zu erzeugen – allerdings auf andere Art als Kostenführerschaft. Die Differenzierungsstrategie erlaubt es dem Unternehmen zwar auch nicht, die Kostenseite komplett zu ignorieren, nur sind Kosten nicht primäres strategisches Ziel (Blum et al. 2006; Homburg 2000; Kotler et al. 2011; Plötner 2012; Porter 2008, 2010).

Im Rahmen einer Konzentration auf Schwerpunkte, also auf Marktnischen in geographisch oder sachlich abgegrenzten Märkten, kann bei Konsumgütern eine Luxusstrategie verfolgt werden bzw. – gleichwertig – eine Strategie der *hidden champions* im Investitionsgüterbereich. Das Unternehmen gewinnt hierdurch entweder einen Kostenvorsprung in Bezug auf seine Zielkunden, einen hohen Differenzierungsgrad oder beides zusammen. Grundlegende Überlegung ist dabei, dass das Unternehmen sein engbegrenztes strategisches Ziel wirkungsvoller oder effizienter erreichen kann als seine Konkurrenten, die ein breiteres Angebot beliefern. Im besten Fall ist bei handelbaren Gütern nur für ein Unternehmen auf dem Weltmarkt Platz. Entscheidend für den Erfolg ist es, auf potenzielle Wettbewerber zu achten bzw. mögliche Substitute im Auge zu behalten. Die Luxusstrategie bzw. die *hidden-champion*-Strategie kann wegen der möglicherweise sinnvollen Angebotsverknappung einen Zielkonflikt zwischen Rentabilität und maximalem Umsatz erzeugen (Blum et al. 2006; Plötner 2012; Porter 2008, 2010). Diese Fragestellungen werden im Rahmen der Betrachtung kritischer Ressourcen und Technologien in Abschn. 7.2 erneut aufgegriffen.

Diese drei Grundstrategien können durch zusätzliche Elemente ergänzt werden: *Outpacing*-Strategie oder Nutzen der *long tails*. Erstere setzt darauf, Innovationsvorsprünge zu generieren und diese durch Skalen- und Verbundvorteile kostenseitig abzusichern – so sind extrem wettbewerbsorientierte Preise möglich. Damit verbunden ist häufig das Streben nach industrieller oder technologischer Führerschaft – also der Fähigkeit, Technologie- bzw. Produktlebenszyklus zu bestimmen. Das Nutzen der *long tails* zum Bedienen der Nachfrage in einer hochkonzentrierten Nische bedeutet, dass moderne Kommunikationssysteme, insbesondere das Internet, gestatten, eine hinreichende Nachfrage zu bündeln, um einen entsprechenden Markt zu erschließen (Blum et al. 2006; Plötner 2012).

8.1.3 Folgen für die Wachstumsstrategie

Ein Unternehmen muss seine strategische Aufstellung und die der Konkurrenten kennen, also eine sorgfältige Sachverhaltsaufklärung der eigenen Stärken und Schwächen und die seiner Konkurrenten durchführen. Diese beinhaltet insbesondere das Identifizieren der eigenen relevanten Wettbewerbsfaktoren und ihren Vergleich mit denen der Konkurrenz. Eine SWOT-Analyse kann dabei hilfreich sein. Auf den Beschaffungsmärkten ist zwischen *make or buy* zu entscheiden, was im Rahmen einer Transaktionskostenanalyse durchgeführt werden kann.

Grundsätzlich muss das Unternehmen wissen, in welchem Wettbewerb es sich befindet und welche Märkte im Sinne einer räumlichen, sachlichen und zeitlichen Abgrenzung vorliegen. Die Kriterien zur Charakterisierung des relevanten Marktes sind in Abb. 8.4 dargestellt.

Auf der strategischen Ebene des Handelns, also bei der Wahl der „richtigen" Wettbewerbsstrategie ist daher zunächst der relevante Markt abzugrenzen und danach zu entscheiden, welche der Wettbewerbsstrategien sinnvoll zu wählen sind.

8 Der Wettbewerb

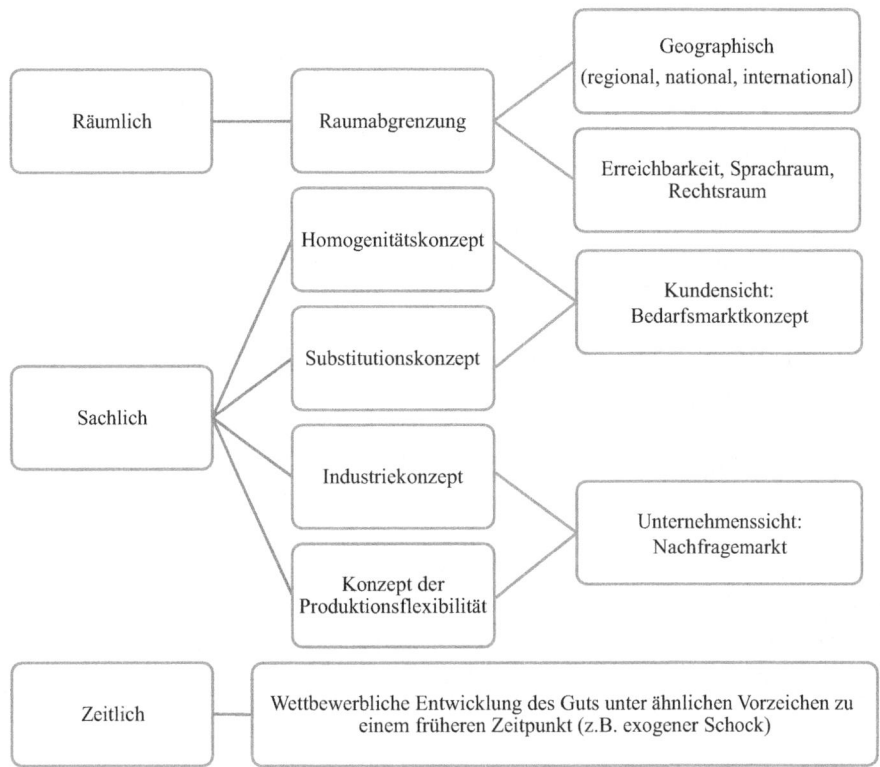

Abb. 8.4 Charakterisierung des relevanten Marktes. (Quelle: Eigene Darstellung nach Blum et al. 2006)

Je nach gewählter Strategie ergeben sich unterschiedliche Operationspläne und Taktiken:

- Kostenführer sind meist in Massenmärkten tätig. Ihre größte Herausforderung sind andere Unternehmen mit ähnlichen Kompetenzen.
- In Nischen oder bei Schwerpunkten ist darauf zu achten, dass keine guerillaähnlichen Attacken gegen das Unternehmen stattfinden – oft mit staatlicher Unterstützung des entsprechenden Sitzlandes der gegnerischen Firma im Rahmen der internationalen Konkurrenz. Hier ist es besonders gefährlich, wenn Kernkompetenzen ausgespäht oder sich daraus ergebende Schwachstellen ausgenutzt werden.

Notwendig ist es, sich Klarheit zu verschaffen über die strategische Positionierung der Wettbewerber und des eigenen Unternehmens – und zwar im Status quo und in der Zukunft, speziell auch für die „Build"-Strategie. Immer gilt es, taktisch klug zu handeln – den Gegner bzw. Konkurrenten zu überraschen, aber auch auf Überraschungen eingestellt zu sein. Man kann den Gegner auch durch Gewöhnung an regelmäßige

Preisoffensiven einschläfern, damit er bei anderen Vorstößen, z. B. einer Übernahme des strategischen Lieferanten, endgültig aus dem relevantem Markt verdrängt werden kann. Schließlich sind verbundene Operationen von hohem Interesse, beispielsweise eine Preisoffensive, die den Marktwert des Konkurrenten senkt, sodass dieser dann aufgekauft werden kann (Blum et al. 2006; Blum 2015).

8.2 Strategiedimensionen, Strategisches Fitting und strategische Repositionierung

8.2.1 Strukturierte Beschreibung einer Strategie: Strategiedimensionen

8.2.1.1 Grundlagen

Mit der Methodik der strategischen Positionierung anhand vordefinierter „Strategiedimensionen" soll ein Instrument vorgestellt werden, das eine strukturierte Beschreibung der Unternehmensstrategie unterstützt (Gleißner W. 2004, 2008). Es erweitert die einfache Strategiestruktur von Porter (vgl. Abschn. 8.1) und erlaubt es, die Änderungen der Positionierung durch eine „Build"-Strategie zu zeigen. Insbesondere wird es mit diesem Hilfsmittel möglich,

- denkbare Gestaltungsvarianten der Strategie aufzuzeigen,
- geplante oder realisierte Veränderungen der strategischen Positionierung zu verdeutlichen und
- die Strategie des eigenen Unternehmens mit derjenigen von Wettbewerbern zu vergleichen.

Die hier vorgetragenen Argumentationen sind stark von Vorstellungen abgeleitet, die sich in Großunternehmen entwickelt haben. Es zeigt sich aber, dass im Kontext der Globalisierung das Herausarbeiten klarer Strategien einschließlich der damit verbundenen externen und internen Unternehmenskommunikation zunehmende Bedeutung gewinnt, um die eigene Wettbewerbsfähigkeit zu erhalten bzw. auszubauen. Zudem ist es nur mit einer klaren Strategie möglich zu entscheiden, welche Unternehmen in den Fokus von Kaufstrategien gelangen sollen – und welche ggf. zu verkaufen sind, um darauf aufbauend die erforderlichen operativen und taktischen Maßnahmen zu treffen.

Durch klar definierte Strategiedimensionen kann der Vorstand, der die Strategie entwickelt, deren Kernaspekte dem Aufsichtsrat klar strukturiert als Entscheidungsvorschlag aufbereiten. Zudem wird der Aufsichtsrat bei seinen Überwachungsaufgaben unterstützt, weil Abweichungen zwischen geplanten und tatsächlich eingetretenen Veränderungen der strategischen Positionierung (ggf. operationalisiert durch geeignete Kennzahlen) transparent dargestellt werden. So kann gewährleistet werden, dass die strategische Ausrichtung des Unternehmens – wie im Deutschen Corporate

Governance Kodex gefordert – in Abstimmung von Vorstand und Aufsichtsrat vorgenommen wird.

Eine besondere Herausforderung bei der Weiterentwicklung der Unternehmensstrategie besteht darin, dass diese oft nur auf Plausibilität geprüft wird, ohne über mögliche Strategievarianten nachzudenken. Ein Instrument, das eine strukturierte Beschreibung der eigenen Unternehmensstrategie und einen Vergleich dieser Strategie mit alternativen Strategievarianten (auch derjenigen der Wettbewerber) ermöglicht, stellt die Methodik der „Strategiedimension" dar, auf die im Folgenden eingegangen wird (Gleißner W. 2008). Zunächst werden die 12 Dimensionen kurz umrissen, um im Anschluss auf die Frage einzugehen, für welche Alternative sich ein erfolgreiches Unternehmen jeweils entscheiden sollte.

8.2.1.2 Standardisierungsgrad

Aufgrund der erheblichen Unterschiede in den erforderlichen Kompetenzen ist es für Unternehmen meist sinnvoll, sich entweder auf das Anbieten standardisierter Produkte oder auf individuelle Problemlösungen zu konzentrieren. *Standardisierte Produkte* haben typischerweise den Vorteil niedrigerer Stückkosten, sie reduzieren aber andererseits die Möglichkeit, sich von den Wettbewerbern zu differenzieren. *Individuelle Problemlösungen* sind kundenspezifisch und oftmals auch nur durch einen intensiven Kundenkontakt zu realisieren. Auf der anderen Seite führen individuelle Lösungen zu einer relativ hohen Komplexität und bieten weniger Möglichkeiten, Größendegressions- und Erfahrungskurven-Effekte zu nutzen. Im Zuge von Digitalisierung und Industrie 4.0 verschwinden diese Nachteile allerdings zunehmend (vgl. Lucks 2017). Auch die Grenzen zwischen Standardisierung und Individualisierung sind mittlerweile fließend.

8.2.1.3 Innovationsorientierung

Innovatives Verhalten sollte Wettbewerbsvorteile durch Produktinnovationen oder Kostenvorteile durch Verfahrensinnovationen schaffen. Für diese Strategie sind technologische Kompetenzen nötig. Ein *imitatorisches* Verhalten geht dagegen von dem Grundprinzip aus, dass die Übernahme bewährter Technologien erfolgversprechender sei, weil so Risiken und Kosten reduziert werden können.

8.2.1.4 Kostenorientierung versus Qualitätsorientierung

Kostenorientierte Unternehmen versuchen, die günstigste Kostenposition zu erreichen. Diese kann entweder dazu genutzt werden, zugleich die günstigsten Preise am Markt zu erzielen (Preisführerschaft) oder – bei durchschnittlichem Verkaufspreisniveau – möglichst hohe Gewinnmargen zu realisieren. *Qualitätsorientierte Unternehmen* akzeptieren dagegen höhere Kosten, wenn dadurch eine überdurchschnittliche Qualität der eigenen Produkte erreicht werden kann. Sie gehen davon aus, dass sich eine überlegene, objektive Qualität letztlich auch in von Kunden wahrgenommenen Wettbewerbsvorteilen niederschlägt und verschaffen sich über objektive technische Vorteile größeren Spielraum für eine Produktdifferenzierung.

8.2.1.5 Konzentration versus Diversifikation

Konzentration bedeutet, dass sich Unternehmen auf ein sehr enges Leistungsspektrum beschränken und sich auf eher wenige Kunden und Lieferanten festlegen. Oft wird unterstellt, dass erst der massive Einsatz von bestimmten Ressourcen für ausgewählte Aktivitäten einen Erfolg ermöglicht. Dabei wird großer Wert auf den Nutzen und die Realisierung von Lern- und Erfahrungskurveneffekten sowie Größendegressionsvorteilen gelegt, von denen man sich eine Reduzierung der Stückkosten erwartet. Eine starke Konzentration auf ein relativ enges Tätigkeitsfeld birgt aber häufig relativ große Risiken, weil der Erfolg des Unternehmens ausschließlich von dieser Aktivität abhängt.

Diversifizierte Unternehmen haben hingegen ein breites Leistungsangebot. Sie bedienen eine Vielzahl von Marktsegmenten, was auf der Absatzseite einen risikomindernden Effekt mit sich bringt. Grundprinzipien dieser Unternehmen sind die gezielte Nutzung von Synergieeffekten zwischen den einzelnen Aktivitäten sowie das Nutzen von *cross-selling*-Potenzialen. Das breite Spektrum erlaubt es, dem in vielen Märkten erkennbaren Trend zu differenzierten, individuellen Kundenbedürfnissen gerecht zu werden. Anstelle der Größenvorteile wird auf eine Realisierung der Verbundvorteile Wert gelegt.

8.2.1.6 Wettbewerbsverhalten

Unternehmen mit einer *defensiven* Wettbewerbsstrategie orientieren sich in ihrem Verhalten im Wesentlichen an erfolgreichen Wettbewerbern. Sie streben nach einer friedlichen Koexistenz mit der Konkurrenz.

Dagegen sind Unternehmen mit einem *offensiven Wettbewerbsverhalten* wesentlich proaktiver ausgerichtet. Typisch für ein solches Wettbewerbsverhalten ist das Streben nach dem Ausbau eigener Marktanteile, beispielsweise durch eine massive Erhöhung der Absatzmenge in Verbindung mit deutlichen Preissenkungen.

8.2.1.7 Preisorientierung

Preisorientierte Unternehmensstrategien gehen von der Annahme aus, dass der Preis das wichtigste Kaufkriterium der Kunden sei. In der Regel werden Unternehmen, die Preisführer sind, zugleich eine Kostenführerposition anstreben. Die preisorientierten Strategien sind – insbesondere bei preiselastischer Nachfrage – eine dominante Wettbewerbsstrategie.

Die *nutzenorientierten* Wettbewerbsstrategien zielen auf eine Differenzierung bei den eigenen Produkten bzw. Dienstleistungen. Das Ziel der Maximierung des Kundennutzens wird durch eine Produktdifferenzierung über Produkteigenschaften, Service, Marke und/oder (emotionale) persönliche Beziehungen verfolgt. Dabei sollen die Kundenbedürfnisse möglichst präzise erkannt und Zusatzleistungen angeboten werden, um einen Preiswettbewerb zu vermeiden.

8.2.1.8 Vertriebsorientierung versus Produktorientierung

Vertriebsorientierte Strategien gehen davon aus, dass ein leistungsstarker, kundenorientierter Vertrieb ein wichtiger Erfolgsfaktor ist. Sie zielen auf eine Steigerung sowohl der

Vertriebskapazität als auch der Anzahl der Kontakte zu potenziellen Kunden. Vorteilhaft bei dieser Art von Wettbewerbsstrategien ist, dass die Vertriebsstärke sehr flexibel für unterschiedliche Produkte genutzt werden kann.

Im Gegensatz zu den vertriebsorientierten Strategien gehen *produktorientierte* Strategien davon aus, dass Markterfolg bei einem überlegenen Produkt langfristig fast zwangsläufig ist. Primäres Ziel dieser Unternehmen ist daher die Entwicklung (qualitativ) überlegener Produkte und Leistungen. Tatsächlich zeigen empirische Untersuchungen, dass außergewöhnliche Erfolge von Unternehmen sehr oft auf die Verfügbarkeit belegbar besserer Produkte zurückzuführen sind. Andererseits führen gute Produkte nicht automatisch zum Markterfolg, wenn sie potenziellen Kunden nicht bekannt sind oder ihnen nicht aktiv angeboten werden.

8.2.1.9 Strategische Stoßrichtung (Werttreiber)
Wachstumsorientierte Unternehmen verfolgen als primäres Ziel das Umsatzwachstum. Grundsätzlich ist Wachstum der stärkste Werttreiber und ohne Wachstum ist eine außergewöhnliche Steigerung des Unternehmenswerts fast nie zu realisieren.

Konsolidierungsstrategien gehen grundsätzlich davon aus, dass die Ertragskraft wichtiger als die Unternehmensgröße ist. Primäres Ziel ist es, die Kapitalrendite durch eine Verbesserung der operativen Marge und/oder des Kapitalumschlags zu steigern. Die Verbesserung der Ertragsstärke und der Eigenkapitalquote im Rahmen der Konsolidierung führt zu einer Verbesserung des Ratings und generiert so oft erst die notwendigen Voraussetzungen für zukünftiges Wachstum.

8.2.1.10 Risiko-Rendite-Profil und Rating
Oft wird die Entscheidung über ein angemessenes *Rendite-Risiko-Profil* durch die Risikopräferenzen der Unternehmensführung und der Eigentümer bestimmt.

Ziel *risikoorientierter* Strategien ist die Reduzierung von Risiko- und Kapitalkosten – und damit eng verbunden die Verbesserung des Ratings und letztlich des Überlebens. Vorteilhaft bei dieser strategischen Ausrichtung sind die damit erreichte hohe Kreditwürdigkeit und die damit einhergehenden relativ niedrigen Finanzierungskosten, die Attraktivität für (oft risikoaverse) Mitarbeiter sowie der meist sehr bewusste Umgang mit Risiken (gezieltes Risikomanagement). Ausgeprägt risikoorientierte Unternehmensstrategien lassen jedoch auf der anderen Seite häufig auch Chancen ungenutzt und vernachlässigen rentabilitätsbedingte Wertsteigerungspotenziale.

Rentabilitätsorientierte Unternehmensstrategien gehen davon aus, dass hohe Rentabilität auch (ggf. beliebig) hohe Risiken rechtfertigt. Andererseits gibt es bei derartigen Strategien oft Probleme beim Rating durch Banken – und damit relativ hohe Fremdkapitalkosten.

8.2.1.11 Die Ressourcen der Wertschöpfungskette
Spezialisierte Ressourcen bringen beim Einsatz eine hohe Leistungsfähigkeit. Sie können aber nur schwer für andere Verwendungszwecke genutzt werden. Sie sind daher nur

vorteilhaft, wenn man von relativ stabilen Umfeldbedingungen ausgehen kann. Umgekehrt weisen *universell nutzbare Ressourcen* eine hohe Flexibilität auf und können bei vielen Aktivitäten eingesetzt werden. Stark veränderliche, dynamische Umfeldbedingungen sprechen eher für ihren Einsatz.

8.2.1.12 Flexibilitätsgrad

Wertschöpfungsstrategien mit einer *starren Auslastung* gehen vom Grundprinzip aus, dass sämtliche Leistungspotenziale (Kapazitäten) des Unternehmens möglichst ständig voll ausgelastet sein sollen. Dies erfordert meist sehr genau geplante Abläufe, ist aber aufgrund von Fixkosten- und Degressionsvorteilen kostengünstig. Bei der strategischen Ausrichtung auf eine *flexible Auslastung* werden dagegen auch Überkapazitäten in Kauf genommen, um eine erhöhte Flexibilität gegenüber sich abzeichnenden Marktchancen zu erhalten. Dies erfordert eine eher grobe Zuordnung von Ressourcen in Rahmenplänen, deren konkreter Einsatz kurzfristig und situationsspezifisch festgelegt wird. Der Trend geht im Zuge der Industrie 4.0 hin zu flexibler Auslastung, die es mit neuen Tools erlaubt, sehr genau und in Echtzeit zu planen, sodass Überkapazitäten abnehmen.

8.2.1.13 Wertschöpfungstiefe

Eine strategische Ausrichtung der Wertschöpfungskette auf *Autarkie* ist verbunden mit der Abdeckung einer Vielzahl von Aktivitäten entlang der Wertschöpfungskette und damit einer tendenziell hohen Fertigungstiefe. Ziel ist es, Synergien entlang der Wertschöpfungskette zu nutzen, Schnittstellen möglichst optimal zu gestalten und Abhängigkeiten von Lieferanten zu verhindern. Ein weiteres Ziel kann in der Geheimhaltung von strategischem Wissen liegen, also von Kernkompetenzen, die für das Unternehmen überlebensnotwendig sind. Nachteilig bei dieser strategischen Ausrichtung sind jedoch die hohen Fixkosten, die das Risiko steigern, und die Gefahr, sich zu „verzetteln", d. h., auch Aktivitäten wahrzunehmen, die nicht durch die eigenen Kernkompetenzen abgedeckt sind.

Bei der Strategie eines *Wertschöpfungsverbunds* werden dagegen relativ kleine Teile der Wertschöpfungskette selbst übernommen, die optimal durch die eigenen Kernkompetenzen abgedeckt sind. Daraus ergeben sich tendenziell eine geringe Fertigungstiefe und eine hohe Anzahl von zugekauften Produkten und Dienstleistungen. Entscheidend für derartige Unternehmen sind daher eine hohe Netzwerkkompetenz (die beispielsweise auch beim Outsourcing wichtig ist), die Kenntnis der Lieferantenmärkte und die Fähigkeit, unterschiedliche Unternehmen in einem Leistungserstellungsprozess zu koordinieren. Außerdem besteht die Gefahr, dass Abhängigkeiten von Schlüssellieferanten entstehen.

Abb. 8.5 bietet eine Übersicht über die 14 Dimensionen der Unternehmensstrategie.

8 Der Wettbewerb

Strategiedimension	Bedeutung	Individuelle Ausprägung			Handlung
Beispiel	○ ○ ○	⊢——┼——┼——⊣			○ ◎ ●
Kernkompetenzen					
Standardisierungsgrad	○ ○ ○	Standardisierung	⊢——┼——┼——⊣	Individualität	○ ◎ ●
Innovationsorientierung	○ ○ ○	Imitation	⊢——┼——┼——⊣	Innovation	○ ◎ ●
Kostenorientierung	○ ○ ○	Kostenorientierung	⊢——┼——┼——⊣	Qualitätsorientierung	○ ◎ ●
Strategische/operative Kompetenz		Strategische Kompetenz	⊢——┼——┼——⊣	Operative Kompetenz	○ ◎ ●
Strategische Stoßrichtung					
Wachstumsorientierung	○ ○ ○	Wachstum	⊢——┼——┼——⊣	Konsolidierung	○ ◎ ●
Risiko-Rendite-Profil	○ ○ ○	Risikovermindernd	⊢——┼——┼——⊣	Renditesteigernd	○ ◎ ●
Shareholder/Stakeholder	○ ○ ○	Shareholder	⊢——┼——┼——⊣	Stakeholder	○ ◎ ●
Geschäftsfelder/ Wettbewerbsvorteile					
Leistungsbreite	○ ○ ○	Konzentration	⊢——┼——┼——⊣	Diversifikation	○ ◎ ●
Wettbewerbsverhalten	○ ○ ○	Defensiv	⊢——┼——┼——⊣	Offensiv	○ ◎ ●
Preisorientierung	○ ○ ○	Preisführerschaft	⊢——┼——┼——⊣	Differenzierung	○ ◎ ●
Vertrieb-/Produktorientierung		Vertriebsorientierung	⊢——┼——┼——⊣	Produktorientierung	○ ◎ ●
Wertschöpfungskette					
Spezialisierungsgrad	○ ○ ○	Spezialisierte Ressourcen	⊢——┼——┼——⊣	Universelle Ressourcen	○ ◎ ●
Flexibilitätsgrad	○ ○ ○	Starre Auslastung	⊢——┼——┼——⊣	Flexible Auslastung	○ ◎ ●
Wertschöpfungstiefe	○ ○ ○	Wertschöpfungsautarkie	⊢——┼——┼——⊣	Wertschöpfungsverbund	○ ◎ ●

Mit 14 Dimensionen Ihre Unternehmensstrategie transparent darstellen! FutureValue Group AG
1. Bestimmung der Bedeutung der 14 Dimensionen für den Erfolg Ihres Unternehmens (gering/mittel/hoch)
2. Strategische Dimension – Markieren Sie den Startpunkt (heutige Positionierung) und das Strategieziel
3. Handlung: weiß: kein Handlungsbedarf   grau: latenter Handlungsbedarf   schwarz: sofortiger Handlungsbedarf

Abb. 8.5 Mit 14 Dimensionen die Unternehmensstrategie transparent darstellen. (Quelle: Eigene Darstellung nach Gleißner 2008)

8.2.1.14 Erfolgreiche strategische Positionierung

Bisher wurde nur ausgeführt, welche Fragen eine Unternehmensstrategie beantworten muss. Was sind aber die richtigen Antworten? Hierfür gibt es kein Patentrezept, wenngleich einige allgemeine strategische Grundsätze aus der empirischen Erfolgsfaktorenforschung ableitbar sind. Besonders interessant sind revolutionäre strategische Veränderungen, die den Wert eines Unternehmens vervielfachen können (Gleißner 2004).

Unternehmensstrategien sollen helfen, alle Ressourcen und Aktivitäten des Unternehmens auf eine nachhaltige Erfolgssicherung auszurichten und eine Leitlinie für das Tagesgeschäft vorzugeben. Dabei sind die grundsätzlichen Inhalte einer Unternehmensstrategie bekannt: Sie muss Aussagen zu den grundsätzlichen Fähigkeiten (Kernkompetenzen) des Unternehmens, den aussichtsreichen Geschäftsfeldern, den für den Kunden erkennbaren Wettbewerbsvorteilen, der grundsätzlichen Gestaltung der Wertschöpfungskette (Arbeitsprozesse) sowie Aussagen über die strategische Stoßrichtung (Wachstum, Rentabilitätssteigerung, Risikoreduzierung) treffen. Um die richtigen Antworten und Inhalte für eine Strategie zu finden, können Orientierungsfragen zur

Strategieentwicklung helfen. Hamel (1996) schlägt folgende Ansatzpunkte für revolutionäre Veränderungen von Unternehmensstrategien, also für die Neudefinition von Geschäftslogiken, vor:

1. Die massive Verbesserung des Preis-Leistungs-Verhältnisses der Produkte.
2. Das separate Betrachten der gewünschten Funktion und des bisher dafür genutzten Mediums.
3. Das Schaffen von Vergnügen an der Nutzung der Produkte.
4. Das Erweitern des Einsatzspektrums eines Produktes durch eine größere Universalität.
5. Die kundenspezifische Individualisierung von Produkten.
6. Die Erweiterung der zeitlichen und örtlichen Verfügbarkeit von Produkten.
7. Die Konzentration in der Branche zur Nutzung von Größendegressions- und Verbundvorteilen.
8. Das Eliminieren ganzer Abschnitte der Wertschöpfungskette.
9. Das Verschmelzen der eigenen Branche mit „Nachbar-Branchen", die ähnliche Fähigkeiten erfordern.

Leider sind revolutionäre neue Strategien in der Praxis eher selten realisierbar. Oft bleiben nur das Abstellen erkannter Schwächen und das „strategische Fine-Tuning". Anhand welcher (qualitativer) Kriterien lässt sich zumindest eine Vorauswahl aussichtsreicher strategischer Handlungsalternativen bestimmen? Sicherlich sollten zumindest folgende Kriterien erfüllt sein:

- Das Unternehmen muss über die erforderlichen Ressourcen für die Durchführung der Strategie verfügen (potenzielle Restriktionen/Friktionen in der Umsetzung).
- Die Strategie muss geeignet sein, Erfolgspotenziale aufzubauen, die in der jeweiligen Umfeldsituation wichtig sind *(strategisches Fitting)*.
- Die Strategie muss durch die abgeschätzten Wirkungen auf Risiko, Rentabilität und Umsatzwachstum belegbar zu einer Steigerung des Unternehmenswerts führen (plausibles Wertsteigerungspotenzial).

Außerdem sollte berücksichtigt werden, dass eine Strategie nur dann erfolgreich sein kann, wenn sie auch zur Umsetzung bzw. Anwendung kommt. Die Umsetzungskraft des Unternehmens – und hier vor allem die der maßgeblichen Führungs- und Entscheidungsträger *(kulturelles Fitting)* – ist daher für den Erfolg wesentlich.

Offensichtlich steht (9) in starkem Bezug zu einer „Build"-Strategie, das Vertiefen der Wertschöpfungskette unter (8) hingegen im Widerspruch zu ihr. Allerdings löst sich dieser Widerspruch unter den Bedingungen eines effizienten Managements intellektueller Eigentumsrechte auf (falls diese nicht durch Schutzrechte abzusichern sind), weshalb eine verstärkte vertikale Integration naheliegt. Zugleich kann die Vertiefung der Wertschöpfung durch Kauf von Lieferanten auch eine effiziente Strategie darstellen, durch

Sichern strategischer Inputs und eine Lenkung auf das eigene Unternehmen die Wettbewerbsposition im Sinne von (1) und (7) zu nutzen. Die empirische Forschung belegt zudem, dass innovative Unternehmen insbesondere dann eine höhere Wertschöpfung und Rendite erreichen, wenn sie durch ihre Größe leichter neue Märkte erschließen können („PIMS-Studie", siehe Buzzell und Gale 1989). Hat das eigene Unternehmen also durch Zukauf von Lieferanten oder Wettbewerbern erst einmal eine kritische Größe überschritten, wird der weitere Weg einfacher.

8.2.2 Modelle und Theorien

Das strategische Fitting sollte anhand eines Instruments erfolgen, um die Strategie systematisch und optimal auf Veränderungen der Umwelt anpassen zu können. Das FutureValue™ Konzept (s. Abb. 8.6) ist ein Beispiel für ein effizientes Instrument, welches insbesondere für klein- und mittelständische Unternehmen konzipiert ist. Das Ziel ist es, den Unternehmenswert nachhaltig zu steigern und den Bestand und das Rating des Unternehmens nur gering zu beeinflussen. Die Bestandteile des Konzepts sollen nun kurz erläutert werden.

Im ersten Modul, der Vision, muss das Management formulieren, was das zukünftige minimale Rating sein soll, davon ist abhängig wie hoch die einzugehenden Risiken sein können. Innerhalb dieses Rahmens müssen dann langfristige Perspektiven erarbeitet werden, welche den Unternehmenswert steigern. Die Geschäftslogik oder *Strategy Map* fasst

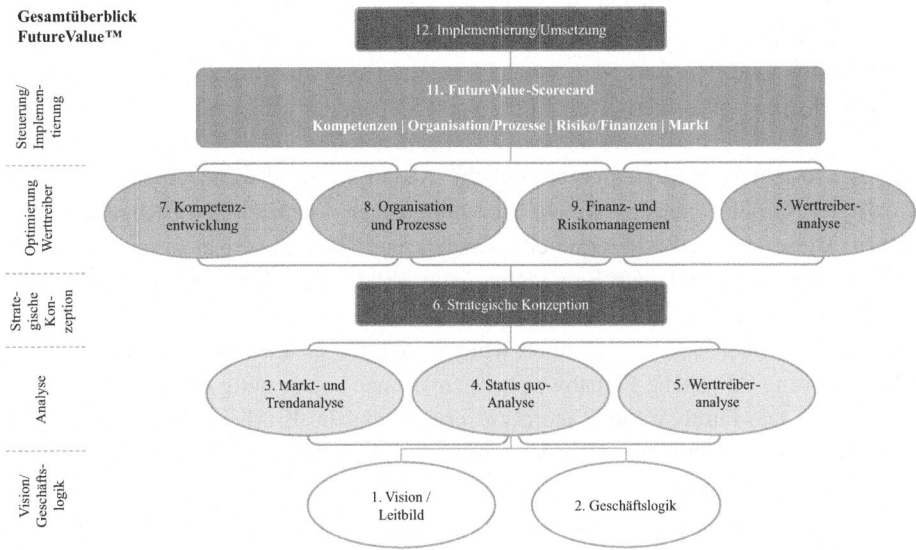

Abb. 8.6 Das Future Value™ Konzept. (Quelle: Eigene Darstellung nach Gleißner 2004)

die kausalen Zusammenhänge innerhalb des Unternehmens sowie zwischen dem Unternehmen und seiner Umwelt zusammen. Die Faktoren, welche den Unternehmenswert beeinflussen, stehen dabei im Mittelpunkt. Das so erarbeitete Modell wird die Grundlage der Scorecard. In der Markt- und Trendanalyse werden die Marktsegmente nach dem bekannten Modell nach Porter analysiert und es wird festgelegt, wo Wettbewerbsvorteile existieren oder generiert werden können. Anschließend an die Zukunftspotenziale erfolgt die Bestimmung der momentanen Stärken und Schwächen, verschiedene Ansätze wie der Benchmark-Ansatz oder die Portfolio- und Prozessanalyse sind hierbei geeignete Instrumente (siehe Abschn. 8.1). Im fünften Modul werden die maßgeblichen Werttreiber durch quantitative Zahlen des Controllings bestimmt und die Mindestanforderungen an das Rating gestellt (siehe auch Abschn. 4.2). Somit ergibt sich die strategische Konzeption, also eine Leitlinie, welche die zukünftige Entwicklung des Unternehmens vorgeben soll. Zuletzt gilt es die einzelnen Teile der Strategie zu überprüfen (Gleißner 2008): Wird ein Wettbewerbsvorteil aufgebaut? Werden Schwächen abgebaut? Werden Prozesse effizienter?

Um den Wert des Unternehmens zu erhöhen ist oft ein Ausbau der Kompetenz notwendig; die Abstimmung der strategischen Ziele und Kernkompetenzen ist dabei von besonderer Bedeutung. Im achten Modul wird darauf geachtet, dass der Aufbau des Unternehmens den strategischen Zielen entspricht, demnach müssen Anpassungen in der Organisationsstruktur anhand von Kosten-Nutzen-Kalkülen, der Qualität, dem Risiko und der Flexibilität berücksichtigt werden. Im neunten Modul wird das Gesamtrisiko eines Unternehmens identifiziert und bewertet (siehe Abschn. 4.3). Dies dient zur Ermittlung des nötigen Risikodeckungspotenzials (Eigenkapital und Liquiditätsreserven). Weiterhin ist für ein erfolgreiches strategisches Fitting eine Marketing- und Vertriebskonzeption zu nutzen, welche eine eindeutige Differenzierung von Produkt, Service und Marke gegenüber denen der Wettbewerber vornimmt (Modul zehn). Die Identifikation und Nutzung der Absatzpotenziale und die Befriedigung von Kundenbedürfnissen sollte hierbei im Mittelpunkt stehen. Im elften Modul wird nun die FutureValue™ Scorecard gebildet, welche kennzahlengestützt die operative Umsetzung der festgelegten Strategien ermöglicht. Als strategische Kennzahlen werden die wichtigsten Größen genutzt, welche die zukünftigen finanziellen Ergebnisse beeinflussen. Diese sind z. B. Marktanteil, Kundentreue (Wettbewerbsposition), Effizenz der Arbeitsprozesse und auch Entwicklung von Mitarbeiterkompetenzen. Somit ist der Vorteil der Scorecard die Fokussierung auf den Unternehmenswert, die Berücksichtigung von Risiken sowie die Einbeziehung zukünftiger Entwicklungen durch eine Frühaufklärung. Mögliche Planabweichungen können somit stetig evaluiert und beseitigt werden. Die FutureValue™ Scorecard ermöglicht die Erarbeitung und Evaluation einer Unternehmensstrategie aufbauend auf einer Status-quo-Analyse, sie bildet somit einen Controlling-Regelkreis (Gleißner 2008).

8.2.3 Folgen für die Wachstumsstrategie

Notwendig ist also eine nachvollziehbare Beschreibung der gesamten strategischen Positionierung, insbesondere der vorhandenen Kernkompetenzen, Geschäftsfelder und Wettbewerbsvorteile sowie die Beschreibung der Wertschöpfungskette. Eine derartige Beschreibung sollte vorliegen für das eigene Unternehmen und den Fusionspartner bzw. „Target" eines Akquisitionsprozesses. Dabei sollte aufgezeigt werden, wie sich durch das integrierte gemeinsame Unternehmen die strategische Positionierung verändern würde, und welche Vorteile sich daraus ergeben – insbesondere im Hinblick auf die wesentlichen „Werttreiber" (Ertragskraft, Risiko/Rating und Wachstum). Einzugehen ist dabei insbesondere auf die erwarteten Synergien und Risikodiversifikationseffekte, aber auch auf die Implikationen der Bezahlung eines Kaufpreises für den Werttreiber „Rating" (Insolvenzwahrscheinlichkeit).

8.3 Time to Market und Positionierung am Markt

8.3.1 Die Bedeutung der Geschwindigkeit der Markteinführung, der Positionierung und des Lebenszyklus

Die Globalisierung und damit die Zunahme der Anbieterkonkurrenz beschleunigen die Produktlebenszyklen. Insbesondere bei hohen versunkenen Kosten liegt es nahe, kurz vor dem Reinvestieren des Konkurrenten selbst zu investieren, um diesen abzuschrecken und Märkte zu übernehmen. Es wurde bereits verdeutlicht, dass insbesondere Zukunftstechnologien und Technologien, die nachhaltigen Wettbewerbsvorteil schaffen, als erfolgskritisch angesehen werden – meist „verbrauchen" sich diese schnell. Den Extremfall stellt ein elektronischer Chip dar, dessen technologische Verfallszeit sehr gering ist – im Gegensatz zum anderen Extrem, einem Diamanten (Greenstein 2004). Zu prüfen ist im Produktportfolio, inwieweit die eigenen Technologien zeitkritisch sind und wie lang der Lebenszyklus ist.

Die Nutzen und Kosten einer beschleunigten oder verzögerten Markteinführung sind jeweils abzuwägen. Sie hängen von den möglichen Wettbewerbsvorteilen infolge der rechtzeitigen Begrenzung von Markteintritten, den Vorteilen gegenüber späteren Imitatoren, der Möglichkeit der Positionierung der Technologie bzw. des Produkts ebenso ab wie von den Gefahren, die der Wettbewerb für das eigene Unternehmen darstellt, weil ein Stillhalten der Konkurrenz nicht immer zu erwarten ist und offensives Handeln als Kriegserklärung aufgefasst werden kann. Dies ist insbesondere für eine erfolgreiche Markenbildung bedeutsam.

8.3.2 Modelle und Theorien

1. *Market Leader, Market Follower, Market Challenger, Market Nicher* (Kotler et al. 2007)
   - Marktführer: Sie stehen ständig unter Druck durch Wettbewerber und müssen diese Position verteidigen; aus der Führerschaft ergibt sich eine große Angriffsfläche und Exponiertheit. Bei dominanten Unternehmen existieren offene Flanken auch gegenüber den Regulierungsbehörden. Insofern müssen diese Unternehmen vor allem mit sich selbst in den Wettbewerb treten, sich immer wieder neu erfinden.
   - Mitläufer: Statt eines Angriffs auf den Marktführer kann der Windschatten in Form von dessen Imitation deutlich erfolgsversprechender sein, da Investitionen und Forschung sowie die damit einhergehenden Risiken reduziert werden und gleichzeitig kein direkter Angriff durch Konkurrenten zu befürchten ist. Ökonomisch sind sie als STACKELBERG-Verfolger zu charakterisieren.
   - Herausforderer: Sie streben nach Marktführerschaft und zeichnen sich durch aggressives Streben gegen das dominante Unternehmen aus. Damit unterliegen sie der Gefahr, zu große Risiken einzugehen, da eine Herausforderer-Strategie meist hohe Investitionen bedeutet. Sie müssen vor allem offene Flanken im Portfolio des Konkurrenten finden, riskieren damit aber einen Multimarktwettbewerb, wenn dieser nicht an der angegriffenen Stelle zurückschlägt, sondern dort, wo das eigene Unternehmen am empfindlichsten ist.
   - Nischenbesetzer: Sie beschränken sich auf Teilmärkte. Diese müssen ausreichend groß sein und Wachstumspotenzial beinhalten, gleichzeitig aber auch uninteressant für (größere) Wettbewerber sein und strategische Positionierungsvorteile für den *market nicher* ermöglichen.

Grundsätzlich gilt es in diesem Zusammenhang zu prüfen, ob und ggf. wo eine Strategie der Imitation bei Innovationen anzuraten ist, um Risiken und Ressourcen zu begrenzen. Es existiert ebenso ein *first-mover-advantage* (Vorteil) wie ein *first-mover-disadvantage* (Nachteil). Selten gelingt es einem Unternehmen, beständiger Technologie- und Innovationsführer in seinen Marktfeldern zu sein (Christensen und Bower 1996; Levitt 1966), es sei denn, es besetzt eine spezielle Nische. In jedem Fall muss sich das Unternehmen im Rahmen seiner strategischen Aufstellung und Anpassung gegen die Tendenz zur *Incumbent-Inertia* wappnen, also einer Trägheit des Etablierten, die es ihm erschwert, auf Veränderungen (insbesondere disruptiver Natur) angemessen zu reagieren.

First-mover-Nachteile liegen nicht selten in positiven *free-rider*-Effekten und einer massiven Risikoverringerung für Nachzügler durch bereits erschlossene Märkte. Die Vorteile hingegen liegen insbesondere in den Lernkurveneffekten, im Patentschutz als Monopol auf Zeit und damit der Ausschlussmöglichkeit gegen Nachahmer, einer Kontrolle von kritischen Ressourcen, in den (evtl. bewusst) versenkten Kosten als glaubhafte Drohung gegen potenzielle Wettbewerber, der Systembindung an den Pionier, den hohen Wechselkosten der Kunden und den positiven Reputationseffekten für die Marke (Lieberman und Montgomery 1988).

2. Wettbewerbskräfte und Segmentierung nach strategischen Gruppen: Nach Porter (1979) existieren grundsätzlich vier Möglichkeiten der Positionierung:
   - Kostenführerschaft: Ziel ist es, externe Ökonomien zu realisieren, also durch große Produktionsanlagen, das Ausnutzen von Erfahrungskurvenvorteilen, durch Verbundvorteile mit anderen Unternehmensteilen sowie durch ein striktes Kostenmanagement die niedrigsten Produktionskosten aller Anbieter einer Branche zu erzielen.
   - Differenzierung: Eine branchenweite Differenzierung erfolgt durch eine Positionierung des Unternehmens, die vom Kunden als herausragend z. B. bezüglich der Produktqualität, des Markenimages, der Servicequalität etc. wahrgenommen wird. Sie bietet sich vor allem an, wenn dadurch eine monopolistische Wettbewerbsstruktur aufgebaut werden kann, die von den Anbietern im Sinne der Marktteilung (Judd 1985) akzeptiert ist.
   - Konzentration auf Schwerpunkte: Die Konzentration auf Schwerpunkte kann sowohl auf Kostenführerschaft als auch auf Differenzierung setzen. Im Mittelstand ist dies vor allem eine Strategie der *hidden champions*.

Ergänzend zeigt Porter (1979; 1998) die Wettbewerbskräfte, in die das Unternehmen eingebettet ist und die sein Handeln beeinflussen (vgl. Abb. 8.7):

- Realer Wettbewerb: Hier handelt es sich um den Wettbewerb der bestehenden Unternehmen in ihrer Branche.
- Potenzieller Wettbewerb: Die Bedrohung entsteht durch unbekannte Unternehmen, die kurz- bis mittelfristig zum Markteintritt fähig sind, weil sie die Technologie verfügbar haben oder in räumlich entfernten Märkten bereits tätig sind.
- Substitutionskonkurrenz: Hier liegt die Bedrohung in möglichen Ersatzprodukten und -diensten.
- Anbietermacht: Sie betrifft die Verhandlungsstärke der Lieferanten.
- Nachfragemacht: Die Verhandlungsmacht der Abnehmer ist vor allem im Einzelhandel bedeutsam geworden.

Weitere Spezialisierungsmöglichkeiten liegen unter anderem in der Markenidentifikation, dem Service, der Preispolitik und der Produktqualität (Porter 1998). Ergänzend sind zu berücksichtigen:

- Technologieführerschaft: Sie ist definiert als die Fähigkeit, die Länge des Technologiezyklus festzulegen.
- Industrielle Führerschaft: Sie ist definiert als die Fähigkeit, die Länge des Produktlebenszyklus festzulegen (Vernon 1966). Unterschieden werden Einführungs-, Wachstums-, Reife-, Sättigungs- und Degenerationsphase. Während die erste kostenträchtig ist, müssen in der zweiten und dritten die Gewinne für künftige Innovationen gemacht

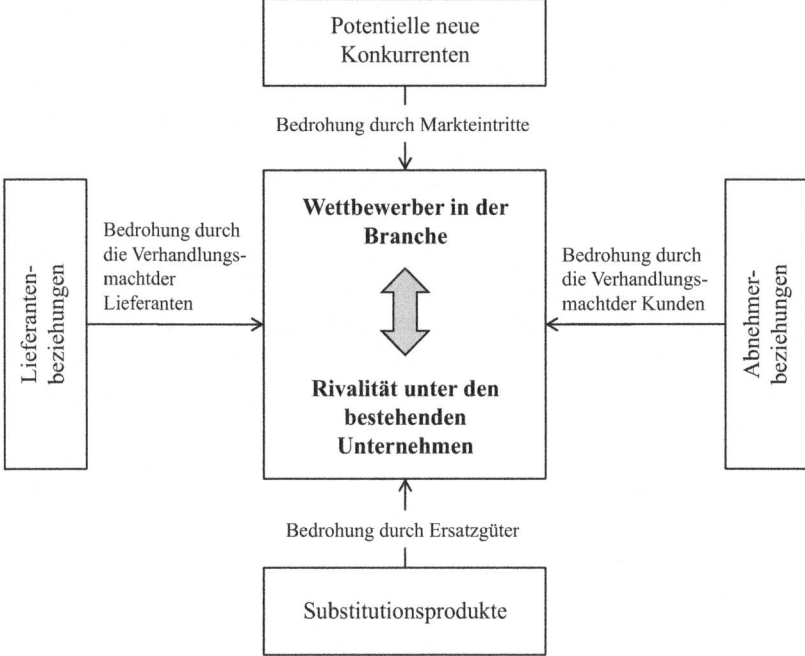

Abb. 8.7 Wettbewerbskräfte und ihr Einfluss auf die Unternehmensstrategie. (Quelle: Eigene Darstellung nach Porter 1979)

werden. Die Sättigungsphase hingegen ist durch hohe Umsätze und der Suche nach Kosteneinsparungen, also Prozessinnovationen, gekennzeichnet. Die abschließende Degenerationsphase bildet den Übergang zum Marktaustritt des Produktes.
- Wettbewerbsintensität: Sie ist definiert als die Geschwindigkeit, mit der Vorsprungsgewinne erodieren und liegt bei Unternehmen innerhalb einer strategischen Gruppe höher als zwischen strategischen Gruppen bzw. Unternehmen verschiedener strategischer Gruppen.

3. Zentral ist die Suche eines sogenannten *blue ocean,* also eines nur wenig umkämpften und dadurch attraktiven Marktes (Abb. 8.8). Anders als in einem sehr wettbewerbsintensiven *red ocean* bietet ein solcher attraktive Margen (Kim und Mauborgne 2004). *Blue Oceans* lösen in der Regel den vermeintlichen trade-off zwischen Kundennutzen *(Customer Value)* und Kosten; ihnen gelingen stattdessen Differenzierung und niedrige Kosten gleichzeitig.
Charakteristisch für Blue Oceans ist:

Abb. 8.8 Das gleichzeitige Verfolgen von Differenzierung und niedrigen Kosten. (Quelle: Eigene Darstellung nach Kim und Mauborgne 2004)

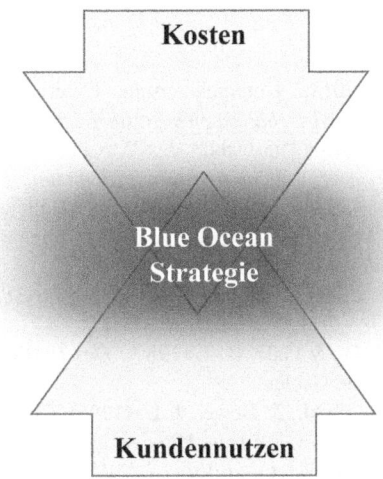

- Sie bedeuten nicht technologische Innovationen: In den meisten Blue Oceans war die Technologie bereits vorhanden; Blue Oceans entstehen vielmehr durch gesteigerten Kundennutzen.
- Meist schaffen bestehende Marktteilnehmer Blue Oceans innerhalb ihrer Kernkompetenz.
- Die Analyse von Unternehmen, Industrien sowie F&E sind der falsche Fokus bei der Suche nach Blue Oceans. Vielmehr sind strategische Entscheidungen die ausschlaggebenden Schritte hinein in einen weniger umkämpften Markt.
- Indem Blue Oceans geschaffen werden, werden gleichzeitig Marken geschaffen, die noch über Jahrzehnte in der entsprechenden Branche wirken.

8.3.3 Folgen für die Wachstumsstrategie

Vor diesem Hintergrund muss sich ein Unternehmen folgende Fragen beantworten:

- Wo befindet sich das eigene Unternehmen in Bezug auf die strategische Positionierung, insbesondere die Marktpositionierung?
- Welche Fähigkeiten, Kompetenzen und Stärken besitzt es und wie ordnet es sich in den Gesamtmarkt ein (Kennzahlenanalyse)? Welche Technologien sind hierfür maßgeblich und welche Potenziale besitzen sie?
- Welche Rolle soll das Unternehmen künftig ausfüllen – und wer behindert bzw. bedroht es dabei?
- Lassen sich strategische Zukäufe sinnvoll einordnen? In welcher Phase befindet sich die zu kaufende Technologie? Welches Potenzial hat diese Technologie? In welchem Stadium lohnt sich der Aufkauf dieser Technologie durch M&A eines Unternehmens?

Literatur

Blum, U. (2013). Unternehmertum, Unternehmerwerte und Wachstum. *Wirtschaftspolitische Blätter der Wirtschaftskammer Österreich 1,* 75–85.

Blum, U. (2015). Die Geburt des Wirtschaftskrieg aus dem Geist der Rivalität. In Ist Rivalität (Hrsg.), *ethisch wünschenswert?, Economic Governance und Ordonomik, Series in Political Economy and Economic Governance 3.* Halle: Blum U.

Blum, U., Müller, S., & Weiske, A. (2006). *Angewandte Industrieökonomik – Theorien – Modelle – Anwendungen.* Wiesbaden: Gabler.

Bruhn, M. (2012). *Marketing. Grundlagen für Studium und Praxis* (11. Aufl. Ausg.). Wiesbaden: Gabler.

Buzzell, R. D., & Gale, B. T. (1989). *Das PIMS-Programm: Strategien und Unternehmenserfolg.* Wiesbaden: Gabler.

Christensen, C. M., & Bower, J. L. (1996). Customer power, strategic investment, and the failure of leading firms. *Strategic Management Journal, 17*(3), 197–218.

Gleißner, W. (2004). *FutureValue – 12 Module für eine strategische wertorientierte Unternehmensführung.* Wiesbaden: Gabler.

Gleißner, W. (2008). Strategische Positionierung und Strategieumsetzung. *KRP Kredit und Ratingpraxis, 4 + 5*(2008), 1–6 Teil 1 und 2–35 Teil 2.

Greenstein, S. (2004). *Diamonds are forever, computers are not: Economic and strategic management in computer markets.* London: Imperial College Press.

Hamel, G. (1996). Strategie as revolution. *Harvard Business Review, 74*(4), 69–82.

Homburg, C. (2000). *Quantitative Betriebswirtschaftslehre. Entscheidungsunterstützung durch Modelle* (3. Aufl. Ausg.). Wiesbaden: Springer Gabler.

Homburg, C., & Krohmer, H. (2009). *Marketingmanagement – Strategie, Instrumente, Umsetzung, Unternehmensführung* (3. Aufl. Ausg.). Wiesbaden: GWV Fachverlage GmbH.

Judd, K. (1985). Credible spatial preemption. *Rand Journal of Economics, 16*(2), 163–166.

Kantzenbach, E. (1966). *Die Funktionsfähigkeit des Wettbewerbs.* Göttingen: Vandenhoeck & Ruprecht.

Kim, W. C., & Mauborgne, R. (2004). Blue ocean strategy. HBR's must-reads on strategy. *Harvard Business Review,* 69–80.

Kotler, P., Armstrong, G., Wong, V., & Saunders, J. A. (2011). *Grundlagen des Marketing* (5. Aufl. Ausg.). München: Pearson Studium.

Kotler, P., Keller, K. L., & Bliemel, F. (2007). *Marketing-Management. Strategien für wertschaffendes Handeln* (12. Aufl. Ausg.). München: Pearson.

Levitt, T. (1966). Innovative imitation. *Harvard Business Review, 44*(5), 63–70.

Lieberman, M. B., & Montgomery, D. B. (1988). First-mover advantages. *Strategic Management Journal, 9*(Special Issue), 41–58.

Lucks, K. (Hrsg.). (2017). *Praxishandbuch Industrie 4.0 – Branchen – Unternehmen – M&A.* Stuttgart: Schäffer-Poeschel.

Meffert, H., Burmann, C., & Kirchgeorg, M. (2012). *Marketing – Grundlagen marktorientierter Unternehmensführung* (11. Aufl. Ausg.). Wiesbaden: Gabler.

Pelz, W. (2004). SWOT Analyse – Beispiele, Geschichte und Tipps zur Umsetzung. In W. Pelz (Hrsg.), *Strategisches und Operatives Marketing, Ein Leitfaden zur Erstellung eines professionellen Marketing-Plans.* Norderstedt: Books on Demand GmbH.

Plötner, O. (2012). *Counter Strategies im globalen Wettbewerb* (1. Aufl. Ausg.). Berlin: Springer.

Porter, M. E. (1979). How competitive forces shape strategy. *Harvard Business Review, 57*(2), 137–145.

Porter, M. E. (1998). *Competitive strategy. Techniques for analyzing industries and competitors*. New York: Free Press.

Porter, M. E. (2008). *Wettbewerbsstrategie. Methoden zur Analyse von Branchen und Konkurrenten* (11. Aufl. Ausg.). Frankfurt a. M.: Campus.

Porter, M. E. (2010). *Wettbewerbsvorteile: Spitzenleistungen erreichen und behaupten* (7. Aufl. Ausg.). Frankfurt a. M.: Campus.

Scharf, A., Schubert, B., & Hehn, P. (2009). *Marketing: Einführung in Theorie und Praxis* (4. Aufl. Ausg.). Stuttgart: Schäffer-Poeschel.

Scheuch, F. (2007). *Marketing*. München: Vahlen.

Schumpeter, J. A. (1912). *Theorie der wirtschaftlichen Entwicklung*. München: Duncker & Humblot.

Simon, H. (1988). Management strategischer Wettbewerbsvorteile. *Journal of business economics, 58*(4), 461–480.

Vernon, R. (1966). International Investment and International Trade in the Product Cycle. *Quarterly Journal of Economics, 80*(2), 191–207.

Weiterführende Literatur

Schwenker, B., & Dauner-Lieb, B. (Hrsg.). (2017). *Gute Strategie – Der Ungewissheit offensiv begegnen*. Frankfurt: Campus.

Ulrich Blum, Prof. Dr. Dr. h.c. (Jahrgang 1953) ist Professor für Volkswirtschaftslehre und Inhaber des Lehrstuhls für Wirtschaftspolitik und Wirtschaftsforschung an der Universität Halle-Wittenberg. Er ist zugleich Inhaber des Alexander-von-Humboldt-Lehrstuhlsan der *University of International Business and Economics* (UIBE) in Peking und Internationaler Exzellenzprofessor der Volksrepublik China.

Nach seiner Promotion (1982) und seiner Habilitation (1986) an der Universität Karlsruhe nahm er im akademischen Jahr 1986/1987 eine Gastprofessur an der Universität Montreal wahr, wo er seitdem im Rahmen regelmäßiger Aufenthalte forscht. Von 1987 bis 1992 war er Professor für Volkswirtschaftslehre an der Universität Bamberg. Im Jahr 1991 wurde er auf den Lehrstuhl für Wirtschaftspolitik und Wirtschaftsforschung an der Technischen Universität Dresden berufen und war hier in der Zeit von 1992 bis 1994 Gründungsdekan der Fakultät Wirtschaftswissenschaften. Von November 2004 bis Dezember 2011 war er Präsident des Instituts für Wirtschaftsforschung Halle. Im Oktober 2008 erhielt er die Ehrendoktorwürde der Technischen Universität Dresden. Im Jahr 2012 wurde er in die Europäische Akademie der Wissenschaften aufgenommen.

Er ist Autor und Herausgeber von zahlreichen wirtschaftswissenschaftlichen Veröffentlichungen in den Bereichen der Institutionen- und Industrieökonomik, der Risikotheorie, des Normungswesens sowie der Regional- und Verkehrsökonomie und zum Entrepreneurship. Aktuell forscht er vornehmlich zur Ökonomie von Ressourcen, Neuen Materialien, Recycling und Total Design Management. Er ist Gründungsdirektor des in Kooperation mit dem Fraunhofer-Institut für Mikrostruktur von Werkstoffen und Systemen eingerichteten Center for Economics of Materials.

Werner Gleißner, Prof. Dr. ist Diplom-Wirtschaftsingenieur und hat an der Universität Karlsruhe in Volkswirtschaftslehre promoviert. Er ist Vorstand der FutureValue Group AG in Leinfelden-Echterdingen und Honorarprofessor für Betriebswirtschaftslehre, insbesondere Risikomanagement, an der Technischen Universität Dresden. Herr Prof. Dr. Werner Gleißner befasst sich mit wert- und risikoorientierter Unternehmensführung auf der Basis von Bewertungsverfahren für unvollkommene Kapitalmärkte, die Unternehmenswert und Kapitalkosten aus aggregierten Ertragsrisiken ableiten („Risiko-Wert-Modelle"). Seine Forschungs- und Tätigkeitsschwerpunkte liegen im Bereich Risikomanagement, Bewertung, Rating und Unternehmensstrategie sowie der Entwicklung von Methoden für eine simulationsbasierte Risikoaggregation – z. B. in Anwendung auf die Vorbereitung von Top-Managemententscheidungen sowie im Kapitalanlage- und Portfoliomanagement. Er arbeitet insbesondere an der Integration der bisher weitgehend getrennten Methoden für Risikomanagement, Rating und Unternehmensbewertung. Er ist Autor zahlreicher Fachartikel und Bücher.

Download von Fachveröffentlichungen unter www.werner-gleissner.de sowie www.futurevalue.de.

Christiane Henckel, Dipl.-Kfr. studierte von 2006 bis 2012 Betriebswirtschaftslehre an der Martin-Luther-Universität Halle-Wittenberg. Dabei spezialisierte sie sich auf Marketing, Personalwirtschaft sowie Geld und Währung. Anschließend forschte sie am Lehrstuhl für Wirtschaftspolitik und Wirtschaftsforschung an der Martin-Luther-Universität auf dem Gebiet der Markenforschung und verband diese mit wirtschaftspolitischen Fragestellungen. Seither arbeitet Frau Henckel als Exzellenz- Expertin bei der Commerz TransactionServices Ost GmbH und ist dort für die Einführung und Begleitung des Rollouts ComTS Exzellenz nach Team-Exzellenz-Modell des Commerzbank Konzerns sowie für die Betreuung der Führungskräfte und der Teams in der Nachhaltigkeit verantwortlich.

Marc Schmid, M.Sc., LL.M. oec., ist wissenschaftlicher Mitarbeiter am Lehrstuhl für Wirtschaftspolitik und Wirtschaftsforschung der Martin-Luther-Universität Halle-Wittenberg. Er studierte Betriebswirtschaftslehre, International Area Studies und Wirtschaftsrecht an der DHBW, University of Aberdeen und an der Martin-Luther-Universität Halle-Wittenberg.

Seine Arbeits-, Studien- und Forschungsaufenthalte führten ihn unter anderem in die USA, nach Russland, Großbritannien und Äthiopien. Seine Forschungsinteressen umfassen insbesondere Rohstoffstrategien und Ressourcenökonomik, Strategisches Management sowie Institutionenökonomik und Governance.

Die Wirtschaftsregion 9

Ulrich Blum, Björn Feldmann, Isabelle Jänchen, Claudia Lubk und Marc Schmid

9.1 Absatzweite und Produktivität

9.1.1 Die Bedeutung von Absatzweite und Produktivität

Die Exportbasistheorie (Blum 2009) verweist ebenso wie die Handelstheorie (Helpman et al. 2004) darauf, dass eine Produktion, welche über die heimische Nachfrage *(regionale Absorption)* hinausgeht, den überregionalen, möglicherweise sogar internationalen Wettbewerb in die eigene Region zieht. Zugleich verbessert sich mit zunehmender Absatzweite und Internationalisierung der Grad der Arbeitsteilung. Solange die Produktivitätsvorteile

---

U. Blum (✉)
Martin Luther Universität Halle-Wittenberg;
Center für Ökonomik der Werkstoffe, Halle, Deutschland
E-Mail: ulrich.blum@wiwi.uni-halle.de; ulrich.blum@imws.fraunhofer.de
URL: http://wipofo.wiwi.uni-halle.de; http://www.materials-economics.de

B. Feldmann
Halle, Deutschland
E-Mail: bjoern@feldmann-lueneburg.de

M. Schmid
Halle, Deutschland
E-Mail: marc.schmid@wiwi.uni-halle.de

I. Jänchen · C. Lubk
Meißen, Deutschland
E-Mail: isabelle.jaenchen@hsf.sachsen.de

C. Lubk
E-Mail: claudia.lubk@hsf.sachsen.de

© Springer Fachmedien Wiesbaden GmbH, ein Teil von Springer Nature 2018
U. Blum et al. (Hrsg.), *Vade Mecum für Unternehmenskäufe*,
https://doi.org/10.1007/978-3-658-20755-7_9

der Absatzausweitung die daraus resultierenden (Transport-)Kosten übersteigen, lohnt sich die mengen- und distanzmäßige Ausweitung der Märkte.

9.1.2 Modelle und Theorien

Im Konzept des *Globalen Mittelstands* (Blum 2012), verkörpert durch sogenannte GME *(global medium sized enterprises)*, wird unterstellt, dass hinreichend große, global aktive Mittelständler genau diesem Produktivitäts-Absatz-Muster folgen, also eine Marktausweitung durchführen. Damit erhöht sich der Wettbewerbsdruck innerhalb des nun weiter gefassten Marktes, denn Unternehmen, die bisher nicht in direkter Konkurrenz zum eigenen Unternehmen standen, werden nun von potenziellen zu tatsächlichen Konkurrenten. Dies bedeutet, Unternehmen müssen schon vorher mit einer derartigen „Build"-Strategie Informationen darüber beschaffen, welche Konkurrenzlage auf den neu erschlossenen überregionalen bzw. internationalen Märkten vorherrscht, um die richtige Ausweitungsstrategie zu erarbeiten.

Vergrößert das Unternehmen durch internes Wachstum oder durch Zukauf anderer Unternehmen den Absatz und steigert damit die Absatzweite und die Logistikkosten, dann müssen die ergänzenden Vorteile der Stückkostendegression größer sein als die Mehrkosten der zusätzlichen Marktdurchdringung. In der Tat findet das Unternehmen mit der „Build"-Strategie seine Marktgrenze genau in dem Punkt, in welchem die verringerten Stückkosten genau durch die Zusatzkosten des erhöhten Absatzes kompensiert werden.

9.1.3 Folgen für die Wachstumsstrategie

Hieraus ergibt sich eine Reihe von Folgerungen: Die „Build"-Strategie ist für ein kleines oder mittelständisches Unternehmen nur sinnvoll, wenn die realisierten Synergien es ermöglichen, dass die zusätzlichen Absatzmärkte bedient werden können. Ergeben sich Dyssynergien, wie bei vielen Unternehmensfusionen, dann könnte eine Kostenexplosion die Vorteile des Unternehmenskaufes zunichtemachen. Synergien und Dyssynergien müssen gegeneinander abgewogen werden (auch was das Personal und die Organisation angeht).

Unternehmer müssen sich die Frage stellen, ob der Marktraum durch die angewendete „Build"-Strategie tatsächlich vergrößert wird. Wenn das Unternehmen bisher nur in einer Nische agiert und in dieser Nische Marktmacht hat, kann das dazu führen, dass der Wille zum Wachstum nicht gegeben ist. „Build"-Strategien befördern mitunter Technologiesprünge innerhalb dieser Marktnischen und dadurch können neue Konkurrenten in diese Nische eintreten.

9.2 Cluster

9.2.1 Die Bedeutung von Clustern

Es zählt zu den ökonomischen Grunderkenntnissen, dass wirtschaftliche Aktivität mit siedlungsstruktureller Ballung verbunden ist (Mumford 1961). In der Sprache der modernen ökonomischen Theorie führt Bündelung und Nähe der Aktivitäten zu positiven Externalitäten, sogenannten Agglomerationsvorteilen. Bereits Marshall (1890) verwies auf die Vorteile einer räumlichen Ballung, die aus Produktivitätssicht vor allem im intensiven Austausch von und der Anziehungskraft auf qualifizierte Arbeiter, aus Marktsicht in der Attraktivität einer spezialisierten Industrie liegen. Christaller (1933) zeigt, dass damit auch eine Rangordnung öffentlicher Angebote verbunden ist, die mit der Größe der Stadt an Umfang und Wertigkeit zunimmt. Gemäß der Agglomerationstheorie von Hoover (1937) sind Investitionen in Städte gesellschaftlich deutlich produktiver als Investitionen in ländliche Gebiete. Lösch (1948) zeigt, dass selbst bei in der Fläche homogen verteilten Produktionsvorteilen die Agglomerationsvorteile Ballung erzeugen. Krugman (1991a, b) entwickelte daraus die neue ökonomische Geographie und Porter (2000) die moderne Clustertheorie.

9.2.2 Modelle und Theorien

Die Agglomerationsvorteile bestehen aus den internen und den externen Effekten (vgl. Abb. 9.1). Die internen Effekte bezeichnen die *Economies of scale* und die *Economies of scope,* die externen die so genannten *Lokalisationseffekte* (Konzentration von Betrieben gleicher Branche, Konzentration von Rohstoffen, Konzentration von vor- und nachgelagerten Unternehmen) und *Urbanisationseffekte* (Größe des Absatzmarktes, Größe des qualifizierten Arbeitsmarktes, Infrastruktur, Verfügbarkeit unternehmensbezogener Dienstleistungen, Zugang zu Forschungseinrichtungen, Angebot städtischer Kultur-, Freizeit- und Konsumeinrichtungen). Die Vorteile der Agglomeration nehmen mit zunehmender Distanz zum Zentrum ab. Darauf baut die Theorie des räumlichen Produktlebenszyklus von Vernon (1966) auf, der betont, dass mit der Alterung der Technologie diese zunehmend in die Peripherie abwandert.

Aus geographischer Sicht ist ein Cluster eine räumlich nah angesiedelte Gruppe miteinander verbundener Unternehmen sowie verwandter öffentlicher Institute in einem

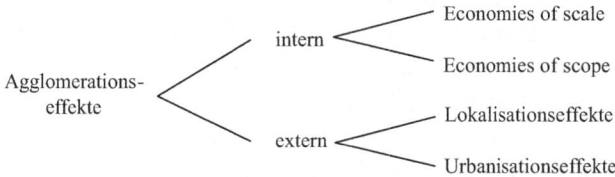

Abb. 9.1 Gliederung der Agglomerationseffekte. (Quelle: Eigene Darstellung nach Maier und Tödtling 1992)

bestimmten Gebiet (Porter 2000), die durch handel- bzw. nicht-handelbare Interdependenzen in enger Beziehung zueinander stehen (Bathelt und Glückler 2012) und daraus positive Effekte und Synergien erzielen können (Rosenfeld 1997). Analog lassen sich auch sektorale Cluster über Input-Output-Beziehungen definieren, wie dies die Wachstumspoltheorie tut (Blum 1986; Boudeville 1966; Perroux 1964).

Die räumliche Nähe beruht dabei nicht auf einem Ressourcenzwang, der zu einer Segregation hin zu präferierten Standorten führt, sondern auf der freiwilligen Ansiedlung zur Nutzung positiver Effekte. Diese Effekte spricht auch die Neue Wachstumstheorie (Romer 1990) an. Die verbindenden Netzwerkeffekte sind sowohl formeller als auch informeller Natur, wobei letztere als besonders wichtig und als einer der wesentlichen Vorteile angesehen werden. Dieser informelle *local buzz* (Bathelt et al. 2004) beschreibt eine Kommunikationsökologie, die sich durch die entstehende milieuähnliche Struktur herausbilden kann („Jeder kennt jeden") und in der Informationen zwischen den lokalen Akteuren in einheitlichem Umfeld, mit gleicher Sprache und gleichen Interpretationsschemata in intendierten und nicht-intendierten Prozessen kursieren (Bathelt 2004). Diese Informationsdichte ist einer der Ausgangspunkte für Innovationen und (Produkt-) Weiterentwicklungen. Vor allem Cluster, die auf einer breiten technologischen Basis stehen, sind von regionaler Resilienz begünstigt, weil die regionalen Innovationssysteme Widerstandskraft gegen ökonomische Verwerfungen durch Schocks erzeugen. Die Grundstrukturen eines regionalen Innovationssystems sind in Abb. 9.2 dargestellt.

In Abhängigkeit vom dominierend-verbindenden Element des Clusters wird zwischen verschiedenen Clustertypen unterschieden: institutionen-, material-, produkt-, technologie-, markt- und problembezogene Cluster (Gassler und Rammer 1999). Auch die kulturelle Basis kann im Sinne eines verbindenden industriellen Erbes eine wichtige Rolle spielen. Weitere wesentliche Unterscheidungstypen lauten wie folgt (Blum 2008, 2013):

1. Vertikale Cluster sind systemisch durch einen Führungskopf, oft eine große Unternehmung, organisiert und liefern diesem zu. Infolge der Leistungsinterdependenz ist das Technologie- und Innovationsverhalten auf die Anforderungen der Systemspitze ausgerichtet.
2. Horizontale Cluster beruhen auf einer gemeinsamen, meist regional verorteten Technologie und sind der Kern des Erfolges mittelständischer Unternehmen: Sie wird von Elhanan Helpman (1998) als *General Purpose Technology,* also als verwendungsoffene Technologie bezeichnet. Dadurch stehen die Unternehmen weniger über ihre Güter als vielmehr über technologische Kompetenzen und insbesondere über Arbeitskräfte in Konkurrenz. Wenn die Politik nunmehr eine herausragende Bildungs- und Forschungsinfrastruktur zur Verfügung stellt, entstehen nachhaltige und positive Milieueffekte, wie dies Philippe Aydalot (1985) analysierte, die wiederum langanhaltende und erfolgreiche industrielle Traditionspfade bewirken.
3. Laterale Cluster entstehen aus regional zunächst weitgehend heterogenen Unternehmen. Diese haben sich meist aus Gründen angesiedelt, die nicht in einer gemeinsamen Technologie oder industriellen Tradition liegen, sondern der Arbeitskräfteverfügbarkeit, der Verkehrsanbindung, einer kriegsbedingten Dislozierung oder schlicht der

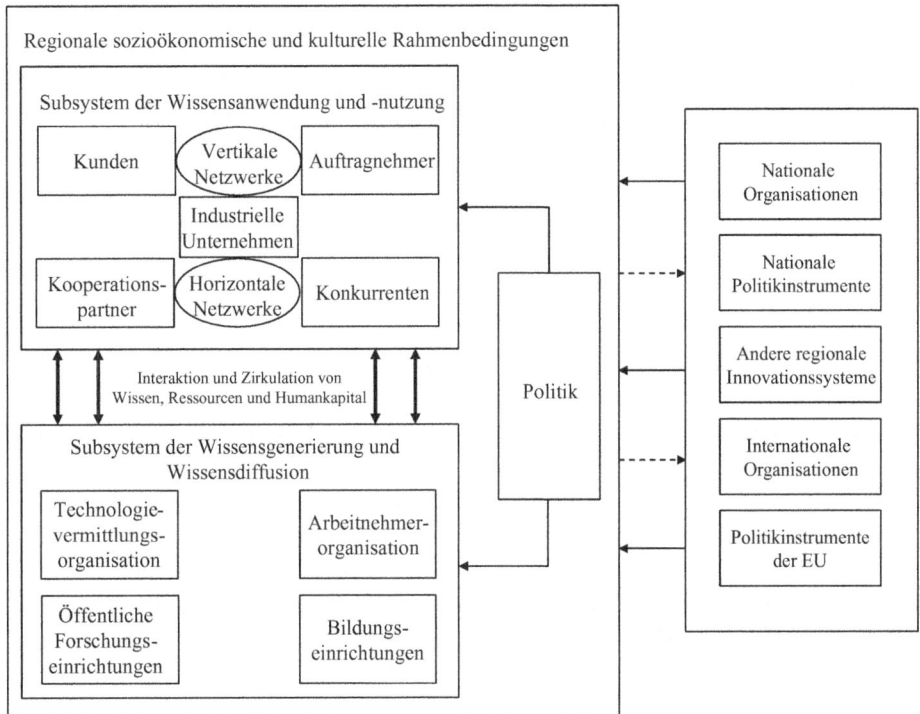

Abb. 9.2 Grundstrukturen eines regionalen Innovationssystems. (Quelle: Eigene Darstellung nach Maier et al. 2012)

Heimat des ursprünglichen Gründers geschuldet sind. Sie werden durch eine überspannende General Purpose Technology ertüchtigt.

Schließlich gibt es eine Vielzahl von Non-Cluster-Industrien, beispielsweise Pressspanwerke, Laminatbodenwerke, Zellulosewerke, auch Teile extraktiver Industrien, die besonders dort einen hervorragenden Beitrag für die regionale Entwicklung leisten, wo ansonsten entsprechende Ausbildungsinfrastrukturen fehlen oder nur dünn gesät sind.

Cluster stellen häufig derart starke Kristallisationspunkte der Entwicklung dar, dass ihr Wachstum im Sinne der Polarisationstheorien zum Nachteil ihres Umlandes wird. Dauerhafte regionale ökonomische Ungleichgewichte werden dann durch dynamische sozioökonomische Prozesse verstärkt; insbesondere einzelne führende Unternehmen setzen Wachstumsimpulse für eine Region, die wiederum als Wachstumspol neue positive Effekte hervorrufen (Boudeville 1966; Perroux 1964). Diese vor allem in der Entwicklungsökonomik beschriebenen Auslaugeffekte (Hirschman 1958; Myrdal 1957) verkehren sich in ihr Gegenteil in dem Maße, in dem die Agglomerationskosten steigen und damit Aktivitäten in das Umland abwandern. Der Versuch, durch Agglomerationssubventionen diese Grenzen der Ballung zu überwinden, kann massive regionale Ungleichgewichte erzeugen mit der Folge, dass dann auch die Peripherie unterstützt werden muss und der

Staat schließlich überall subventioniert und damit an Gestaltungsfähigkeit verliert, weil er massiv Standortpreise verzerrt und wirtschaftliche Ineffizienz erhöht. Der Staat kann die Erosion des Clusters damit langfristig nicht verhindern (Blum 1986; Pouder und St. John 1996), dessen Lebenszyklus als Ablauf von einem dynamischen Aufschwung der beteiligten Unternehmen mit anschließender Annäherung bis schließlich zur Notwendigkeit der Re-orientierung der clusterbeteiligten Unternehmen durch einen (Um-)Bruch oder den Niedergang zu verstehen ist. Die Unterschiede zwischen Cluster- („Hot Spot") und Nicht-Cluster-Wachstum veranschaulicht Abb. 9.3.

9.2.3 Folgen für die Wachstumsstrategie

Aus Sicht der Clusterökonomik müssen sich Unternehmen folgende Fragen beantworten:

- Wie ist das eigene Unternehmen hinsichtlich seiner Clusteraffinität oder -zugehörigkeit zu beschreiben – und wie ist das regionale Umfeld zu charakterisieren?
- Welche Bedeutung besitzen Forschung und Entwicklung, wie verzahnt sich die eigene Technologiekompetenz mit dem Umfeld, vor allem mit den forschenden Instituten?
- In welcher Phase des Technologielebenszyklus ist das Cluster und welche Perspektiven besitzt es?
- Wie ist mit Intellektuellen Eigentumsrechten (IPR) im Cluster umzugehen?
- Welche eigene „Ökosphäre" kann erzeugt werden?
- Befinden sich eigene Erweiterungsaktivitäten bzw. ein zu übernehmendes Unternehmen in einem geeigneten Cluster? Ergeben sich dadurch neue Zugänge zu einem Cluster?

Die Wirtschaftsförderungsinstitutionen bauen häufig ein Clustermanagement auf, um diese Problematik in für alle Parteien befriedigender Form zu beantworten. Ob sich dies

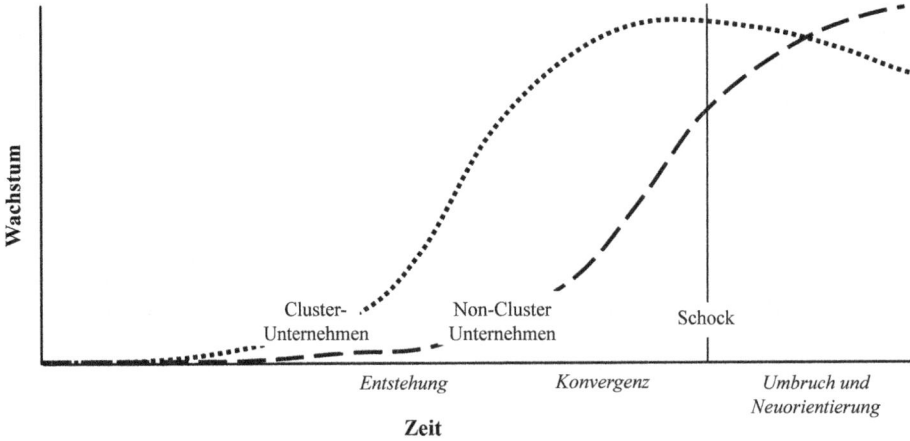

Abb. 9.3 „Hot-Spot"-Wachstum im Gegensatz zu Nicht-„Hot-Spot"-Wachstum. (Quelle: Eigene Darstellung nach Pouder und St. John 1996)

im Sinne positiver Synergien lohnt wird immer dann sichtbar, wenn die öffentliche Förderung ausläuft und dann die positiven Effekte für alle so sichtbar sind, dass ein finanzieller Beitrag sinnvoll ist. Starke Cluster haben sich deshalb oft auch spontan, ohne staatliche Anschubfinanzierung, gegründet.

9.3 Führungsfunktionen

9.3.1 Die Bedeutung von Führungsfunktionen

Headquarter werden üblicherweise definiert als Sitz eines Unternehmens, in dem bestimmte übergreifende Leitungsfunktionen und Verantwortlichkeiten gebündelt sind. Indirekt bedeutet dies, dass derartige Unternehmenssitze erst ab einer bestimmten Unternehmensgröße entstehen, weil erst dann bestimmte Unternehmensstrukturen (beispielsweise auch F&E) verfügbar sind. Infolge des erhöhten Gehaltsniveaus in den leitenden und forschenden Unternehmensbereichen wirkt das Vorhandensein von Headquartern unmittelbar auf die Wertschöpfung, die Kaufkraft und somit die Urbanität sowie die Steuerkraft. Da in diesen Headquartern Entscheidungen für die Region in der Region getroffen werden, was mit dem Begriff der *regionalen Kontrolldichte* umschrieben wird, folgt hieraus auch eine erhöhte wirtschaftliche und wirtschaftspolitische Autonomie.

Im unternehmerischen Entwicklungsprozess, ob durch internes Wachstum oder durch strategische Zukäufe, verändern sich das Führungssystem und folglich die interne Organisation ebenso wie die externen Anforderungen, beispielsweise im Hinblick auf Rechtsform, regulatorische Auflagen usw. Es besteht das Risiko der „gläsernen Decke" bzw. von unüberwindbaren Wachstumsschwellen. Denn die kumulativ auftretenden Strukturänderungen und -anpassungszwänge führen möglicherweise zu einem *„Punkt in der Unternehmensentwicklung [...], an dem der bisherige Wachstumsverlauf unterbrochen wird und strukturelle Anpassungsentscheidungen notwendig sind, wenn die Wachstumsrate wieder ansteigen soll"*, (Albach et al. 1985). Ohne Veränderung der Strategie und Anpassung an eine Headquarterorientierung kann ein Scheitern folgen.

9.3.2 Modelle und Theorien

Zentraler Ansatzpunkt ist die Transaktionskostentheorie. In statischer Hinsicht beschreibt sie die Aufwendungen, die bei einer gegebenen Unternehmensstruktur und einem gegebenem Marktumfeld vorhanden sind. In dynamischer Hinsicht stellt sie dar, welche Kosten des Übergangs auftreten, um von einem weniger vorteilhaften in einen verbesserten Zustand zu gelangen.

Die Zusammenhänge werden in einer Vielzahl von Theorien beschrieben: So zeigt die Transaktionskostentheorie zunächst auf, von welchen Kriterien die Wahl der Hierarchie und der Führung des Unternehmens – zentral vs. dezentral – abhängt (Blum und Dudley 1999;

Williamson 1996). Demnach kann ein Unternehmen so lange hierarchisch wachsen, wie die steigenden Kosten der Kontrolle über die Hierarchiestufen von steigenden Erträgen, zum Beispiel durch Skalenökonomien, aufgefangen werden.

Die notwendige Überwindung von Inertia, zum Beispiel versunkene Kosten auf der Seite der Anlagen, machen ggf. nötige Umstellungen aufwendig. Auch organisationale Netzwerksysteme, die z. B. durch einen fehlenden Übergang zwischen einem zentralen (sternförmigen) und einem dezentralen Netzwerk nicht kontinuierlich änderbar sind, erschweren Veränderungen. Die damit verbundenen lock-in-Effekte können erheblich sein und krisenhafte Zustände auslösen.

Mögliche (klassische) Ausgestaltungen dieser Unternehmensarchitekturen der Unternehmen sind in der folgenden Abbildung dargestellt. Die divisionale Organisation (Organisation nach Geschäftsbereichen, Gliederung nach Objekten: Produkte, Absatzregionen) eignet sich vor allem für größere Unternehmen mit heterogenen Produkten, während die funktionale Organisation eine Gliederung nach den Aufgaben vollzieht und sich vor allem bei kleinen Unternehmen mit homogener Produktpalette anbietet. Die Matrixorganisation (Kombination objekt- und aufgabenbezogener Organisation, meist eher in großen Unternehmen) schließlich versucht, beides zu vereinen, muss dann aber klare Vorrangregeln benennen, will sie nicht stete Entscheidungspatts auslösen (Abb. 9.4).

Die Marktstruktur-, Marktverhaltens- und Marktergebnishypothese der Harvardschule (Bain 1949, 1968; Mason 1939) betont die Interdependenz der oben genannten drei Größen und spielt für die Wettbewerbsanalyse eine herausragende Rolle, wenngleich gezeigt werden kann, dass diese Zusammenhänge nicht immer zwingend sind (Blum 2004).

Der (alten) Schumpeter-These (1912) folgend sind es vor allem dynamische Unternehmer in kleinen Einheiten, die innovieren und den Wettbewerb anheizen; später (1942) relativierte er dies zugunsten größerer Einheiten, die Innovationen systematischer planen können.

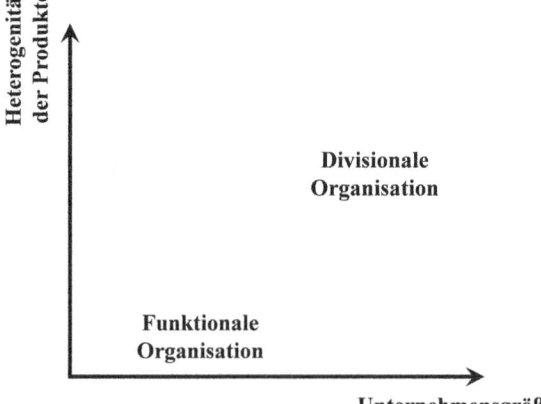

Abb. 9.4 Organisationsform in Abhängigkeit von Unternehmensgröße und Produkt. (Quelle: Eigene Darstellung)

9 Die Wirtschaftsregion

Tab. 9.1 Wachstumsschwellen in Unternehmen. (Quelle: Eigene Darstellung)

Bereich	Ist-Situation	Potenzielle Wachstumsschwelle	Ziel
Entwicklung	• Externe FuE • Produkt-/Prozess-Innovationen sind eher Nebenprodukt	• Externe FuE zu unspezifisch • Keine eigenen Patente • Hohe Kosten eigener FuE	• Eigene spezifische FuE • Patente – Alleinstellungsmerkmal
Marketing & Vertrieb	• Vertrieb z. T. basierend auf persönlicher Basis • Marketing unspezifisch, geringe Marketingausgaben • Marketing und Vertrieb als untergeordnete Aufgabe	• Überschneidung eigener Absatzmärkte mit denen von Konkurrenten • Hohe Kosten für eigene Marketingabteilung	• Erweiterung Absatzmarkt (regional, Zielgruppen)
Buchhaltung & Controlling	• Buchhaltung als untergeordnete Aufgabe • Buchhaltung erfüllt keine Kontroll- und Steuerungsfunktion	• Erhöhter Berichtsaufwand bei Rechtsformwechsel • Umstellungskosten bei neuem Abrechnungssystem	• Effiziente, gesetzlichen Vorschriften entsprechende Buchhaltung • Effizientes Controlling zur Strategieentwicklung
Personalwesen	• Personalangelegenheiten von Unternehmensführung bearbeitet • Mangelnde Personalentwicklung, Standardisierung, Nutzung von Synergien	• Kosten für gezielte Personalwerbung • Kosten für Personalentwicklung	• Personalentwicklung – Steigerung der Unternehmensattraktivität, bessere Ausnutzung bestehenden Potenzials
IT	• Nicht zentralisierte Aufgabe diverser Mitarbeiter • Externe IT-Betreuung • Gestückelte IT-Lösungen	• Hohe Kosten bei Einführung einer strukturierten IT	• Strukturierte IT • Interne Behebung von IT-Problemen – effiziente Unterstützung der anderen Abteilungen
Einkauf	• Lokale Fixierung • Kaum Lieferantenwechsel	• Einkauf zu teuer • Mangelnder Einfluss auf Lieferanten	• Make-or-buy-Entscheidungen • Erhöhter Einfluss auf Lieferanten
Produktion & Qualitätssicherung	• Beschränkte Produktpalette • Begrenzte Flexibilität in der Produktion	• Investitionen, um Skaleneffekte zu erreichen	• Nutzen von Skaleneffekten • Erweiterung der Produktpalette

Schließlich geben sich auch wesentliche Unterschiede im Hinblick auf die Art der Unternehmensgründung und der Aufbauinvestitionen, die unter den Begriffen *greenfield*- und *brownfield*-Investitionen bekannt sind.

Relevant für eine Strategie des Unternehmenswachstums ist auch die Beachtung möglicher Wachstumsschwellen und gläserner Decken, die Wachstum erschweren oder gar verhindern können. Tab. 9.1 fasst mögliche Wachstumshemmnisse zusammen.

9.3.3 Folgen für die Wachstumsstrategie

Der erfolgreiche Aufbau eines Headquarters im Rahmen einer Wachstumsstrategie erfordert das Beachten der zentralen, unternehmenskritischen Bedeutung der Wachstumsschwellen, die sich aus internen und externen Gründen ergeben. Dies betrifft gleichermaßen das interne Wachstum und das Wachstum durch Zukäufe. Bei Zukäufen muss vor allem beachtet werden, dass sich dabei noch erhebliche Kulturprobleme infolge unterschiedlicher Unternehmenstraditionen ergeben können. Deshalb sind folgende Punkte wichtig:

- Welche Veränderungen werden bei internem, welche bei externem Wachstum zwingend und möglicherweise kritisch?
- Was sind die Kosten der Kulturanpassung bei Übernahmen – ist diese überhaupt möglich? Ergibt sich ein negativer Employer-Branding-Effekt?
- Welche gläsernen Decken behindern die Entwicklung?

9.4 Der standörtliche Mehrwert für den Staat

9.4.1 Die Bedeutung von Standortrente und Besteuerung

Aus ökonomischer Sicht definiert man den Standort eines Unternehmens als den geografischen Ort, an dem Produktionsfaktoren eingesetzt werden, um Leistungen zu erstellen. Abhängig ist die Standortentscheidung von spezifischen Faktoren, die in vier Kategorien zusammengefasst werden können: Beschaffungsorientiert, fertigungsorientiert, absatzorientiert sowie staatlich festgelegt. In welchem Grad die Standortfaktoren bei einer Entscheidung berücksichtigt werden hängt allerdings von der jeweiligen Entscheidungssituation ab. So spielt es beispielsweise eine große Rolle, ob ein Unternehmen neu gegründet wird, das gesamte Unternehmen oder nur Teilbereiche eines Unternehmens verlagert werden (Bea und Schweitzer 2009). Die Erwirtschaftung einer Rente für den Standort erfolgt durch die Besteuerung der öffentlichen Hand. Betroffen sind von der Standortentscheidung im Wesentlichen die Gemeinden, gegebenenfalls noch das jeweilige Bundesland. Für die Besteuerung gilt grundsätzlich, dass sich unter den Bedingungen des weltweiten Wettbewerbs nur solche Unternehmen ansiedeln (bzw. langfristig überleben), deren Besteuerung unter der Standortrente, also dem, was der Staat an monetär wirksamen Vorteilen geschaffen hat, liegt.

Für die Gemeinden sind dabei zwei wesentliche Effekte von Bedeutung: Die Schaffung von Arbeitsplätzen sowie die Generierung von Steuereinnahmen. Einen direkten fiskalischen Mehrwert aus der Ansiedlung in der eigenen Gemeinde schafft dabei aber nur die Besteuerung der Unternehmen. Die Schaffung von Arbeitsplätzen führt nur dann zu einer direkten Einkommensteuereinnahme, wenn die Beschäftigten in der Gemeinde mit der Arbeitsstätte ihren Wohnsitz haben. Es gilt das Wohnortprinzip und nicht das Betriebsstättenprinzip.[1]

Für die direkte Besteuerung der Unternehmen existieren in Deutschland zwei Arten der Unternehmenssteuern: Die Körperschaft- sowie die Gewerbesteuer. Die Körperschaftsteuer ist deutschlandweit einheitlich geregelt[2] und stellt daher für die Standortentscheidung innerhalb der Länder keine relevante Entscheidungsvariable dar. Bei der Höhe der Gewerbesteuer allerdings gewinnt der Standort an Bedeutung. Ursprünglich wurde die Gewerbesteuer eingeführt, um die bei den Gemeinden entstehenden Belastungen aus der Ansiedlung von Unternehmen zu finanzieren. Verstanden wurde die Gewerbesteuer zunächst als Zahlung, für die die Gemeinden die Gegenleistung der Bereitstellung geeigneter Leistungen und Güter zu bringen hatten. Erhoben wurde die Gewerbesteuer daher auch auf reale Faktoren wie beispielsweise Personal oder Ertrag (Blankart 2011). Die Anwendung des fiskalischen Äquivalenzprinzips war an dieser Stelle noch möglich.

Die derzeitige Regelung für die Gewerbesteuer basiert auf dem bundeseinheitlich geltenden Gewerbesteuergesetz (vgl. Beck'sche Textausgaben 2015). Besteuert werden die Erträge aus inländischen Gewerbebetrieben[3], egal, wo diese ihren Sitz haben. Grundlage ist die nachhaltig auf Gewinn ausgerichtete Tätigkeit eines Unternehmens (vgl. § 2 Abs. 2 GewStG). Freie Berufe und landwirtschaftliche Betriebe fallen in Deutschland nicht unter die Gewerbesteuerpflicht.

Als Bemessungsgrundlage für die Gewerbesteuer wird der Gewerbeertrag herangezogen. Die §§ 7 bis 10a GewStG geben die Berechnung der Gewerbesteuer wider. Es handelt sich hierbei um den ermittelten Gewinn aus Gewerbebetrieb zuzüglich der Hinzurechnungen nach § 8 GewStG und abzüglich der Kürzungen nach § 9 GewStG. Aus dem festgestellten Gewerbeertrag wiederum wird der Steuermessbetrag ermittelt. Nach § 11 GewStG ist dafür der Gewerbeertrag mit einer Steuermesszahl (bundeseinheitlich 3,5 %) zu multiplizieren. Sowohl der Gewerbeertrag als auch der Steuermessbetrag

---

[1]Nach dem Wohnortprinzip erhält diejenige Gemeinde die anteilige Einkommensteuer, in der sich der Wohnsitz des Arbeitnehmers befindet, unabhängig von seinem Arbeitsort. Die Körperschaft- und Gewerbesteuer wird dagegen nach dem Betriebsstättenprinzip den Gemeinden mit den Unternehmen zugerechnet.

[2]Vgl. Köperschaftsteuergesetz in Beck'sche Textausgaben (2015) sowie zur Ertragshoheit Art. 106 Abs. 2 GG.

[3]Vgl. § 2 Abs. 1 GewStG. Zur Definition eines Gewerbebetriebs vgl. § 15 Abs. 2 EStG.

sind damit geeignete Maße für die Darstellung der untersuchten Zusammenhänge. Der Betrag der Gewerbesteuer entsteht durch die Anwendung des Hebesatzes auf den jeweiligen Steuermessbetrag. Betreibt ein Unternehmen eine oder mehrere Niederlassungen in anderen Gemeinden als der des Hauptsitzes, wird der Steuermessbetrag auf die einzelnen Gemeinden verteilt. Diese Zerlegung ist wiederum im Gewerbesteuergesetz geregelt.

Die Bedeutung der einzelnen Steuern für die Gemeinden unterscheidet sich nach Bundesländern und dabei speziell nach west- und ostdeutschen Ländern, wie Tab. 9.2 zeigt.

Die Daten des Bundesfinanzministeriums zeigen, dass die Verteilung der Steuerarten in den west- und ostdeutschen Bundesländern in etwa gleich verläuft, die absolute Höhe der einzelnen Steuern pro Kopf in den ostdeutschen Ländern allerdings nur bei etwas mehr als der Hälfte des Niveaus der westdeutschen Länder liegt (vgl. auch Blum et al. 2015). Es wird deutlich, dass die Gewerbesteuer (abzüglich Gewerbesteuerumlage) bezogen auf die gesamten Steuereinnahmen pro Kopf prozentual den höchsten Anteil hat.

Die Gewerbesteuer wird von den Gemeinden direkt erhoben, d.h. sie besitzen sowohl die Steuerertrags- als auch -verwaltungskompetenz (vgl. Art 106 Abs. 6 GG). Den Gemeinden stehen die Einnahmen in vollem Umfang zu – bis auf die Abführung einer Gewerbesteuerumlage (vgl. § 5 Gemeindefinanzreformgesetz). Diese wurde durch das Gemeindefinanzreformgesetz 1969 eingeführt, um die Gemeinden von der Konjunkturabhängigkeit der Gewerbesteuer zu entlasten. Für die Abführung der Gewerbesteuerumlage an Bund und Länder erhalten die Gemeinden im Gegenzug einen Anteil an der Einkommensteuer (vgl. Art 106 Abs. 5 GG; §§ 1–5 Gemeindefinanzreformgesetz).

Die heutige Besteuerung des Gewerbeertrags basiert nicht mehr auf dem Äquivalenzprinzip. Die ursprüngliche Idee, mittels der Gewerbesteuer die aus der Ansiedlung eines Gewerbebetriebs entstehenden Ausgaben der Gemeinden (z. B. für die Schaffung zusätzlicher Infrastruktur) zu decken, kann nicht aufrechterhalten werden. Für eine genaue Zurechnung der Steuerlast müssten die verursachten Kosten gegengerechnet werden.

Tab. 9.2 Bedeutung der Steuerarten für deutsche Gemeinden 2012. (Quelle: Eigene Erstellung nach Bundesministerium der Finanzen 2014)

Steuerart	Westdeutsche Bundesländer	Westdeutsche Bundesländer	Ostdeutsche Bundesländer	Ostdeutsche Bundesländer
	EUR/EW	Anteil an den Steuereinnahmen in %	EUR/EW	Anteil an den Steuereinnahmen in %
Gemeindeanteil an der ESt	393	36,6	194	32,0
Gemeindeanteil an der USt	50	4,6	40	6,4
Gewerbesteuer netto	467	43,5	259	42,8
Grundsteuer	150	13,9	109	17,6

Dies ist im derzeitigen System nicht gegeben, schon allein aus der Tatsache, dass einige Berufsgruppen nicht unter die Gewerbesteuerpflicht fallen. Dazu kommt, dass die Leistungen der Kommune nicht eindeutig abgrenzbar sind. So kann beispielsweise eine Straße sowohl zum Gewerbegebiet als auch zum nahe gelegenen Wohngebiet führen und damit eine Abgrenzung der Nutzung unmöglich sein. Eine Besteuerung des Gewerbeertrags führt also nicht zu einer optimalen Lösung nach dem Äquivalenzkriterium.

Darüber hinaus stellt die Besteuerung der Gewerbeerträge, wie sie in der derzeitigen Form durchgeführt wird, keinen Bezug zur tatsächlichen Nettowertschöpfung her. Es wird keine klare Zuordnung der Wertschöpfung auf die einzelnen Produktionsfaktoren erreicht. Durch eine Gesamtbesteuerung des Gewerbeertrags tritt de facto eine Verzerrung zwischen den Faktoren sowie unternehmerischen Sektoren ein.

9.4.2 Modelle und Theorien

9.4.2.1 Attraktivität des Standorts

Die Attraktivität eines Standorts für die Ansiedlung von Unternehmen bzw. von Erweiterungen der Kapazitäten wird ganz wesentlich auch dadurch bestimmt, welche Investitionen dort bereits vorgenommen wurden. In einer Studie des Deutschen Instituts für Wirtschaftsforschung werden die positiven Wachstumseffekte sowohl privater als auch öffentlicher Investitionen gezeigt. Darüber hinaus wird aber auch der Zusammenhang aus privaten sowie öffentlichen Investitionen wie folgt formuliert: *„Des Weiteren wird eine verstärkte öffentliche Investitionstätigkeit in Bereichen wie Bildung und Verkehrsinfrastruktur die inländischen Produktionsbedingungen verbessern. Die erhöhte Standortattraktivität wirkt dann als treibender Faktor für private Investitionen"*, (DIW 2013).

Die öffentliche Investitionstätigkeit in Deutschland findet im Wesentlichen auf kommunaler Ebene statt. Die gesamten Ausgaben für Sachinvestitionen in den öffentlichen Kernhaushalten von Bund, Ländern und Gemeinden für das Jahr 2013 betragen 35.976 Mio. EUR. Der Bund inklusive der Sozialversicherungen tätigte davon anteilig ca. 24 % sowie die Länder ca. 18 %. Die Kommunen tragen mit etwa 58 % kommunaler Sachinvestitionen an den gesamten öffentlichen Sachinvestitionen öffentlicher Kernhaushalte den Hauptanteil (Statistisches Bundesamt 2014a).

Für die Sicherung und Erhaltung des kommunalen Kapitalstocks sind dabei die Steuereinnahmen sowie die Zuweisungen aus den Länderhaushalten von Bedeutung. Je größer die Steuerquote bei den Kommunen, desto größer die finanzielle Eigenständigkeit der Kommunen (Jänchen 2012). Eine hohe Steuerquote führt wiederum bei gleichbleibenden Aufwendungen in der laufenden Verwaltungstätigkeit zu potenziellen Überschüssen, die für öffentliche Investitionen genutzt werden können. Ein Maß für die Erhaltung des Kapitalstocks bilden dabei die Abschreibungen als Höhe der notwendigen Reinvestition (Jänchen 2014).

9.4.2.2 Standortentscheidungen und Gewerbesteuerhebesatz

Einen wesentlichen Faktor für die Standortentscheidung aus unternehmerischer Sicht bildet der Steuersatz auf unternehmerische Gewinne. Es ist davon auszugehen, dass eine geringe Steuerbelastung der Gewinne die Attraktivität des Standortes steigert. Dies lässt sich durch empirische Studien bestätigen, die allerdings im Wesentlichen einen Zusammenhang aus globaler Gewinnsteuer, für Deutschland die Körperschaftsteuer, und Unternehmensansiedlung aufzeigen (Fuest und Thöne 2008). Die Wirkungen unterschiedlicher Hebesätze bei der Gewerbesteuer auf die Standortentscheidung innerhalb Deutschlands werden bisher tendenziell eher durch singuläre Entscheidungsbeispiele (DIHK 2009) als durch Globaluntersuchungen dargestellt.

In der Veröffentlichung vom Deutschen Industrie- und Handelskammertag wird außerdem gezeigt, dass die Unterschiede der Hebesätze zwischen Städten und Umlandgemeinden speziell für Kapitalgesellschaften sehr groß sind (DIHK 2009). Die Konsequenz wäre, dass vor allem Großunternehmen damit in den Umlandgemeinden und nicht in den großen Städten angesiedelt sein müssten. Dem widerspricht allerdings die Verteilung der Firmensitze der 500 größten Unternehmen in Deutschland (vgl. Abb. 9.5).

Für die Regionen Mitteldeutschland oder Baden-Württemberg wird vom DIHK dagegen begründet, dass der Gewerbesteuerhebesatz für Standortentscheidungen innerhalb der Regionen keine Relevanz aufweist. In den mitteldeutschen Gemeinden ist der Hebesatz sehr hoch, was wiederum auf politische Gründe im kommunalen Finanzausgleich zurückzuführen ist. Da hier aber keine wesentlichen Unterschiede zwischen den Gemeinden auftreten und aufgrund der Firmenstrukturen (kleine Betriebe oder Niederlassungen großer Unternehmen mit Firmensitzen in anderen Bundesländern) finden hier auch bei Änderungen der Gewerbesteuerhebesätze nahezu keine Wanderungen statt. In Baden-Württemberg dagegen sind die Gewerbesteuerhebesätze einheitlich niedrig. Im kommunalen Finanzausgleich ist der durchschnittliche Hebesatz deutlich niedriger als beispielsweise in den mitteldeutschen Gemeinden, weshalb auch hier die Höhe des Hebesatzes kein wesentlicher Standortfaktor ist. Für beide Regionen gilt, dass eine Wanderung jeweils innerhalb der Region allein orientiert am Gewerbesteuerhebesatz nicht anreizkompatibel ist (DIHK 2009).

Es gilt die einfache Annahme, dass ein höherer Hebesatz zu einer höheren Gewerbesteuer führt. Betrachtet man die Verteilung für Deutschland ergibt sich Abb. 9.6

Den niedrigsten durchschnittlichen Hebesatz erheben die Gemeinden in Brandenburg, die höchsten Gewerbesteuersätze die Gemeinden im Saarland, in Nordrhein-Westfalen sowie in Sachsen. Damit einhergehend würde folgen, dass die Gemeinden in den Ländern mit den höchsten durchschnittlichen Gewerbesteuerhebesätzen auch die höchsten Gewerbesteuereinnahmen pro Kopf generieren. Die Verteilung der Pro-Kopf-Steuereinnahmen aus der Gewerbesteuer 2013 nach Ländern zeigt sich in Abb. 9.7

Brandenburg mit einem durchschnittlichen Hebesteuersatz in der geringsten Klasse hat ein höheres Pro-Kopf-Gewerbesteueraufkommen als Sachsen oder das Saarland mit jeweils durchschnittlichen Hebesätzen in den größten Klassen. Nordrhein-Westfalen dagegen hat mit einem sehr hohen Durchschnittshebesatz

9 Die Wirtschaftsregion 151

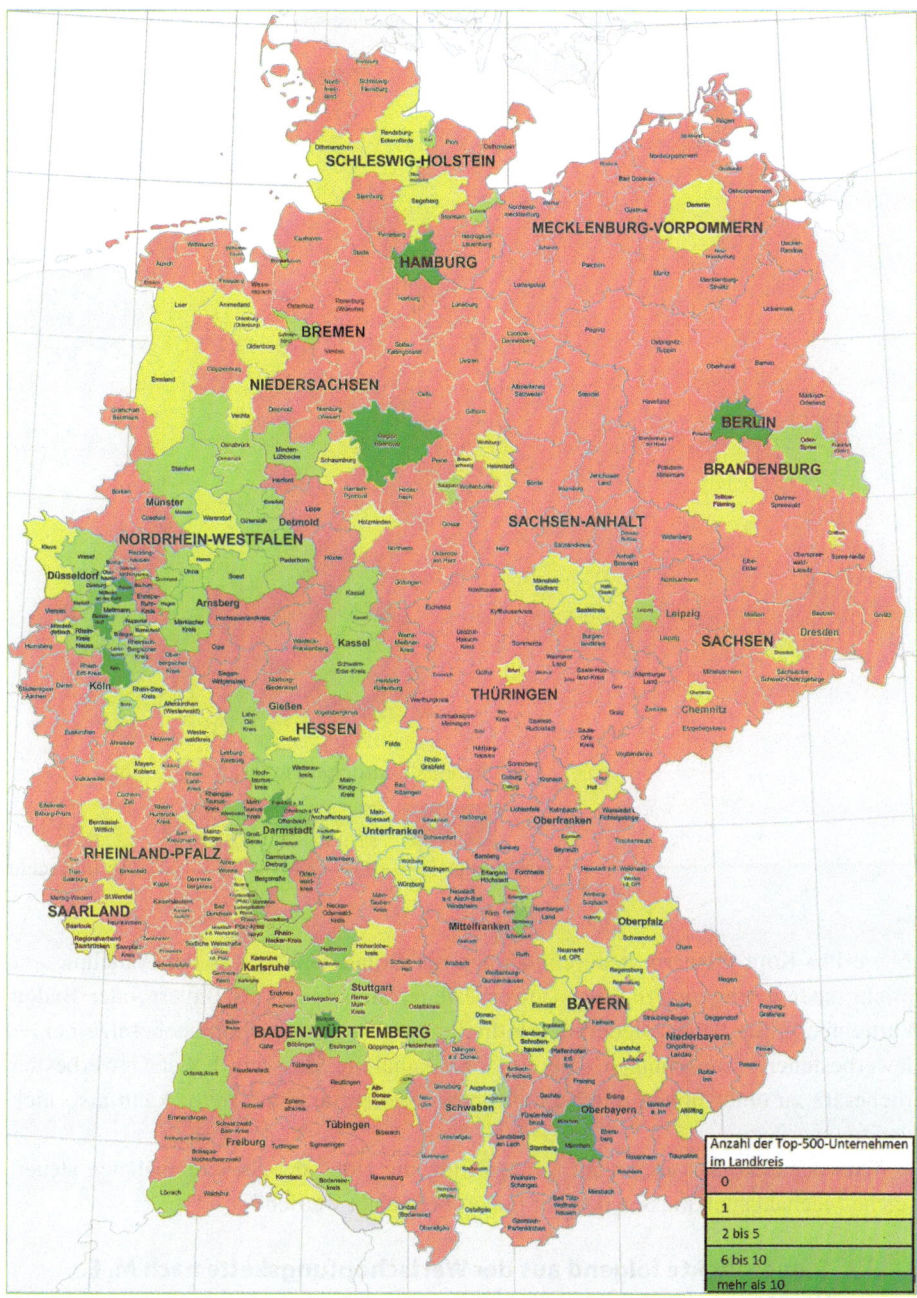

Abb. 9.5 Geografische Verteilung der Top-500-Unternehmen Deutschlands in 2012. (Quelle: Eigene Darstellung nach Die Welt 2012)

Abb. 9.6 Durchschnittliche Hebesätze der Gewerbesteuer 2013. (Quelle: Eigene Darstellung nach Statistisches Bundesamt 2014b)

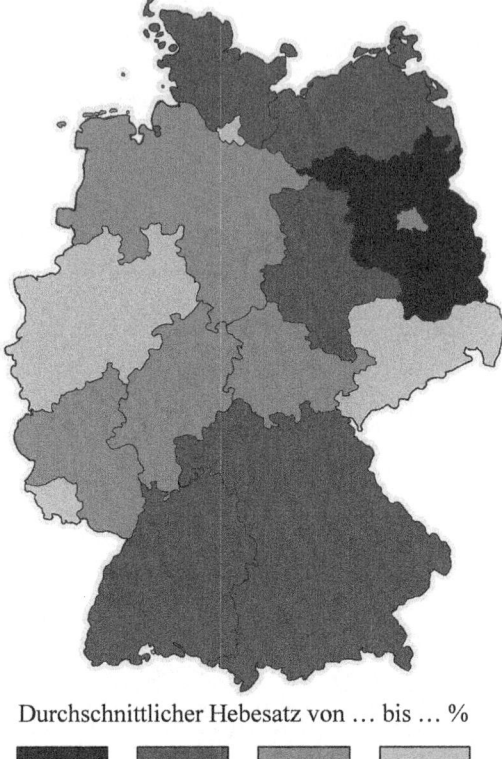

höhere Pro-Kopf-Gewerbesteuereinnahmen als Brandenburg, was der Annahme entspricht, aber geringere Pro-Kopf-Gewerbesteuerreinnahmen als Bayern oder Baden-Württemberg, die beide wiederum deutlich geringere Durchschnittshebesätze bei der Gewerbesteuer veranschlagen. Die einfache Annahme, dass ein hoher Gewerbesteuerhebesatz zu einer hohen durchschnittlichen Steuereinnahme führt, kann also nicht bestätigt werden.

Wenn der Hebesatz aber nicht zwangsläufig die Höhe der Steuereinnahmen steuert, welche Mechanismen müssen darüber hinaus betrachtet werden?

9.4.2.3 Steuereffekte folgend aus der Wertschöpfungskette nach M. E. Porter

Die unternehmerischen Tätigkeiten werden in primäre Aktivitäten sowie unterstützende Aktivitäten unterteilt. Die eigentliche Wertschöpfung findet in dem Bereich der primären Aktivitäten statt, ohne die unterstützenden Aktivitäten allerdings könnte keine primäre Wertschöpfung entstehen. Die Durchführung der Wertaktivitäten führen zu

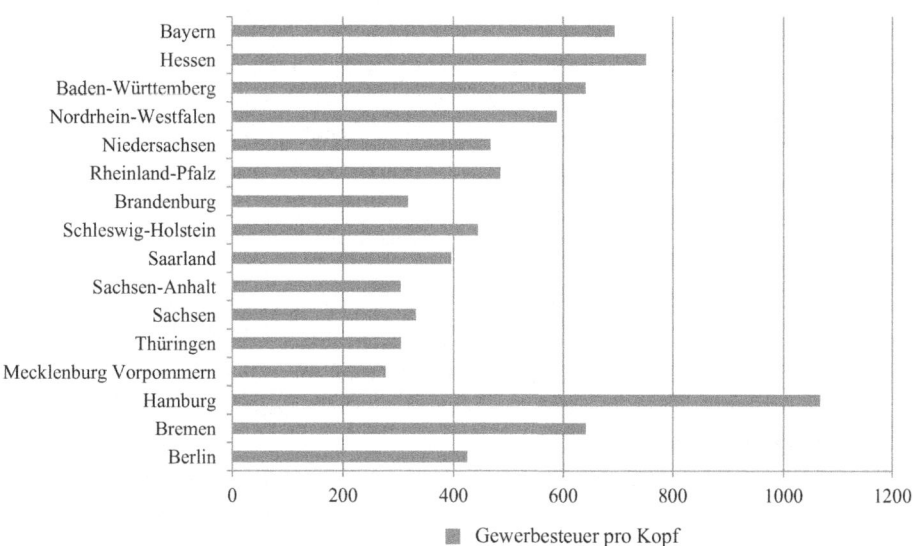

Abb. 9.7 Gewerbesteuer pro Kopf. (Quelle: Eigene Darstellung nach Daten des Statistischen Bundesamtes 2014b)

Wettbewerbsvorteilen (Porter 2010). Die unterstützenden Aktivitäten werden überwiegend in den Konzernzentralen geleistet, da sie allen Bereichen im Konzern zur Verfügung stehen müssen.

Die unternehmerische Wertschöpfungskette von Porter zeigt, dass die dispositiven Faktoren zu einer höheren Wertschöpfung führen als die ausführenden Tätigkeiten. Übertragen auf die fiskalischen Wirkungen ergibt sich daraus folgender Effekt: Gemeinden mit Firmensitzen erwirtschaften eine höhere Gewerbesteuer als Gemeinden, in denen nur die zugehörigen Niederlassungen angesiedelt sind. Dieser Effekt resultiert aus der Regelung im deutschen Gewerbesteuergesetz, die besagt, dass die Gewerbesteuer für die Niederlassungen (Betriebsstätten) nach der Lohnsumme und nicht nach dem Gewerbeertrag der Niederlassung zu erheben ist. Folglich orientiert sich die Gewerbesteuer nicht mehr am eigentlich in der Gemeinde der Betriebsstätte erwirtschafteten Ertrag sondern an einer mehr oder weniger fiktiven Umverteilungsgröße. Für viele Gemeinden, vor allem in den neuen Bundesländern, birgt dieser Verrechnungsmaßstab zwei Probleme: Erstens ist die Anzahl der Firmensitze in den ostdeutschen Ländern deutlich geringer (vgl. Abb. 9.5) und zweitens ist die Höhe der Löhne und Gehälter geringer als in den westdeutschen Ländern (Statistisches Landesamt Baden-Württemberg 2014).

9.4.2.4 Steuereffekte aus Firmensitz und Betriebsstätte

Da der Hebesatz nicht zwingend das richtige Maß für die Standortrente im Zusammenhang mit der Gewerbesteuer darstellt, muss die Zusammensetzung der Steuereinnahmen weiter untergliedert betrachtet werden. Einen wesentlichen Einfluss auf die Höhe der

Gewerbesteuer stellt die Struktur des zu besteuernden Unternehmens dar. Hierbei können aktuell nur die Zahlen bis zum Jahr 2007 herangezogen werden. In den Jahren 1998 bis 2007 zahlten nur etwa 40 % der Unternehmen in Deutschland Gewerbesteuer aufgrund eines positiven Steuermessbetrags (Statistisches Bundesamt 2014c).

Im nächsten Schritt kann man den Vergleich der 50 deutschen Städte mit dem größten absoluten Steuermessbetrag pro Unternehmen heranziehen. Hier zeigen sich auf den ersten drei Plätzen die Gemeinden mit den Firmensitzen von Porsche[4], Volkswagen und SAP (Statistisches Bundesamt 2012).[5] Diese Gemeinden profitieren eindeutig von der Höhe des Gewerbeertrags und nicht von der Höhe des Gewerbesteuerhebesatzes. Berlin, Dresden und Leipzig nahmen als einzige ostdeutsche Städte im Vergleich die letzten drei Plätze ein, wobei die Höhe des Hebesatzes deutlich die Hebesätze der Erstplatzierten übersteigt. Bereits hier wird deutlich, dass die Firmenstruktur sehr stark divergiert (Statistisches Bundesamt 2012).[6]

Für die Erhebung der Gewerbesteuer ist aber nicht allein der Unternehmenssitz relevant sondern auch die Anzahl und Verteilung der Betriebe und Betriebsstätten.[7] Grundsätzlich galt für alle Bundesländer, dass der Anteil der Gewerbebetriebe deutlich größer war als der Anteil der Betriebsstätten. Für Weissach, den ehemaligen Stammsitz von Porsche, gilt das nicht. Hier war das Verhältnis 1:99, d. h. ein Hauptsitz und sonst nur Betriebsstätten in der Gemeinde. In München betrug das Verhältnis 32:68. Auch hier überwog also die Anzahl der Betriebsstätten gegenüber den Firmenhauptsitzen. In Salzgitter dagegen war das Verhältnis umgekehrt mit 78:22. Die ostdeutschen Städte Dresden und Leipzig weisen auch eine Verteilung zugunsten der Betriebsstätten auf, Dresden hat 48 % Gewerbebetriebe im Verhältnis zu 52 % Betriebsstätten, in Leipzig gleicht das Verhältnis von 30:70 der Verteilung in München. Die großen Städte sowie die Gemeinden mit nur wenigen großen Unternehmen folgen damit nur zum Teil der durchschnittlichen Verteilung der Bundesländer. Betrachtet man nun die Verteilung der Gewerbesteuerzahlungen auf Gewerbebetriebe und Betriebsstätten ergeben sich für Deutschland die in Tab. 9.3 aufgeführten unterschiedlichen Situationen.

In Sachsen beispielsweise waren im Jahr 2007 die Betriebsstätten für 57 % der gesamten Gewerbesteuer verantwortlich, obwohl die Verteilung zeigt, dass ihr Anteil an den gewerbesteuerpflichtigen Unternehmen nur 18 % beträgt. Interessanterweise gleicht dieser Wert den Verteilungen in Hessen, Bayern und Baden-Württemberg,

---

[4]Im Jahr 2007 war Porsche noch Firmensitz. Seit der Übernahme im August 2012 gilt Porsche als Betriebsstätte von Volkswagen.
[5]Die ersten drei Plätze waren für 2007 wie folgt verteilt: 1. Weissach (BW) mit 125.798 EUR, Porsche, Hebesatz 330; 2. Wolfsburg mit 82,530 EUR, Volkswagen, Hebesatz 360; 3. Walldorf mit 61.857 EUR, SAP, Hebesatz 255.
[6]Platz 48: Berlin mit 2192 EUR, Hebesatz 410; Platz 49: Dresden mit 2069 EUR, Hebesatz 450; Platz 50: Leipzig mit 1843 EUR, Hebesatz 450.
[7]Zur Definition des Begriffs *Betriebsstätte* vgl. § 12 Abgabenordnung.

Tab. 9.3 Verteilung der Gewerbesteuerzahlung auf Gewerbebetriebe und Betriebsstätten. (Quelle: Eigene Darstellung nach Daten des Statistischen Bundesamtes 2012)

	Anzahl gewerbesteuerpflichtiger Unternehmen	Gewerbesteuer (GewSt.) je Unternehmen	Anteil der Gewerbebetriebe an Unternehmen	GewSt. je Gewerbebetrieb	Steueranteil der Gewerbebetriebe an der gesamten GewSt.	Anteil der Betriebsstätten an Unternehmen	GewSt. je Betriebsstätte	Steueranteil der Betriebsstätten an der gesamten GewSt.
		EUR	%	EUR	%	%	EUR	%
Schleswig-Holstein	119.190	2535	81	1886	60	19	5359	40
Hamburg	90.366	4436	90	2433	49	10	21.826	51
Niedersachsen	262.795	5450	79	4501	65	21	9077	35
Bremen	26.480	3630	86	2029	49	14	12.724	51
Nordrhein-Westfalen	729.199	3116	86	1922	53	14	10.638	47
Hessen	274.822	3703	84	2142	49	16	11.938	51
Rheinland-Pfalz	149.964	2735	80	1614	47	20	7123	53
Baden-Württemberg	424.021	4159	82	2271	45	18	12.617	55
Bayern	566.391	3279	81	1852	46	19	9363	54
Saarland	49.255	2307	87	997	38	13	11.413	62
Berlin	125.450	2192	91	1133	47	9	13.385	53
Brandenburg	103.777	2045	79	1294	50	21	4801	50
Mecklenburg-Vorpommern	96.131	950	83	643	56	17	2453	44

(Fortsetzung)

Tab. 9.3 (Fortsetzung)

	Anzahl gewerbesteuerpflichtiger Unternehmen	Gewerbesteuer (GewSt.) je Unternehmen	Anteil der Gewerbebetriebe an Unternehmen	GewSt. je Gewerbebetrieb	Steueranteil der Gewerbebetriebe an der gesamten GewSt.	Anteil der Betriebsstätten an Unternehmen	GewSt. je Betriebsstätte	Steueranteil der Betriebsstätten an der gesamten GewSt.
Sachsen	192.500	1530	82	805	43	18	4764	57
Sachsen-Anhalt	92.319	2082	77	1175	43	23	5074	57
Thüringen	104.855	1499	81	914	50	19	4043	50
insgesamt	**3.407.485**	**3195**	**83**	**1951**	**51**	**17**	**9245**	**49**

UN = Gewerbebetrieb + Betriebsstätte

obwohl die Unternehmensstruktur ein ganz andere ist. In Niedersachsen dagegen leisteten die Gewerbebetriebe den Großteil der Gewerbesteuer, d. h. 79 % aller Unternehmen kamen für 65 % der Gewerbesteuer auf. Vergleicht man die ostdeutschen Flächenländer, fällt auf, dass Sachsen-Anhalt und Brandenburg die höchsten Gewerbesteuererträge je Unternehmen haben. Sachsen hat die weitaus größte Anzahl an gewerbesteuerpflichtigen Unternehmen, aber die Gewerbesteuererträge pro Unternehmen liegen hinter Sachsen-Anhalt und Brandenburg zurück.

9.4.3 Folgen für die Wachstumsstrategie

Interessant aus fiskalischer Sicht ist bei der Betrachtung des Unternehmenswachstums das Verhältnis aus Unternehmenssitz und Betriebsstätte. Wird ein großes Unternehmen von einem anderen aufgekauft und damit automatisch vom Firmensitz zur Niederlassung (vgl. den Kauf von Porsche durch Volkswagen) verändert sich das Steuerverhältnis zugunsten der Gemeinde mit dem neuen Unternehmenssitz. Die Gemeinde mit der verbleibenden Niederlassung büßt Steuereinnahmen ein und der Steuermessbetrag ist nun nicht mehr abhängig vom Gewerbeertrag sondern von der Lohnsumme. Aus kommunaler Sicht ist es daher von großer Bedeutung, die Firmensitze zu behalten, da ansonsten die Gewerbesteuer in andere Gemeinden fließt.

Die Steuerung über den Hebesatz verliert allerdings zunehmend an Bedeutung. Auch aus der Bereitstellung von neuen Gewerbeflächen entsteht nicht zwangsläufig ein fiskalischer Mehrwert. Wie gezeigt wurde, erwirtschaften nur 40 % der Unternehmen in Deutschland überhaupt einen positiven Steuermessbetrag, d. h. nur hier fließt Gewerbesteuer an die Gemeinde zurück.

Als Konsequenz sollte in der Politik und Verwaltung der Gemeinden eine Art Key Accounting für die bereits ansässigen und steuerpflichtigen Unternehmen eingeführt werden, um die Unternehmen zu halten, die bereits Gewerbesteuer zahlen. Darüber hinaus sichert der Zukauf von Unternehmen, die zukünftig als Niederlassungen eingerichtet werden, ein erhöhtes Steueraufkommen in der Gemeinde, ohne dass hierbei zusätzliche Aufwendungen entstehen.

Literatur

Albach, H., Bock, K., & Warnke, T. (1985). *Kritische Wachstumsschwellen in der Unternehmensentwicklung*. Stuttgart: Springer.
Aydalot, P. (1985). *Economie régionale et urbaine*. Paris: Economica.
Bain, J. S. (1949). A note on pricing in monopoly and oligopoly. *American Economic Review, 39(2)*, 448–464.
Bain, J. S. (1968). *Industrial organization*. New York: Wiley.
Bathelt, H. (2004). Vom Rauschen und Pfeifen in Clustern: Reflexive Informations- und Kommunikationsstrukturen im Unternehmensumfeld. *Geographica Helvetica, 59(2)*, 93–105.

Bathelt, H., & Glückler, J. (2012). *Wirtschaftsgeographie* (3. Aufl. Ausg.). Stuttgart: Eugen Ulmer.
Bathelt, H., Malmberg, A., & Maskell, P. (2004). Clusters and knowledge: Local buzz, global pipelines and the process of knowledge creation. *Progress in Human Geography, 28*(1), 31–56.
Bea, F., & Schweitzer, M. (2009). *Allgemeine Betriebswirtschaftslehre, Bd. 1: Grundfragen.* Stuttgart: Lucius & Lucius Verlagsgesellschaft mbH.
Beck'sche Textausgaben. (2015). *Steuergesetze, Textsammlung mit Verweisen und Sachverzeichnis, Stand 01/2015, 180. Ergänzungslieferung.* München: Beck.
Blankart, C. B. (2011). *Öffentliche Finanzen in der Demokratie.* München: Vahlen.
Blum, U. (1986). Growth poles and regional evolution. *Jahrbuch für Sozialwissenschaft, 37*(3), 325–353.
Blum, U. (2004). *Volkswirtschaftslehre – Studienhandbuch* (4. Aufl. Ausg.). München: Oldenbourg.
Blum, U. (2008). Institutions and clusters. In B. Johansson & C. Karlsson (Hrsg.), *Handbook on research on clusters* (S. 361–373). Cheltenham: Elgar.
Blum, U. (2009). Are there Free Lunches in East Germany? In U. Blum, D. Lindner, & D. Dietrich (Hrsg.), *Empirische Makroökonomik für Deutschland: Analysen, Prognosen, Politikberatung, Schriften des Instituts für Wirtschaftsforschung Halle* (Bd. 27, 61–83). Baden-Baden: Nomos.
Blum, U. (2012). Headquarterstrategie für Mittelstand. *P.T. Magazin 8*(2), 40–43.
Blum, U. (2013). Unternehmertum, Unternehmerwerte und Wachstum. *Wirtschaftspolitische Blätter der Wirtschaftskammer Österreich, 1,* 75–85.
Blum, U., & Dudley, L. (1999). The two Germanies: Information technology and economic divergence, 1949–1989. *Journal of Institutional and Theoretical Economics, 155*(4), 710–737.
Blum, U., Jänchen, I., & Lubk, C. (2015). Die Relevanz von Unternehmenszentralen für die fiskalische Leistungsfähigkeit. *Wirtschaftsdienst – Zeitschrift für Wirtschaftspolitik, 95*(7), 395–403.
Boudeville, J. R. (1966). *Problems of regional economic planning.* Edinburgh: Edinburgh University Press.
Bundesministerium der Finanzen. (2014). *Eckdaten zur Entwicklung und Struktur der Kommunalfinanzen 2004–2013.* Berlin.
Christaller, W. (1933). *Die zentralen Orte in Süddeutschland.* Darmstadt: Wissenschaftliche Buchgesellschaft.
Die Welt. (2012). Die 500 größten Unternehmen in Deutschland.
DIHK. (2009). *Standort Deutschland – Standortfaktor Gewerbesteuer.* Berlin: Deutscher Industrie- und Handelskammertag.
DIW. (2013). *Investitionen für mehr Wachstum – Eine Zukunftsagenda für Deutschland, DIW Wochenbericht 26/2013.* Berlin.
Fuest, C., & Thöne, M. (2008). *Ertragsabhängige und ertragsunabhängige Steuern, FiFo-Bericht Nr.10, Forschungsauftrag Nr. 21/06 des Bundesministeriums der Finanzen.* Köln.
Gassler, H., & Rammer, C. (1999). *Alles Cluster?* Österreichische Gesellschaft für kritische Geographie: Über den Boom einer neuen wirtschaftspolitischen Strategie.
Helpman, E. (1998). *General purpose technologies and economic growth.* Cambridge: MIT Press.
Helpman, E., Melitz, M. J., & Yeaple, S. R. (2004). Export versus FDI with heterogeneous firms. *American Economic Review, 94*(1), 300–316.
Hirschman, A. O. (1958). *The strategy of economic development* (S. 10). Economics: Yale Studies.
Hoover, E. M. (1937). *The location of economic activity.* New York: McGraw-Hill.
Jänchen, I. (2012). Das sächsische kommunale Kennzahlensystem, Eine Empfehlung für die sächsischen Städte, Gemeinden und Landkreise. *Sachsenlandkurier 4*(2012), 162–171.
Jänchen, I. (2014). Kommunaler Haushaltsausgleich sächsischer Kommunen oder Was will uns die doppische Haushaltssatzung sagen? *Meißner Hochschulschriften,* 29–45.
Krugman, P. (1991a). Increasing returns and economic geography. *Journal of Political Economy, 99*(31), 483–499.

Krugman, P. (1991b). *Geography and trade.* Cambridge: MIT Press.
Lösch, A. (1948). *Die räumliche Ordnung der Wirtschaft.* Stuttgart: Gustav Fischer Verlag.
Maier, G., & Tödtling, F. (1992). *Regional- und Stadtökonomik: Standorttheorie und Raumstruktur.* Wien: Springer.
Maier, G., Tödtling, F., & Trippl, M. (2012). *Regional- und Stadtökonomik 2: Regionalentwicklung und Regionalpolitik* (4. Aufl. Ausg.). Wien: Springer.
Marshall, A. (1890). *Principles of economics* (8. Aufl. Ausg.). London: Macmillan.
Mason, E. S. (1939). Price and production policies of large scale enterprises. *American Economic Review, 29*(1, Supplement), 61–74.
Mumford, L. (1961). *The city in history: Its origins, its transformations, and its prospects.* London: Secker & Warburg.
Myrdal, G. (1957). *Economic theory and under-developed regions.* London: G. Duckworth.
Perroux, F. (1964). *L'économie du xxème siècle.* Paris: Presses Universitaires de France.
Porter, M. E. (2000). Location, competition, and economic development: Local clusters in a global economy. *Economic Development Quarterly, 14*(1), 15–34.
Porter, M. E. (2010). *Wettbewerbsvorteile: Spitzenleistungen erreichen und behaupten* (7. Aufl. Ausg.). Frankfurt a. M.: Campus.
Pouder, R., & St. John, C. H. (1996). Hot spots and blind spots: Geographical clusters of firms and innovation. *The Academy of Management Review, 21*(4), 1192–1225.
Romer, P. M. (1990). Endogenous technological change. *Journal of Political Economy, 98*(5), 70–102.
Rosenfeld, S. A. (1997). Bringing business clusters into the mainstream of economic development. *European Planning Studies, 5*(1), 3–23.
Schumpeter, J. A. (1912). *Theorie der wirtschaftlichen Entwicklung.* München: Duncker & Humblot.
Schumpeter, J. A. (1942). *Capitalism, socialism and democracy.* New York: Harper.
Statistisches Bundesamt. (2012). *Finanzen und Steuern, Gewerbesteuer, Fachserie 14, Reihe 10.2.* Wiesbaden.
Statistisches Bundesamt. (2014a). *Finanzen und Steuern, Vierteljährliche Kassenergebnisse des öffentlichen Gesamthaushalts, Fachserie 14, Reihe 2, 1. bis 4. Vierteljahr 2013.* Wiesbaden.
Statistisches Bundesamt. (2014b). *Finanzen und Steuern, Realsteuervergleich – Realsteuern, kommunale Einkommen- und Umsatzsteuerbeteiligungen, Fachserie 14, Reihe 10.1.* Wiesbaden.
Statistisches Bundesamt. (2014c). *Steuern regional, Ergebnisse der Steuerstatistiken, Ausgabe 2014.* Wiesbaden.
Statistisches Landesamt Baden-Württemberg. (2014). *Arbeitnehmerentgelt, Bruttolöhne und -gehälter in den Ländern der Bundesrepublik Deutschland 1991 bis 2013, Reihe 1, Bd. 2, Arbeitskreis „Volkswirtschaftliche Gesamtrechnung der Länder", Berechnungsstand August 2013/ Februar 2014.* Stuttgart.
Vernon, R. (1966). International Investment and International Trade in the Product Cycle. *Quarterly Journal of Economics, 80*(2), 191–207.
Williamson, O. E. (1996). *Transaktionskostenökonomik* (2. Aufl. Ausg.). Hamburg: LIT.

Ulrich Blum, Prof. Dr. Dr. h.c. (Jahrgang 1953) ist Professor für Volkswirtschaftslehre und Inhaber des Lehrstuhls für Wirtschaftspolitik und Wirtschaftsforschung an der Universität Halle-Wittenberg. Er ist zugleich Inhaber des Alexander-von-Humboldt-Lehrstuhlsan der *University of International Business and Economics* (UIBE) in Peking und Internationaler Exzellenzprofessor der Volksrepublik China.

Nach seiner Promotion (1982) und seiner Habilitation (1986) an der Universität Karlsruhe nahm er im akademischen Jahr 1986/1987 eine Gastprofessur an der Universität Montreal wahr, wo er seitdem im Rahmen regelmäßiger Aufenthalte forscht. Von 1987 bis 1992 war er Professor für Volkswirtschaftslehre an der Universität Bamberg. Im Jahr 1991 wurde er auf den Lehrstuhl für Wirtschaftspolitik und Wirtschaftsforschung an der Technischen Universität Dresden berufen und war hier in der Zeit von 1992 bis 1994 Gründungsdekan der Fakultät Wirtschaftswissenschaften. Von November 2004 bis Dezember 2011 war er Präsident des Instituts für Wirtschaftsforschung Halle. Im Oktober 2008 erhielt er die Ehrendoktorwürde der Technischen Universität Dresden. Im Jahr 2012 wurde er in die Europäische Akademie der Wissenschaften aufgenommen.

Er ist Autor und Herausgeber von zahlreichen wirtschaftswissenschaftlichen Veröffentlichungen in den Bereichen der Institutionen- und Industrieökonomik, der Risikotheorie, des Normungswesens sowie der Regional- und Verkehrsökonomie und zum Entrepreneurship. Aktuell forscht er vornehmlich zur Ökonomie von Ressourcen, Neuen Materialien, Recycling und Total Design Management. Er ist Gründungsdirektor des in Kooperation mit dem Fraunhofer-Institut für Mikrostruktur von Werkstoffen und Systemen eingerichteten Center for Economics of Materials.

Björn Feldmann, M.Sc., war 2013 bis 2016 wissenschaftlicher Mitarbeiter am Lehrstuhl für Wirtschaftspolitik und Wirtschaftsforschung an der Martin-Luther-Universität Halle-Wittenberg. Nach seinem Bachelorabschluss der Empirischen Wirtschafts- und Sozialwissenschaften an der Leuphana Universität Lüneburg absolvierte er in Halle sein Masterstudium der Empirischen Ökonomik und Politikberatung. Während seines Studiums arbeitete er in der Abteilung „Banken, Finanzmärkte und realwirtschaftliche Entwicklung" des Instituts für Wirtschaftsforschung Halle (IWH) sowie als Tutor am Lehrstuhl für Geld und Währung zur Vorlesung „Monetäre Ökonomik". Björn Feldmann war als wissenschaftlicher Mitarbeiter, unter der Projektleitung von Herrn Professor Dr. Dr. h.c. Blum, im Team des „Headquarterprojektes" tätig – einem wissenschaftlichen Forschungsprojekt zu Entwicklungschancen mitteldeutscher Unternehmen und deren Potenzial für die wirtschaftliche Entwicklung in Mitteldeutschland. Er befasste sich vor allem mit den Themenfeldern „Wachstum", „Internationalisierung" und „Finanzierung" von ostdeutschen Unternehmen, insbesondere KMU.

Isabelle Jänchen, Prof. Dr. studierte Volkswirtschaftslehre an der Ruprecht-Karls-Universität in Heidelberg. Im Anschluss an das Studium übernahm sie eine Stelle als wissenschaftliche Mitarbeiterin in einem lehrstuhlübergreifenden Drittmittelprojekt an der TU Dresden, Lehrstuhl für Wirtschaftspolitik und Wirtschaftsforschung sowie Lehrstuhl für Marktorientierte Unternehmensführung zum „Gesamtwirtschaftlichen Nutzen von Normen". In diesem Bereich fertigte sie auch ihre Doktorarbeit mit dem Thema „Normungsstrategien für Unternehmen – Eine ökonomische Analyse" an. Während der Erstellung der Doktorarbeit erstellte sie freiberuflich wissenschaftliche Gutachten im Auftrag des Deutschen Instituts für Normung DIN, des Instituts für Wirtschaftsforschung Halle IWH sowie des Bundeswirtschaftsministeriums. Auch für zahlreiche Städte und Gemeinden in Sachsen führte sie Machbarkeitsstudien für Investitionsprojekte durch. In den Jahren 2008 bis 2010 übernahm Frau Jänchen die Gastprofessur für Wirtschaftspolitik und Finanzwissenschaften an der BTU Cottbus. Seit 2010 arbeitet und forscht Frau Jänchen als Professorin für öffentliche Finanzen und Volkswirtschaftslehre an der Hochschule Meißen (FH) und Fortbildungszentrum. Die Schwerpunkte ihrer Arbeit bestehen in der Untersuchung und Analyse der kommunalen Finanzkraft und den daraus folgenden finanzpolitischen Konsequenzen.

Claudia Lubk, Prof. Dr. studierte Volkswirtschaftslehre sowie Regionalstudien Ostasien in Dresden und Xiamen, VR China. Dabei spezialisierte sie sich auf Außenwirtschaft, Umweltökonomie sowie Wirtschaftspolitik. Während ihres Studiums arbeitete sie als Hilfskraft und Praktikantin für das ifo Institut, Niederlassung Dresden, sowie für den Lehrstuhl für Wirtschaftspolitik. Ihre Doktorarbeit schrieb sie zum Thema „Evaluation nachhaltiger Arbeitsmarktpolitik". 2006 bis 2012 war sie Mitarbeiterin am Lehrstuhl für Makroökonomik an der BTU Cottbus; 2012 bis 2017 arbeitete sie am Lehrstuhl für Wirtschaftspolitik und Wirtschaftsforschung an der Martin-Luther-Universität in Halle. Dort forschte sie in einem Projekt zu Headquartereffekten und der Headquarterlücke in Ostdeutschland. Seit 2017 arbeitet und forscht Frau Lubk als Professorin für Öffentliche Betriebswirtschaftslehre an der Hochschule Meißen (FH) und Fortbildungszentrum. Sie leitet dort außerdem das Akademische Auslandsamt.

Marc Schmid, M.Sc., LL.M. oec., ist wissenschaftlicher Mitarbeiter am Lehrstuhl für Wirtschaftspolitik und Wirtschaftsforschung der Martin-Luther-Universität Halle-Wittenberg. Er studierte Betriebswirtschaftslehre, International Area Studies und Wirtschaftsrecht an der DHBW, University of Aberdeen und an der Martin-Luther-Universität Halle-Wittenberg.

Seine Arbeits-, Studien- und Forschungsaufenthalte führten ihn unter anderem in die USA, nach Russland, Großbritannien und Äthiopien. Seine Forschungsinteressen umfassen insbesondere Rohstoffstrategien und Ressourcenökonomik, Strategisches Management sowie Institutionenökonomik und Governance.

Der wirtschaftspolitische Rahmen

10

Ulrich Blum, Björn Feldmann und Peter Nothnagel

10.1 Die Wettbewerbsordnung

10.1.1 Die Bedeutung des Ordnungsrahmens

Kleine und mittlere Unternehmen (KMU) sind in der Regel stark standortgebunden, entweder aus subjektiven Gründen – beispielsweise aus Tradition, die insbesondere bei Familienunternehmen zählt – oder (quasi-)objektiv, weil es ein spezifisches Milieu gibt, auf das sie angewiesen sind.

Aus dieser Abhängigkeit erwächst ein Regulierungsrisiko, denn der Staat kann die Spielregeln der Wirtschaftsordnung[1] verändern und in der Regel können sich KMU kaum dagegen wehren. Dieses Risiko besteht auch und gerade, wenn Unternehmen

---

[1] „'Wirtschaftsordnung' [...] ist die Gesamtheit der realisierten Formen, in denen in concreto jeweils der alltägliche Wirtschaftsprozeß abläuft" (Eucken 1952).

U. Blum (✉)
Martin Luther Universität Halle-Wittenberg;
Center für Ökonomik der Werkstoffe, Halle, Deutschland
E-Mail: ulrich.blum@wiwi.uni-halle.de; ulrich.blum@imws.fraunhofer.de
URL: http://wipofo.wiwi.uni-halle.de; http://www.materials-economics.de

B. Feldmann
Halle, Deutschland
E-Mail: bjoern@feldmann-lueneburg.de

P. Nothnagel
Dresden, Deutschland

© Springer Fachmedien Wiesbaden GmbH, ein Teil von Springer Nature 2018
U. Blum et al. (Hrsg.), *Vade Mecum für Unternehmenskäufe*,
https://doi.org/10.1007/978-3-658-20755-7_10

durch eine „Build"-Strategie auch internationale Märkte erschließen und dann zusätzlich zum nationalen Ordnungsrahmen noch die Spielregeln aus internationaler und zwischenstaatlicher Perspektive beachten müssen. Die Belastung durch ein derartiges *doppeltes Regulierungsrisiko* kann durch bilaterale Investitionsschutzverträge abgemildert werden, welche die Rechtssicherheit in einem in- bzw. ausländischen Wirtschaftsraum erhöhen. Staatliche Vertragsverletzungen können von den Investoren vor einem unabhängigen internationalen Schiedsgericht angezeigt werden (Kaufmann 2006).

10.1.2 Modelle und Theorien

Es ist vor allem die Garantie von Eigentums-, Handlungs- und Verfügungsrechten, welche die wettbewerbliche Funktionsfähigkeit von Märkten gewährleisten. Die Freiburger Schule (Eucken 1952) nennt folgende Spielregeln (konstitutive Prinzipien), welche unabdingbar für eine funktionsfähige Wettbewerbsordnung sind:

- Funktionierendes Preissystem bei vollständiger Konkurrenz
- Freiheit des Marktzutritts
- Preisstabilität der Währung
- Vertragsfreiheit (mit Grenzen – um Kartelle zu vermeiden)
- Privateigentum an Produktionsmitteln
- Vermeidung von Haftungsbeschränkungen
- Vorhersehbarkeit und Stetigkeit der Wirtschaftspolitik

Diese konstitutiven Prinzipien werden durch regulierende Prinzipien ergänzt:

- Eindämmung von Marktmacht, Monopolkontrolle
- Internalisierung externer Effekte
- Einkommenskorrektur durch aktive Steuerpolitik dort, wo dies sozialethisch erforderlich erscheint

Die grundlegende ordnungsökonomische Idee besteht darin, die Spielregeln von den Spielzügen zu trennen – ähnlich einem Fußballspiel: Die Regeln sind so zu gestalten, dass ihre Einhaltung attraktiv ist, sie sollten *„self enforcing"* sein. Wenn beim Spiel dann doch eine Kalamität passiert, dann greift ein Schiedsrichter ein – die Kartellbehörde in Wettbewerbsfällen, die reguläre Justiz in Fällen des Bruchs anderer Gesetze oder bei Vertragsverletzungen.

Ganz im Gegensatz dazu rechtfertigt die Chicago-Schule staatliche Eingriffe in den Wettbewerb nur im Falle von Kartellbildung und beschränktem Zugang zu Ressourcen. Insbesondere Monopole sind dann unproblematisch, wenn die Unternehmen den Markt optimal bedienen. Täten sie dies nicht, könnten Markteintrittsbarrieren von Wettbewerbern leicht überwunden werden (Blum et al. 2006; Knieps 2008).

10.1.3 Folgen für die Wachstumsstrategie

Für Unternehmen besteht ein Regulierungsrisiko aufgrund möglicher Veränderungen der Wirtschafts- und Rechtsordnung sowie des Rahmens für Wirtschaftsförderung. Diese Regulierungsrisiken müssen Unternehmen bekannt sein und sie sollten in die Entscheidungen von strategischen Veränderungen und Unternehmenskäufen einfließen. Rechtliche Bestimmungen und Möglichkeiten der Wirtschaftsförderung sollten ebenfalls bekannt sein, um den finanziellen Rahmen des Unternehmenskaufes bestimmen zu können.

10.2 Die konkrete wirtschaftspolitische Ausfüllung des Ordnungsrahmens

10.2.1 Die Bedeutung der Wirtschaftspolitik

Als Wirtschaftspolitik bezeichnet man alle Maßnahmen staatlicher Institutionen oder Verbände, die das Wirtschaftsleben beeinflussen. Sie realisiert sich in der Regel im Rahmen der *Wirtschaftsverfassung* eines Landes, d. h. den rechtlichen Vorschriften und Normen, die für die Wirtschaft bedeutsam sind. Sie gliedert sich in einen *allgemeinen* und in einen *speziellen* Teil. In ersterem betrachtet man die *Theorie der Wirtschaftspolitik*, die sich mit Grundlagen, Normen, den Beziehungen zwischen Instrumenten, Zielen und deren Bewertung nebst zugehöriger Kriterien, der *Werturteilsproblematik* usw. befasst. Zu diesem Bereich zählt auch die gesamtwirtschaftliche Wirtschaftspolitik. Die spezielle Wirtschaftspolitik hingegen orientiert sich an den (sektoralen) Strukturen der Wirtschaft.

Zwischen der Wirtschaftspolitik und der Wirtschaftsordnung eines Staates bestehen enge wechselseitige Abhängigkeiten: Einerseits muss sich die Wirtschaftspolitik in den ordnungspolitisch vorgegebenen Rahmen der Volkswirtschaft einfügen, andererseits gestaltet sie diesen und entwickelt ihn fort. Konflikte zwischen Wirtschaftsordnung und Wirtschaftspolitik sind somit in allen Wirtschaftssystemen an der Tagesordnung. Vor allem durch eine opportunistische Wirtschaftspolitik, die auf einen scheinbaren Wählerwillen schielt, wird der Ordnungsrahmen häufig beschädigt. Dann geht Vertrauen verloren, was sich in Kapitalflucht und verringerten Investitionen zeigt und schließlich zu einer steigenden Arbeitslosigkeit führt. Aufgabe der Wirtschaftswissenschaft ist es, in diesem Spannungsfeld Kosten-Nutzen-Kalküle für alternative institutionelle Anordnungen zu geben, insbesondere auch durch das Evaluieren wirtschaftspolitischer Maßnahmen. Konkret bedeutet dies beispielsweise zu prüfen, ob Ansiedlungshilfen tatsächlich wirksam waren oder nicht nur Mitnahmeeffekte auslösten.

Entsprechend ihrer Intensität lassen sich folglich zwei Grundkonzeptionen der Wirtschaftspolitik unterscheiden: Die *Ordnungspolitik,* welche bestimmte wirtschaftspolitische Ziele durch Vorgabe eines wirtschaftspolitischen Rahmens setzt, deren Ausfüllung jedoch den Wirtschaftssubjekten überlässt. Diese steht in der Tradition der Sozialen Marktwirtschaft, die zwischen Spielregeln – dem Rahmen – und Spielzügen – der Ausfüllung – unterscheidet. Der Wettbewerb im Markt gleicht damit einem Fußballspiel, bei dem erwartet wird, dass die Regeln so ausgestaltet sind, dass sich die Spieler bereitwillig an diese halten, weil nur so der langfristige Anreiz wachgehalten werden kann. Gefährlich ist hingegen die stark interventionistische *Prozesspolitik,* die bestimmte wirtschaftspolitische Ziele durch die Verpflichtung staatlicher oder privater Wirtschaftssubjekte zu erreichen sucht und damit oft gegen den Ordnungsrahmen verstößt sowie falsche Anreize setzt. Wenn Unternehmen z. B. Hilfen dafür bekommen, Arbeitslose einzustellen, so besteht das Risiko, dass sie zunächst Personal entlassen, um es anschließend verbilligt wieder zu rekrutieren – man spricht hier vom Drehtüreffekt.

10.2.2 Modelle und Theorien

Die Untergliederung der Wirtschaftspolitiken entspricht weitge-hend der Einteilung der Volkswirtschaftslehre, z. B. in die

- Wettbewerbs-, Wachstums-, Beschäftigungs-, Außenwirtschafts-, Geld-, Währungs-, Struktur-, Finanz- und Steuerpolitik, oder
- Regionale Wirtschaftspolitik, Raumordnungs-, Verkehrs- und Infrastrukturpolitik.

Die Theorie der Wirtschaftspolitik untersucht die Normen wirtschaftspolitischen Handelns und in einem mikroökonomischen Zweig Effizienzbedingungen der gesamtwirtschaftlichen Allokation. Hier sind auch Wertfragen angesiedelt, weil die prinzipielle Unmöglichkeit einer wertfreien Forschung und damit einer wertfreien Wirtschaftspolitik die Frage nach der Rückbindung auf gesellschaftlich akzeptierte Normen erfordert: Was ist sozial, was ist fair, was darf im Rahmen des Wettbewerbs gefordert werden usw. Viele Maßnahmen der Wirtschaftspolitik untermauern in einem gewissen Rahmen die Legitimität im demokratischen System und bedürfen des bürgerlichen Konsenses bzw. müssen sich in Wahlen bestätigen. Deutlich wurde diese Problematik im Kontext der Hartz-Arbeitsmarktreformen.

Der zentrale wirtschaftliche Rechtfertigungsgrund für die Durch-führung von Wirtschaftspolitiken liegt in unbefriedigenden Allokationsergebnissen des Marktes begründet. Im Einzelnen werden angeführt:

- Das Vorhandensein spezifisch öffentlicher Güter,
- Das Vorhandensein meritorischer Güter,
- Die Unmöglichkeit, ein Marktgleichgewicht zu finden (z. B. bei anomalem Angebotsverhalten),
- Das Vorliegen externer Effekte,
- Das Vorliegen monopolistischer oder oligopolistischer Macht auf Angebots- und/oder Nachfrageseite,
- Skalen- und Agglomerationsökonomien.

10 Der wirtschaftspolitische Rahmen

Weiterhin kann Wirtschaftspolitik auch das Ziel haben, in den effizienten marktlichen Allokationsmechanismus aus übergeordneten, gesellschaftspolitischen Gründen einzugreifen, wie dies beispielsweise bei der Einkommenspolitik geschieht.

Die Träger der Wirtschaftspolitik setzen Mittel (Instrumente) ein, um bestimmte Ziele zu erreichen. Diese Ziele können einen instrumentalen Charakter haben, wenn ihnen nur ein geringer Eigenwert zukommt (z. B. eine effiziente Allokation), es kann sich aber auch um wirtschaftliche Grundziele (z. B. Geldwertstabilität) oder darüber noch hinausgehende immaterielle Ziele handeln. Man sieht hieran zugleich, dass es in der Realität oft schwer ist, zwischen Zielen und Mitteln genau zu unterscheiden. Preisniveaustabilität z. B. ist ein wichtiges Ziel im Stabilitätsgesetz der Bundesrepublik Deutschland. Weil aber ohne sie rationales wirtschaftlichen Planen erschwert wird, ist sie auch ein Mittel.

Wirtschaftspolitik setzt oft viele Mittel ein, um ein Ziel, manchmal auch mehrere Ziele, zu erreichen. Daraus können Zielidentität, Zielkompatibilität, aber auch Zielantinomie oder Zielkonkurrenz folgen. Gelegentlich tangieren sich Ziele nicht, man spricht dann von Zielindifferenz. Vor allem bei widersprüchlichen Zielen können wirtschaftspolitische Maßnahmen sehr negative Auswirkungen haben. Da in einem allgemeinen Sinne wirtschaftspolitisches Handeln durch den Staat immer dann notwendig wird, wenn individuelle und kollektive Rationalität auseinanderfallen, können inkonsistente Ziele erwünschte Wirkungen blockieren. So ist es in einer schwierigen wirtschaftlichen Lage sinnvoll, Schulden zu tilgen. Tun dies aber alle, sinkt die Nachfrage und die Lage verschlechtert sich weiter (finanzielle Repression). Halten alle Unternehmen ihre Investitionen zurück, weil sie Abschreibungsvergünstigungen erwarten, und der Staat stellt diese in der Notlage bereit, dann dürfte meist nur das geplante Investitionsvolumen realisiert werden – auf Kosten der Staatskasse.

Tatsächlich ist Wirtschaftspolitik kein dynamisches Kontrollproblem, bei dem der Handlungsträger der Wirtschaftspolitik versucht, die erwünschten Ziele durch entsprechenden Instrumenteneinsatz an- bzw. nachzusteuern. Es ist ein Spiel, und wer einmal falsch setzt, kann dauerhaft verloren haben, wie dies vor allem Währungsspekulationen zeigen.

Staatliche Wirtschaftspolitik kann – neben der Unterscheidung in Ordnungspolitik und Prozesspolitik – ergänzend wie folgt kategorisiert werden:

- Die Kausaltherapie versucht, wirtschaftspolitische Ziele durch ursachengerechten Eingriff zu erreichen (z. B. verbesserte Bildung zur Reduktion der Arbeitslosigkeit), während mithilfe der Neutralisierungspolitik eine Kompensation von als negativ erachteten Entwicklungen angestrebt wird (z. B. Arbeitslosenunterstützung).
- Qualitative Maßnahmen, beispielsweise Verbesserungen der Außenhandelsbedingungen, besitzen eine geringere zahlenmäßige Erfassbarkeit als quantitative Maßnahmen, beispielsweise ein konkretes Investitionsprogramm. Bei letzteren kann auch die Wirkung zahlenmäßig dargestellt werden.

- Je nachdem, an welcher Stelle der ersten Wirkungsrunde wirtschaftspolitische Maßnahmen ansetzen, unterscheidet man angebots- oder nachfrageseitig wirkende Maßnahmen. Ersteres entspricht vor allem den Vorstellungen der liberalen Ökonomen, letzteres denen der Keynesianer. Das Problem ist, dass ohne neue Güter (Innovation, Angebot) jeder Nachfrageimpuls immer die Produktion von vorhandenen Gütern anregt. Zudem können, gerade in entwickelten Volkswirtschaften, Nachfrageimpulse schnell ins Ausland abwandern, weil zusätzlicher Konsum oder zusätzliche Investitionsgüter oft dort beschafft werden.

Wirtschaftspolitische Maßnahmen werden als regelgebunden bezeichnet, wenn ihr Einsatz durch bestimmte Regeln (z. B. durch Über- oder Unterschreiten bestimmter Indikatorenwerte) automatisch erfolgt, oft durch exekutive Maßnahmen. Dies betrifft beispielsweise regionale Versorgungsziele. In diesem Bereich handelt die Wirtschaftspolitik meist reaktiv. Ein diskretionärer Einsatz wird durch die zuständigen Entscheidungsträger aufgrund einer Ermessensentscheidung beschlossen. Zwischen beiden Formen existieren Zwischenstufen, weil der regelgebundene Einsatz wirtschaftspolitischer Instrumente oft eine quantitative und qualitative Ausgestaltung offenlässt. Beim regelgebundenen Einsatz treten Probleme durch Mitnahmeeffekte rational handelnder Wirtschaftssubjekte auf, weshalb man häufig von einer Ineffizienz derartiger Maßnahmen ausgeht.

10.2.3 Folgen für die Wachstumsstrategie

Wirtschaftsförderung ordnet sich in den Ordnungsrahmen des Landes oder der übergeordneten internationalen Instanzen ein; für Deutschland sind neben Landes- und Bundesgesetzen vor allem die Verordnungen der EU und internationale Vertragswerke, beispielsweise das der Welthandelsorganisation (WTO) maßgeblich. Vor allem lang anhaltende Aufbau- und Restrukturierungspolitiken knüpfen an persistente Defizite von Regionen an, beispielsweise mangelnde Integration in die Weltwirtschaft oder stark unterdurchschnittliche Einkommen. Von konkreter Bedeutung ist die konjunkturelle Lage: Besonders im Abschwung geraten politische Entscheidungsträger unter Druck, etwas gegen die rezessiven Tendenzen zu unternehmen und sind dabei gerne bereit, kurzfristig wirkende Ausgaben zu tätigen. Diese sind daher meist von nachfrageseitiger und quantitativer, direkt wirkender Natur. Damit eröffnen sich Potenziale für Mitnahmeeffekte, die auch politisch gewollt sind, aber auch Kumulationspotenziale, möglicherweise mit angebotsorientierten Maßnahmen wie Abschreibungsvergünstigungen oder Innovationsförderungen. Dabei ist es immer wichtig zu beachten, dass alle geförderten Gründungen und Erweiterungen von Unternehmen, Käufe von neuen Unternehmen sowie Umstrukturierungen auch ohne Förderung langfristig rentabel sein müssen. Denn die Förderung ist einmalig, aber der Betrieb ist langfristig.

10.3 Wirtschaftsförderung als Partner

10.3.1 Organisation der Wirtschaftsförderung in Deutschland und den Bundesländern

In allen entwickelten Staaten der Welt und insbesondere auch den deutschen Bundeländern existieren gewachsene Strukturen der Wirtschaftsförderung. Dabei wirken Organisationen auf Bundes- und Länderebene, aber auch auf kommunalen Ebenen und in Organisationen der Selbstorganisation der Wirtschaft sowie von Verbänden zusammen. Das nachfolgende Schaubild Abb. 10.1 zeigt beispielhaft die Akteure für den Freistaat Sachsen in Deutschland.

In den Regionen der Welt, in denen Wirtschaftsförderung gut funktioniert, wirken diese Strukturen nicht nur arbeitsteilig, sondern kooperativ zusammen. Jede der Strukturen hat eigene Instrumente und setzt diese bei optimaler Abstimmung komplementär mit den anderen Partnern ein. In schlecht funktionierenden Strukturen herrscht zwischen den einzelnen Institutionen ein wilder und oft sogar destruktiver Wettbewerb. Als Negativbeispiel hierfür mag gelten, dass sich auf dem amerikanischen Kontinent beim Wettbewerb um neue Chipfabriken einzelne Bundesstaaten gegenseitig bei den Konditionen im Fördermittelwettbewerb überbieten. Dies führt letztlich für den Gesamtstaat zu unangebracht hohen Kosten in der Ansiedlungsförderung („Man hätte die Ansiedlung mit weniger Subventionen erreichen können"). Hier wirken in der Europäischen Union die ansonsten oft gescholtenen Wettbewerbsregeln klar in die richtige Richtung eines allgemein anerkannten und durchsetzungsfähigen Förder- und Wettbewerbskodex. Ein Fördermittelwettbewerb ist nur in engen Grenzen möglich, über die regelmäßig auf der Ebene der Europäischen Kommission sowie innerhalb der Staaten verhandelt wird und die für Finanziers, Förderer und Unternehmen transparent sind. So gilt etwa in Sachsen eine strikte Gewaltenteilung in der Förderpraxis. Während die WFS rein unternehmensbezogene Förderung betreibt und sich

Abb. 10.1 Institutionen der Wirtschaftsförderung am Beispiel des Freistaats Sachsen. (Quelle: Eigene Darstellung nach Angaben der Wirtschaftsförderung Sachsen GmbH)

die SAB auf monetäre Hilfen beschränkt, sind die Wirtschaftsordnung betreffende Aktivitäten ausschließliche Angelegenheit des SMWA.

In Regionen, in den Wirtschaftsförderung gut funktioniert, gibt es in der Regel zentrale Fördereinrichtungen, beispielsweise die Sächsische Aufbaubank/Förderbank (SAB) in Sachsen, die Landesentwicklungsgesellschaft (LEG) in Thüringen oder die Landesanstalt für Aufbaufinanzierung (LfA) Förderbank Bayern. Diese Förderbanken erhalten ihre Förderrichtlinien (Programme), aber vor allem auch die entsprechenden Fördermittel (Geld), von den zuständigen Landesministerien – in der Regel für Wirtschaft, Wissenschaft oder auch Umwelt. Die Popularisierung der Förderprogramme erfolgt dann wiederum über alle anderen beteiligten Einrichtungen. In der konkreten Nutzung der Förderprogramme werden die Unternehmen dann sowohl von den Einrichtungen der Wirtschaftsförderung der Bundesländer, der Kommunen als auch der Wirtschaft selbst beraten. Zudem gibt es privat agierende Berater. In den allermeisten Fällen erfolgt diese Beratung jedoch für die Unternehmen kostenfrei, da Bundesländer, Kommunen und auch Organisationen der Wirtschaft die notwendigen Kompetenzen im eigenen Interesse vorhalten.

10.3.2 Instrumente der staatlichen Wirtschaftsförderung in Deutschland

Die Instrumente der Wirtschaftsförderung ähneln sich in den entwickelten Staaten Europas sehr. In der Regel existieren Förderprogramme für die verschiedensten Bereiche unternehmerischen Seins. Diese reichen von der Unternehmensgründung über Investitionen, Mitarbeiterqualifizierung, Forschung und Entwicklung, Technologietransfers bis hin zu Bürgschaften in den verschiedenen Lebensphasen von Unternehmen. Auch Absatz- und Kooperationsförderung ist ein Thema. Instrumente zur Unterstützung von M&A existieren erst seit wenigen Jahren (s. Abschn. 3.5). In den letzten Jahren wurden staatliche Förderinstrumente in Europa mehr und mehr auf das Wachstum von Unternehmen ausgerichtet. Nicht wachstumswillige Unternehmen und Projekte ohne absehbaren Wachstumseffekt wurden und werden mehr und mehr von der Förderung ausgeschlossen, was aus Sicht der Fördermittelgeber und der Gesamtgesellschaft einsichtig scheint. Das Abb. 10.2 gibt eine Übersicht über die Förderlandschaft für Unternehmen, beispielhaft für eine Ansiedlung in Sachsen.

Die Förderquoten für Unternehmen sind in der Regel über die Wettbewerbsregeln der Europäischen Union in Abhängigkeit von der Größe der Unternehmen und der Nähe der jeweiligen Fördermaßnahme oder auch des Projektes zum Markt begrenzt. Einzelne Branchen unterliegen besonders strengen Regeln (beispielsweise die Stahlherstellung oder auch die Produktion von Kraftfahrzeugen). Besonders wohlwollend sind die Europäische Union, die Mitgliedsstaaten und -regionen bei Maßnahmen im Zusammenhang mit Innovationen, Forschung und Entwicklung, Technologietransfer sowie Maßnahmen zur Qualifizierung von Mitarbeitern. Diese Fördergegenstände werden sicher im Vergleich zu den anderen vorgenannten Förderprogrammen noch über deutlich längere Zeiträume förderfähig bleiben.

10 Der wirtschaftspolitische Rahmen

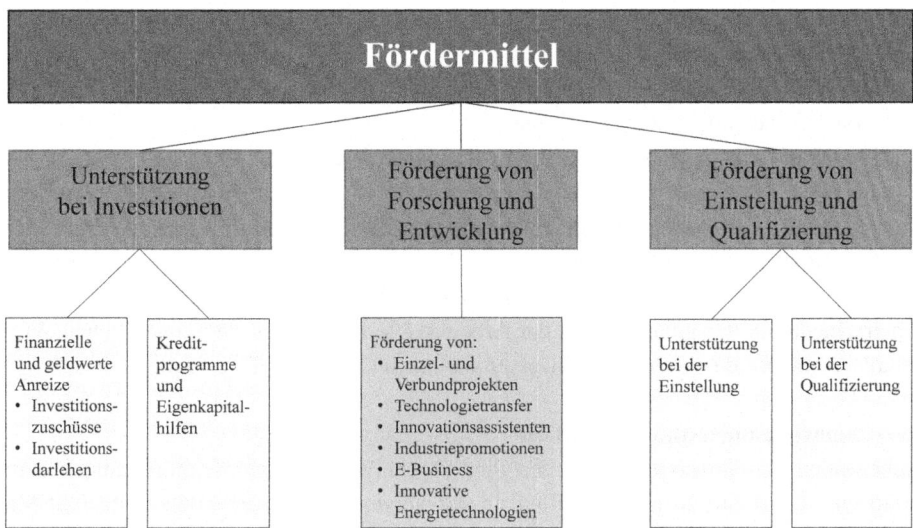

Abb. 10.2 Die wesentlichen drei Förderkategorien für Unternehmen. (Quelle: Eigene Darstellung nach Angaben der Wirtschaftsförderung Sachsen GmbH)

10.3.3 Erfolgsfaktoren für staatliche Wirtschaftsförderung

Die Erfolgsfaktoren staatlicher Wirtschaftsförderung sind vielfältig. Sie beeinflussen den Wettbewerb bei der Unternehmensansiedlung, aber ebenso die Qualität und Wirksamkeit von Förderprogrammen oder nichtinzentiven Fördermaßnahmen (beispielsweise im Netzwerkbereich). Sie gestalten sich in vielfältigen Rahmenbedingungen, aber auch in den handelnden Personen und Netzwerken (sowohl im Sinne von Branchennetzwerken als auch im Sinne von Netzwerken zwischen Unternehmen, Wissenschaft, Administration und Politik).

Standortfaktoren als Ansatzpunkte der Wirtschaftsförderung
Standortfaktoren sind im Wettbewerb von Regionen um Ansiedlungen von Unternehmen die wesentliche Größe. In verschiedenen Ländern und Regionen werden die Standortfaktoren verschieden gewichtet. Auch gab und gibt es über die Zeit Verschiebungen. So ist beispielsweise in den neuen Bundesländern zu beobachten, dass der Anfang der 1990er Jahre dominante Einfluss der Fördermittel als Standortfaktor durch eine Reduzierung der Fördermittel und -quoten, aber auch durch das Erstarken anderer Standortfaktoren zurückgeht. Als Beispiel werden im Folgenden vorteilhafte Standortfaktoren aufgeführt, die für den Freistaat Sachsen im Jahr 2014 galten:

- Hoch qualifizierte, motivierte und flexible Arbeitskräfte
- Herausragende Technologiekompetenz
- Erfolgreiche Branchennetzwerke/Cluster

- Erstklassige Infrastruktur
- Kundenorientierte und effiziente Verwaltung
- Hohe Lebensqualität
- Hervorragende geostrategische Lage
- Investitions-, Technologie- und Qualifizierungsförderung

Im Vergleich zu den osteuropäischen sowie den asiatischen und den afrikanischen Staaten kommt natürlich noch der meist als selbstverständlich angesehene Standortfaktor „Rechtssicherheit" hinzu. Dieser Standortfaktor hat beispielsweise gemeinsam mit den Unterschieden in der Qualifikation der Arbeitskräfte im Bereich der gewerblichen Wirtschaft verhindert, dass zahlreiche Investitionen nach Osteuropa abgewandert sind.

Vertrauenspersonen und Reputation
Neben allen Standortfaktoren und der Qualität der Wirtschaftsfördereinrichtungen sind politische Stabilität und auch Stabilität in der Verwaltung sowie in den Wirtschaftsfördereinrichtungen von fast unschätzbarer Bedeutung. Wenn sich über Jahre hin Vertrauensbeziehungen aufbauen und gute Erfahrungen miteinander gemacht wurden, gestalten sich neue Projekt erheblich einfacher. Ein Unternehmer wird mit ihm langjährig bekannten Wirtschaftsförderern deutlich offener über neue Projekte in Sachen Innovation und Investition, aber auch über Probleme sprechen. Das hierdurch bei diesen Wirtschaftsförderern angesammelte Wissen zeigt sich – unter Beachtung von Diskretion und Vertraulichkeit – als nahezu unschätzbarer Vorteil für eine langfristig wirksame Entwicklungsstrategie. Die Wirtschaftsförderer werden zu den idealen Netzwerkern, die potenzielle Innovationspartner, aber auch Unternehmer und Finanziers zusammenbringen. Im Falle von finanziellen oder auch sonstigen Problemen sind sie die idealen Troubleshooter. Sind können im besten Fall ein Mittelding zwischen „Beichtvater" und „Batman" werden. Sie sind dann derjenige, der meist den richtigen Kontakt beisteuern, für das Öffnen verschlossener Türen in Behörden, Banken oder anderen Unternehmen sorgen und bei ernsten Problemen als Mediator zwischen Partnern wirken kann. Klar ist, dass dies nur in nichtkorrupten Systemen funktionieren kann – siehe auch der Standortvorteil „Rechtssicherheit".

Netzwerkvorteile
Neben den vorgenannten positiven Netzwerkeffekten infolge der Existenz von Vertrauenspersonen sind auch die Vorteile durch organisatorische Netzwerke für den Zweck der Wirtschaftsförderung und als Standortfaktor nicht zu unterschätzen. Insbesondere in branchenorientierten Netzwerken finden sich Unternehmer und Forschungseinrichtungen, aber auch Finanziers und Dienstleister zusammen. In Regionen mit gut funktionierenden Wirtschaftsfördersystemen unterstützt der Staat mit seinen Wirtschaftsförderstrukturen die von den Unternehmen selbst aufgebauten Netzwerke (Bottom-up) in einer Anfangszeit finanziell, ohne sich jedoch auf eine dauerhafte Finanzierung einzulassen. Staatlich initiierte Netzwerke (Top-down) sind dort die absolute Ausnahme. Anders

herum betrachtet sind in Regionen mit überwiegend Top-down-organisierten Branchennetzwerken sowohl die Wirtschaftsförderstrukturen in der Regel weniger effizient als auch die Volkswirtschaften in der Regel weniger erfolgreich.

Innerhalb der Netzwerke kooperieren die Netzwerkpartner in Bezug auf Innovationen, Messepräsentationen, bei der Ausbildung der Facharbeiterschaft, bei internationalen Kontakten und insbesondere auch bei der Artikulierung ihrer Interessen gegenüber der Politik in den Bundesländern und der Bundesregierung. Als gute Beispiele sind hier viele der im Freistaat Sachsen tätigen Branchennetzwerke zu nennen, beispielsweise *Silicon-Saxony, VEMASinnovativ* oder *Organic Electronic Saxony* (OES).

Technologie-Scouting: Identifikation potenzieller Innovations- und Investitionsfelder
Für jeden Unternehmer, aber natürlich auch jeden Wirtschaftsförderer, ist es von höchstem Interesse, künftige Innovationspotenziale, die sich dann ja in der Regel später auch in Investitionen umsetzen lassen, zu entdecken. In den Jahren seit ca. 1970 wurde immer wieder versucht, ein derartiges *Technologie-Scouting* zu institutionalisieren und zu kommerzialisieren. Wie sich aber weltweit gezeigt hat, sind sehr wenige private Unternehmen mit *Technologie-Scouting* groß oder Menschen damit reich geworden. Ganz offensichtlich sind die interessanten Branchen zu vielfältig, die Zahl der Ideen zu groß und die Erfolgsfaktoren für Innovationen zu komplex, als dass einzelne Personen oder auch kleinere Unternehmen damit systematisch erfolgreich sein könnten. Etwas anders sieht es bei großen Forschungsketten wie der Fraunhofer-Gesellschaft in Deutschland oder beispielsweise dem Battelle-Institut in den USA aus. Dort gibt offenbar schon die pure Größe, geballt mit Kompetenz auf sehr vielen technischen Gebieten und der Beteiligung an Projekten weltweit dem Technologie-Scouting eine Chance.

Im Gegensatz dazu gibt es im Umfeld der Wirtschaftsförderszene eindeutig überdurchschnittlich erfolgreiche Personen und Strukturen, wenn es darum geht, Wissenschaftler und Unternehmer bei neuen Innovationen zu unterstützen und eben dort „auf das richtige Pferd zu setzen". Wie oft im Leben ist dies klar eine Frage der Verfügbarkeit von Informationen. Die erfolgsrelevanten Informationen für das Technologie-Scouting sind letztlich in den Hochschulen und Forschungseinrichtungen, aber auch bei den Projektfördereinrichtungen von Bundes- und Landesregierungen vorhanden. Dort informieren Wissenschaftler im Bewerbungsprozess über Projektfördermittel, aber auch in den Kuratorien der Forschungseinrichtungen offen über ihre neuesten Ideen. Sie können darauf vertrauen, dass diese nicht an Dritte weitergegeben werden. In den Köpfen der Mitglieder von Kuratorien und Beiräten der Forschungseinrichtungen sowie der Mitarbeiter der Projektfördereinrichtungen (Ministerien und deren beauftragte Projektträger, oft die beschriebenen Vertrauenspersonen) entsteht damit ein ungewöhnlich klares Bild des aktuell technisch Machbaren, der neuesten Innovationen und vor allem der kompetentesten Forschungseinrichtungen, Wissenschaftler und Unternehmen für einzelne Fachgebiete. Gleichzeitig entstehen in den Köpfen der derartig informationsmäßig Privilegierten Visionen für mögliche Netzwerke zwischen den verschiedenen potenziellen Partnern für neue Projekte. Aufgrund des o. g. vorhandenen Vertrauensbonuses bei den

Teilnehmern am Innovationsprozess und der Funktion als Wegweiser zu finanziellen Unterstützungen des Staates, haben die genannten Personen wiederum auch gute Einflussmöglichkeiten auf den Prozess und auf die dort handelnden Personen. So werden oft neue Partnerschaften zwischen mehreren Unternehmen, sowie Unternehmen und Forschungseinrichtungen über Verbundprojekte unter Moderation oder auf Anregung der genannten Vertrauenspersonen geknüpft. Da die Netzwerker in der Regel ebenso den Zugang zu staatlichen Förderprogrammen und die Bankenszene mitbringen, sind oft auch Finanzierungsfragen der Innovationen gut lösbar. Gute Wirtschaftsförderer können dann in der Regel den Übergang vom erfolgsversprechenden Innovationsprojekt zur späteren Investition schon deshalb gut unterstützen, weil die Innovationsvorhaben über Projekte realisiert werden, die die Unternehmen als Verbundpartner der Forschungseinrichtungen mitbetreiben und -finanzieren. Es wurde somit bereits anwendungsorientiert geforscht und entwickelt (industrielle Forschung oder vorwettbewerbliche Entwicklung).

Stabilität und Kontinuität
Weiter oben wurde auf die wichtige Rolle der handelnden Vertrauenspersonen hingewiesen. Vertrauen wächst nur über lange Zeit. Aus diesem Grund ist im genannten Prozess personelle Stabilität sehr wichtig. Gleiches gilt für die nutzbaren Förderprogramme und Strukturen. Die Unternehmen und auch die Forschungseinrichtungen müssen sich darauf verlassen können, dass auch bei mehrjährigen Projekten Verschwiegenheit und v. a. Stabilität auf der Wirtschaftsfördererseite herrscht. Letzteres heißt insbesondere, dass zumindest hinreichend sicher sein muss, dass auch in der nächsten Projektphase (bspw. eine anstehende Investition, beruhend auf einer zuvor erarbeiteten Innovation) die beanspruchten Förderinstrumente immer noch vorhanden sein werden. Hier sollen als sehr positive Beispiele langjähriger Stabilität der Projektträger Jülich (PTJ) in Jülich/Berlin, der Verein Deutscher Ingenieure (VDI) in Düsseldorf, VDI/VDE-IT in Berlin/München/Dresden oder auch die SAB in Dresden/Leipzig genannt sein. In diesen Einrichtungen gibt es eine 20- bis 40-jährige Konstanz in personeller, finanzieller und programmatischer Hinsicht, die sich auch auf eine stabile Auftragslage durch die entsprechenden Bundes- und Landesministerien gründet.

Leistungspotenzial von Wirtschaftsförderung
Was kann gute Wirtschaftsförderung leisten? Gute Wirtschaftsförderer sind zweifelsfrei in der Lage, für einen standortsuchenden Investor den lokal besten Standort zu finden. Dabei sind Wirtschaftsförderer in einem klassischen Optimierungsproblem:

- Ist ihr Zuständigkeitsgebiet zu groß, verlieren sie die gute Kenntnis über lokale Besonderheiten und Potenziale (siehe die o. g. Standortfaktoren) und können dies lediglich über die Einbeziehung der lokaleren Strukturen ausgleichen. Dies ist gängige Praxis, birgt aber das Risiko suboptimaler lokaler Standortwettbewerbe und Informationsverluste bis hin zum Vertraulichkeitsverlust.

- Ist ihr Zuständigkeitsbereich zu klein, können die Wirtschaftsförderer aus einem zu kleinen Standortpool schöpfen und sind aus Erfolgsorientierung auch zu Kompromissen bei Qualitätsfaktoren bereit. Sie wollen den Investor „genau bei sich haben" und verschenken möglicherweise die Chance auf den eben knapp neben ihrem lokalen Zuständigkeitsbereich liegenden optimalen Standort.

In Deutschland haben sich aus diesen Erkenntnissen heraus Wirtschaftsförderorganisationen auf der Ebene der Bundesländer gebildet und bewährt. Diese kooperieren zum Einen intensiv mit der Bundesagentur *Germany Trade And Invest* (GTAI) in Berlin und zum Anderen mit den lokalen Wirtschaftsfördereinrichtungen auf Ebene der Landkreise bzw. Städte.

Gute Wirtschaftsförderer sind die idealen Netzwerker für innovationsorientierte Unternehmen, Forschungseinrichtungen und Unternehmensgründer, da sie innerhalb der Wirtschafts- Wissenschafts-, Finanzierungs-, Politik- und Netzwerkszene ihrer Region gut vernetzt sind. Sie können also wirklich wertvolle Beratertätigkeit leisten. Dabei werden sie aufgrund des vorhandenen Vertrauensbonuses sowie der Unentgeltlichkeit ihrer Leistung (wird staatlich finanziert) von den Unternehmen und Forschungseinrichtungen, aber auch Unternehmensgründern gern angenommen.

Gute Wirtschaftsförderer sind geeignete Berater von Unternehmen in deren Gründungs- und Wachstumsphase, da sie die Unternehmen und die aktuellen staatlichen Randbedingungen sehr gut kennen. Außerdem haben die Wirtschaftsförderer – bei aller gebotenen Vertraulichkeit – oft eine enorme Branchen- und Marktkenntnis, da sie das Vertrauen vieler Unternehmer aus verschiedensten Branchen genießen. Dies gilt auch für den Sonderfall des Wachstums über M&A. Die Wirtschaftsförderer sind durch ihren Informationsvorsprung frühzeitig in der Lage, potenzielle M&A-Kandidaten zu erkennen und in Kontakt zu bringen. Weiterhin können sie die Unternehmen bei ihren Absatzförderungs- und Kooperationsprojekten zu unterstützen. Dafür stehen verschiedenste (i. d. R. staatlich finanzierte) Instrumente wie Messegemeinschaftsstände, Unternehmerreisen oder branchen- und länderorientierte Projektpakete zur Verfügung.

Literatur

Blum, U., Müller, S., & Weiske, A. (2006). *Angewandte Industrieökonomik – Theorien – Modelle – Anwendungen*. Wiesbaden: Gabler.
Eucken, W. (1952). *Grundsätze der Wirtschaftspolitik*. Tübingen: Mohr Siebeck.
Kaufmann, I. (2006). Investitionsschutzabkommen – aktueller denn je. *Die Volkswirtschaft – Das Magazin für Wirtschaftspolitik, 11*(2006), 56–59.
Knieps, G. (2008). *Wettbewerbsökonomie: Regulierungstheorie, Industrieökonomie, Wettbewerbspolitik* (3. Aufl. Ausg.). Berlin: Springer.

Weiterführende Literatur

Blum, U. (2004). *Volkswirtschaftslehre – Studienhandbuch* (4. Aufl.). München: Oldenbourg.

Ulrich Blum, Prof. Dr. Dr. h.c. (Jahrgang 1953) ist Professor für Volkswirtschaftslehre und Inhaber des Lehrstuhls für Wirtschaftspolitik und Wirtschaftsforschung an der Universität Halle-Wittenberg. Er ist zugleich Inhaber des Alexander-von-Humboldt-Lehrstuhlsan der *University of International Business and Economics* (UIBE) in Peking und Internationaler Exzellenzprofessor der Volksrepublik China.

Nach seiner Promotion (1982) und seiner Habilitation (1986) an der Universität Karlsruhe nahm er im akademischen Jahr 1986/1987 eine Gastprofessur an der Universität Montreal wahr, wo er seitdem im Rahmen regelmäßiger Aufenthalte forscht. Von 1987 bis 1992 war er Professor für Volkswirtschaftslehre an der Universität Bamberg. Im Jahr 1991 wurde er auf den Lehrstuhl für Wirtschaftspolitik und Wirtschaftsforschung an der Technischen Universität Dresden berufen und war hier in der Zeit von 1992 bis 1994 Gründungsdekan der Fakultät Wirtschaftswissenschaften. Von November 2004 bis Dezember 2011 war er Präsident des Instituts für Wirtschaftsforschung Halle. Im Oktober 2008 erhielt er die Ehrendoktorwürde der Technischen Universität Dresden. Im Jahr 2012 wurde er in die Europäische Akademie der Wissenschaften aufgenommen.

Er ist Autor und Herausgeber von zahlreichen wirtschaftswissenschaftlichen Veröffentlichungen in den Bereichen der Institutionen- und Industrieökonomik, der Risikotheorie, des Normungswesens sowie der Regional- und Verkehrsökonomie und zum Entrepreneurship. Aktuell forscht er vornehmlich zur Ökonomie von Ressourcen, Neuen Materialien, Recycling und Total Design Management. Er ist Gründungsdirektor des in Kooperation mit dem Fraunhofer-Institut für Mikrostruktur von Werkstoffen und Systemen eingerichteten Center for Economics of Materials.

Björn Feldmann, M.Sc., war 2013 bis 2016 wissenschaftlicher Mitarbeiter am Lehrstuhl für Wirtschaftspolitik und Wirtschaftsforschung an der Martin-Luther-Universität Halle-Wittenberg. Nach seinem Bachelorabschluss der Empirischen Wirtschafts- und Sozialwissenschaften an der Leuphana Universität Lüneburg absolvierte er in Halle sein Masterstudium der Empirischen Ökonomik und Politikberatung. Während seines Studiums arbeitete er in der Abteilung „Banken, Finanzmärkte und realwirtschaftliche Entwicklung" des Instituts für Wirtschaftsforschung Halle (IWH) sowie als Tutor am Lehrstuhl für Geld und Währung zur Vorlesung „Monetäre Ökonomik". Björn Feldmann war als wissenschaftlicher Mitarbeiter, unter der Projektleitung von Herrn Professor Dr. Dr. h.c. Blum, im Team des „Headquarterprojektes" tätig - einem wissenschaftlichen Forschungsprojekt zu Entwicklungschancen mitteldeutscher Unternehmen und deren Potenzial für die wirtschaftliche Entwicklung in Mitteldeutschland. Er befasste sich vor allem mit den Themenfeldern „Wachstum", „Internationalisierung" und „Finanzierung" von ostdeutschen Unternehmen, insbesondere KMU.

Peter Nothnagel, Dipl.-Ing. (59) ist seit 2010 Geschäftsführer der Wirtschaftsförderung Sachsen GmbH. Nach dem Studium der Werkstofftechnik in Merseburg war er zunächst in Thüringen und Sachsen im Elektronikunternehmen Robotron als Technologe und später als Entwicklungsingenieur tätig. Danach übernahm er Aufgaben als wissenschaftlicher Mitarbeiter am Akademie-Institut ZFW Dresden sowie ab 1990 im Forschungszentrum Jülich. Seit 1991 war er im Sächsischen Staatsministerium für Wirtschaft, Arbeit und Verkehr beschäftigt. Unter anderem leitete er hier die Referate

„Grundsatzfragen der Technologiepolitik", später „Technologieförderung", „Wirtschaftsförderung" und schließlich „Energiepolitik". Neben langfristigen Erfahrungen im Innovations- Cluster- und Technologietransferbereich hat er sich vor allem mit den Themen „Gründen, Finanzieren, Wachsen und Internationalisieren von Unternehmen, insbesondere KMU" profiliert. Er ist dabei weltweit tätig, insbesondere mit dem Ziel, sächsischen Unternehmen bei deren Wachstum und Internationalisierung zu unterstützen.

Checkliste A: Der Weg zum erfolgreichen Unternehmenswachstum

Wettbewerbsfaktoren und -strategien
- Was sind die Stärken und was sind die Schwächen des eigenen Unternehmens und der Konkurrenz?
- Was sind die Wettbewerbsfaktoren, die sowohl für das eigene als auch für das Konkurrenzunternehmen entscheidend sind?
- In welchem relevanten Markt agieren das eigene und das Konkurrenzunternehmen?
- Wie stellt sich die strategische Positionierung der Wettbewerber und des eigenen Unternehmens im Vergleich dar?

Strategiedimensionen
- Wie können die strategischen Ziele und Kernkompetenzen aufeinander abgestimmt werden, um den Unternehmenswert zu erhöhen?

Time to market und Positionierung
- Wo befindet sich das eigene Unternehmen in Bezug auf die Marktpositionierung? Welche Fähigkeiten, Kompetenzen und Stärken besitzt es und wie ordnet es sich in den Gesamtmarkt ein (Kennzahlenanalyse)? Welche Technologien sind hierfür maßgeblich und welche Potenziale besitzen diese?
- Welche Rolle soll das Unternehmen künftig ausfüllen – und wer behindert bzw. bedroht es dabei?
- Lassen sich strategische Zukäufe sinnvoll einordnen? In welcher Phase befindet sich die zu kaufende Technologie? Welches Potenzial hat diese Technologie? In welchem Stadium lohnt sich der Aufkauf dieser Technologie durch M&A eines Unternehmens?

Die Wettbewerbsordnung
- Sieht sich das Unternehmen aufgrund des Unternehmenskaufs möglichen Änderungen der Wirtschafts- und Rechtsordnung gegenüber?
- Entsteht dadurch evtl. ein Regulierungsrisiko?
- Wie wirken sich diese Änderungen auf die Wirtschaftsförderung aus?
- Werden diese möglichen Änderungen in der allgemeinen Unternehmensstrategie und in der Übernahmestrategie berücksichtigt?

Die konkrete wirtschaftspolitische Ausfüllung des Ordnungsrahmens
- Wie ist die strukturelle bzw. die konjunkturelle Lage, welches ist das Zins- und Förderumfeld?
- Wie groß ist das Risiko, dass sich dieses Umfeld zum eigenen Nachteil verändert?

Absatzweite und Produktivität

- Wird der Marktraum durch die angewendete „Build"-Strategie tatsächlich vergrößert?
- Ist eine „Build"-Strategie eher durch den Unternehmenskauf über Bankkredite oder eine direkte Unternehmensbeteiligung erfolgreich?

Cluster

- Wie ist das eigene Unternehmen hinsichtlich seiner Clusteraffinität oder -zugehörigkeit zu beschreiben – und wie ist das regionale Umfeld zu charakterisieren?
- Welche Bedeutung besitzen Forschung und Entwicklung, wie verzahnt sich die eigene Technologiekompetenz mit dem Umfeld, v. a. mit den forschenden Instituten?
- In welcher Phase des Technologielebenszyklus ist das Cluster und welche Perspektiven besitzt es?
- Wie ist mit Intellektuellen Eigentumsrechten im Cluster umzugehen?
- Befinden sich eigene Erweiterungsaktivitäten bzw. ein zu übernehmendes Unternehmen in einem geeigneten Cluster? Ergeben sich dadurch neue Zugänge zu einem Cluster?
- Welche eigene „Ökosphäre" kann erzeugt werden?

Führungsfunktionen

- Welche Veränderungen werden bei internem, welche bei externem Wachstum zwingend und möglicherweise kritisch?
- Was sind die Kosten der Kulturanpassung bei Übernahmen – ist diese überhaupt möglich? Ergibt sich ein negativer Employer-Branding-Effekt?
- Welche gläsernen Decken behindern die Entwicklung?

Der standörtliche Mehrwert für den Staat

- Wie verändert sich das Verhältnis zwischen Unternehmenssitz und Betriebsstätte bei Unternehmenswachstum nach einem Unternehmenskauf?
- Wie verändert sich das Steuerverhältnis zugunsten der Gemeinde bei Unternehmenskäufen? Was ist der neue Unternehmenssitz?

Verwendungsoffene Technologien und Zukunftsinnovationen

- Beim Kauf von Unternehmen sollte man die Kooperationschancen, also den Technologiezugang und nicht die Produktkonkurrenz, betonen. Ersterer ist für das Cluster interessant, weil er systemverstärkend wirkt. Allerdings sind dagegen die Gefahren der eigenen Produktfestlegung – sie soll nicht konkurrenzintensivierend wirken – zu setzen

Kritische Ressourcen und Technologien

- Was sind die strategischen, kritischen Ressourcen?
- Worin besteht der damit verbundene nachhaltige Wettbewerbsvorteil?
- Benötigt das Unternehmen erweiterten Ressourcenzugang oder strategische Versorgungssicherheit durch M&A?
- Eröffnen die Kaufkandidaten den Zugriff auf neue Technologien oder Rohstoffe bzw. auf strategisch wichtige Ressourcen – und ist dies zu integrieren?
- Ermöglicht der Unternehmenskauf eine strategische Repositionierung durch neue Technologien, Produktplatzierungen oder Marktsegmente?

Nachhaltigkeit

- Welche Erwartungen im Bereich der Nachhaltigkeit haben die Kunden?
- Welche Erwartungen im Bereich der Nachhaltigkeit haben (potenzielle) Arbeitnehmer?
- Wie werden Anstrengungen des Unternehmens im Bereich der nachhaltigen Entwicklung und nachhaltigen Unternehmensführung kommuniziert?
- Welche zukünftigen Entwicklungen im Bereich knapper Ressourcen gibt es und welche Risiken, aber auch Chancen stellen diese für das Unternehmen dar?
- Welche regulatorischen Entwicklungen im Bereich der Nachhaltigkeit sind zu erwarten? Welche Risiken stellen diese für das Unternehmen dar?

Intellektuelle Eigentumsrechte (IPR)

- Wie gestalten sich die Abhängigkeiten bei Abnehmern und Lieferanten in Bezug auf die IPRs?
- Wie sind die IPRs geschützt?
- Durch welche Maßnahmen lassen sich IPR-Streitigkeiten vermeiden?
- Wie verändert sich der Firmenwert durch IPRs bei Rückwärts- und Vorwärtsintegration?

Humankapital, Face-to-Face-Gruppen

- Auf was für Milieueffekte trifft das Unternehmen beim Unternehmenskauf? Was für eine Bedeutung haben diese für die Standortwahl?
- Kann ich durch eine clevere Übernahme hochwertiges Humankapital erhalten und integrieren?
- Wie gestaltet sich die Ausbildungsinfrastruktur am neuen Standort? Wie vielfältig ist diese?
- Gibt es am neuen Standort ggf. Forschungseinrichten, mit denen man kooperieren kann?

Mitarbeiter als „Ultimate Resource" und als Quelle des Wachstums

- **Mitarbeiterbindung und Unternehmensattraktivität:** Ziel muss es sein die „besten Köpfe" für das Unternehmen zu gewinnen, zu halten und ein positives Image aufrecht zu erhalten.
- **Dialog auf Augenhöhe:** Bewerber und Mitarbeiter nie als Bittsteller behandeln, sondern auch als Repräsentanten sowie potenziellen Kunden der Unternehmen ansehen.
- Gestaltung eines integrativen **Commitmentmanagements** von Führungskraft, Mitarbeiter und Kunde: Wesentliches Handlungsfeld ist die Sicht auf die Wirkungskette von transformationaler Führung, Kundenzufriedenheit und des affektiven, organisationalen Commitments. Transformationale Führung erzeugt emotionale Bindung aufseiten der Mitarbeiter und führt somit zu kundenorientiertem Verhalten, was wiederum eine Steigerung der Kundenzufriedenheit, insb. bezüglich der Mitarbeiter-Kunden-Interaktion auslöst.
- Beachten der Kulturfaktoren: Insbesondere im internationalen Management spielt dies eine entscheidende Rolle

Loyalität

- Jeder Unternehmenskauf muss auf die Frage hin überprüft werden, wie er auf die Loyalitätsstrukturen des Unternehmens wirkt und welche Folgen er vor allem auf das Employer Branding hat. Denn die Erfahrung lehrt, dass Konflikte bei schlecht durchgeführten Zusammenschlüssen an mangelnder Loyalität aufbrechen

Zusammenhänge des Ratings: Risikomanagement, Finanzkennzahlen und Unternehmensstrategie

- Ein gewisses Know-how zur Unternehmensbewertung durch eine Bank ist für Unternehmer wichtig. Die Berücksichtigung der „externen Sicht" auf unternehmerische Risiken kann entscheidend für den Erfolg von Unternehmensstrategien sein, da sie eine risikoadjustierte Finanzierung von Projekten ermöglicht. Wenn ein Unternehmer Wissen über die externe Bewertung durch Banken hat, können mögliche Risiken in der (geänderten) Strategie frühzeitig erkannt und gesteuert werden. Gleichzeitig können auch potenzielle Übernahmekandidaten hinsichtlich der Risiken besser eingeschätzt werden.
- Durch Übernahmen und Zusammenschlüsse im Mittelstand sowie durch eine stärkere internationale Aufstellung des Unternehmens wird es immer wichtiger, Risiken systematisch zu identifizieren, zu bewerten und zu bewältigen

Methoden und Instrumente der Qualitativen Analyse: Marktumfeld, Erfolgspotenziale, Stärken und Schwächen

- Unternehmen haben bessere Chancen, eine „Build"-Strategie umzusetzen, wenn ihnen aufgrund des quantitativen Ratings eine hohe Risikotragfähigkeit bescheinigt wird. Allerdings nützen ausschließlich gute Bilanzen im Gesamtrating wenig, wenn qualitative Faktoren aus der Unternehmensstrategie und dem Controlling nicht oder ungenügend beachtet werden. Als Unternehmer gilt es einzuschätzen, ob sich das Rating aufgrund der „Build"-Strategie verbessert. Eine Fusion, die am Ende zu einem schlechteren Ratingergebnis führt, sollte vermieden werden

Checkliste B: Der Weg zur fundierten Entscheidung

Fragen für die kritische Prüfung einer Entscheidungsvorlage für eine Akquisition sind in folgender Checkliste zusammengefasst.

Tab. B.1 Fragen zur Prüfung von Entscheidungsvorlagen für Akquisitionen

	Keine Informationen verfügbar: Rückfrage nötig!	Informationen zeigen kritische Probleme: Keine Zustimmung!	Probleme legen tiefere Analyse nah: ToDo!	Informationen zeigen keine kritischen Probleme: OK!
1. Sind die verwendeten Begriffe und Kennzahlen in der Entscheidungsvorlage klar und eindeutig definiert?				
2. Sind die Ziele und der erwartete Nutzen der Akquisition nachvollziehbar erläutert?				
3. Sind die Erfolgspotenziale des Target-Unternehmens (Kernkompetenzen, Wettbewerbsvorteile, interne Stärken) geeignet, um Ziele und Nutzen der geplanten Akquisition zu erreichen?				
4. Wird aufgezeigt, welche Handlungsalternativen – außer der vorgesehenen Akquisition des Target-Unternehmens – noch bestehen (bzw. geprüft wurden)?				
5. Ist das Target-Unternehmen in der geplanten Weise in das eigene Unternehmen integrierbar (strategisches Fitting, kulturelles Fitting)?				
6. Ist erkennbar, dass das Geschäftsmodell des Target-Unternehmens auch nach der Akquisition im Hinblick auf die Akquisitions-Ziele „robust" bleibt (und z. B. nicht durch den Verlust von Schlüsselmitarbeitern oder Schlüsselkunden gefährdet ist)?				
7. Wurden die Implikationen möglicher Reaktionen von Wettbewerbern, wesentlichen Kunden oder Lieferanten auf die Akquisition geprüft?				

(Fortsetzung)

Checkliste B: Der Weg zur fundierten Entscheidung

Tab. B.1 (Fortsetzung)

	Keine Informationen verfügbar: Rückfrage nötig!	Informationen zeigen kritische Probleme: Keine Zustimmung!	Probleme legen tiefere Analyse nah: ToDo!	Informationen zeigen keine kritischen Probleme: OK!
8. Besteht Transparenz über die Bandbreite der im Rahmen der Akquisition erwarteten (unsicheren) Synergien?				
9. Wird ausgeführt, wie der Kauf des Target-Unternehmens finanziert werden soll?				
10. Wird eine überarbeitete integrierte Planungsrechnung (GuV, Bilanz) vorgelegt, die das eigene Unternehmen nach der Akquisition des Target-Unternehmens zeigt?				
11. Sind die der Strategie und der operativen Planung zugrunde liegenden (möglicherweise unsicheren) Planannahmen transparent dargestellt?				
12. Wurden die Risiken des Target-Unternehmens systematisch identifiziert (z. B. durch eine Due Diligence)?				
13. Wurden die wesentlichen Risiken des Target-Unternehmens quantifiziert und für eine Aussage zum Gesamtrisikoumfang aggregiert?				

(Fortsetzung)

Tab. B.1 (Fortsetzung)

	Keine Informationen verfügbar: Rückfrage nötig!	Informationen zeigen kritische Probleme: Keine Zustimmung!	Probleme legen tiefere Analyse nah: ToDo!	Informationen zeigen keine kritischen Probleme: OK!
14. Wurden die Implikationen der möglichen Übernahme der Risiken des Target-Unternehmens und der gegebenenfalls erforderlichen Akquisitionsfinanzierung für den Gesamtrisikoumfang des eigenen Unternehmens (Eigenkapitalbedarf) berechnet?				
15. Werden die Implikationen der Akquisition, speziell der Akquisitionsfinanzierung und der Risiken, für das zukünftige eigne Rating und die Fremdfinanzierungskonditionen berechnet?				
16. Wird im Rahmen des Risikomanagements mittels Risikoaggregation untersucht, ob nach Akquisition durch die zusätzlichen Risiken eine „bestandsgefährdende Entwicklung" (im Sinne §91 Absatz 2 Aktiengesetz) möglich erscheint?				
17. Wird nachvollziehbar belegt, dass der für das Target-Unternehmen zu bezahlende Preis (P) in den aktuellen Marktbedingungen „angemessen" erscheint (z. B. mittels einer Fairness Opinion bzw. den Vergleich mit aktuellen Markt-Multiples)?				
18. Wird der fundamentale Ertragswert des eigenen Unternehmens a) vor und b) nach der Akquisition miteinander verglichen?				

(Fortsetzung)

Tab. B.1 (Fortsetzung)

		Keine Informationen verfügbar: Rückfrage nötig!	Informationen zeigen kritische Probleme: Keine Zustimmung!	Probleme legen tiefere Analyse nah: ToDo!	Informationen zeigen keine kritischen Probleme: OK!
19.	Ist die dieser Bewertung zugrunde liegende Planung plausibel und basiert diese auf Erwartungswerte, die unter Berücksichtigung von Chancen und Gefahren (Risiken) „im Mittel" zu erwarten sind (und nicht etwa meist zu optimistischen „Zielwerten")?				
20.	Wird für die Bestimmung des Ertragswerts (gemäß Frage 18) ein Bewertungsverfahren genutzt, das Auswirkungen der Akquisitionsfinanzierung auf das „Werttreiber Rating" (Insolvenzwahrscheinlichkeit) und die Wirkung der Veränderungen der Ertragsrisiken (Cashflow-Volatilität) auf den Diskontierungszinssatz (Kapitalkosten) nachvollziehbar erfasst?				

Checkliste C: Der Weg zum rechtssicheren Unternehmenskaufvertrag

Bei einem erfolgreichen Unternehmenskauf kommt es darauf an, dass der potenzielle Käufer die richtigen Schritte einhält und versucht, diese nach und nach abzuarbeiten. Wenn jedoch bei der Unternehmensübergabe übereilt gehandelt wird, kann dies zu Unstimmigkeiten, finanziellen Einbußen, eventuell nachteilig ausgehandelten Konditionen bis hin zu übereilten Käufen führen.

Vor vertragsabschluss (Due diligence)		
Schritt 1	• *Analyse der Gründe* für die Veräußerung des Unternehmens durch den Verkäufer und der Gründe für ein Kaufinteresse des potenziellen Käufers	
Schritt 2	• *Abschluss einer Geheimhaltungsvereinbarung* inklusive Rückgabe- und Löschungsverpflichtungen sowie Verwertungsverbot bezüglich der Unterlagen und Informationen	
Schritt 3	• Nach dem ersten Stadium der Verhandlungen: Abschluss einer *Absichtserklärung (Letter of Intent)* – üblicherweise ohne rechtliche Bindungswirkung. Bei ausführlicher Ausgestaltung mit folgenden Elementen: – Erwerbsabsicht des potenziellen Käufers – Geplante Dauer der Verhandlungen und Zeitpunkt des Vertragsabschlusses – Beabsichtigter Kaufpreis und Ausführungen zur Kaufpreisermittlung – Kaufpreiszahlung und dessen Finanzierung – Bereits erzielte Verhandlungsergebnisse – Ablauf der Due Diligence unter Beifügung einer Anforderungsliste für Unterlagen, in die Einsicht genommen werden soll – Verweis auf Geheimhaltungsvereinbarung und Vertragsstrafe – Regelung der Verbindlichkeit des Letter of Intent – Schlussbestimmungen • Weiterhin können Regelungen für die Kostenverteilung bei Verhandlungsabbruch (Break-up Fees) aufgenommen werden	

Schritt 4	• Wenn sich ein Unternehmensverkäufer und ein potenzieller Kaufinteressent prinzipiell einig sind, dass das Unternehmen zum Verkauf steht, sollten beide Seiten *Vorbereitungen für die weiteren Vertragsverhandlungen* treffen: – Zusammenstellung von Expertenteams auf beiden Seiten – Vorbereitung und Zusammenstellung der Unterlagen für den Due Diligence-Prozess seitens des Verkäufers – Verkäufer und Käufer informieren ihre Rechtsanwälte, Steuerberater und Wirtschaftsprüfer über den bevorstehenden Veräußerungsprozess • *Verhandlungsrunden* werden durchgeführt mit folgenden Inhalten: – Strukturierung der Transaktionen – Höhe des Kaufpreises und dessen Ermittlung – Finanzierung des Kaufpreises – Sicherung der Kaufpreiszahlung – Garantien und Gewährleistungen – Allgemeine Vertragspunkte – Aufgabenstellung an die Beraterteams, insbesondere die Kommunikation zwischen den Experten in Vorbereitung der nächsten Verhandlungsrunde
Schritt 5	• Beim nächsten Schritt handelt es sich um die Prüfung der wirtschaftlichen, rechtlichen, personellen und technischen Verhältnisse des zu verkaufenden Unternehmens *(Due Diligence)*. • Der Verkäufer kann ebenso eine Due Diligence des kaufenden Unternehmens durchführen, auch *Vendor's Due Diligence* genannt. • Bei mehreren Kaufinteressenten bietet sich eine schrittweise Offenlegung an. • Der Umfang der Due Diligence Liste ist abhängig vom Informationsbedarf des Käufers sowie von der Größe und Komplexität des zu erwerbenden Unternehmens. Inhalte einer üblichen Due Diligence sind: – Legal Due Diligence – Commercial and Financial Due Diligence – Tax Due Diligence – Human Resources Due Diligence – Environmental Due Diligence – Technical Due Diligence • Im Rahmen einer Legal Due Diligence sind folgende Informationen von Interesse: – Handelsregisterauszüge, Gesellschaftsverträge, Gesellschafterbeschlüsse, Protokolle der Gesellschafterversammlungen etc. des zu erwerbenden Unternehmens einschließlich dessen Beteiligungen – Liste der Gesellschafter unter Angabe der Art der Beteiligung, Nennbetrag, Inhaberschaft, Treuhandverhältnisse, Veräußerungsbeschränkungen, zum Handelsregister eingereichte Gesellschafterlisten, etc. – Angaben zu Rechtsbeziehungen zwischen Gesellschaft und Gesellschaftern, insbesondere zu Forderungen und Verbindlichkeiten gegenüber Gesellschaftern, Verpflichtungen gegenüber ausgeschiedenen Gesellschaftern und ihren Hinterbliebenen, z. B. noch nicht abgewickelte Abfindungen, Versorgungszusagen, etc.

- Liste aller Geschäftsführer und Vorstände der Gesellschaften und Aufsichtsgremien, einschließlich der Dienstverträge, insbesondere Informationen über Nebenabreden, nachvertragliche Wettbewerbsverbote, Beratungsverträge, etc.
- Anzahl der Mitarbeiter, Kopien der Standardverträge, Aufstellung von Sondervertragsverhältnissen, Liste der in der Vergangenheit gezahlten und für die Zukunft zugesagten Gehaltserhöhungen, Beförderungen und Boni, Abfindungen und Versorgungszusagen
- Liste sämtlicher Arbeitnehmervertretungen der Gesellschaften, Überblick über Betriebsvereinbarungen und betriebliche Übungen, Tarifverträge, Sozialpläne, etc.
- Vorlage von Standardverträgen und allgemeinen Geschäftsbedingungen, Rahmenvereinbarungen mit Kunden und Lieferanten, Liste der größten Lieferanten und Kunden, Aufstellung von Produkthaftungsansprüchen und Rückrufaktionen
- Angabe zu weiteren, wesentlichen Vertragsverhältnissen wie Händler- und Vertriebsverträge, Change of Control Klauseln, Miet-, Pacht und Leasingverträge, Kooperations-, Kredit- und Factoring-Verträge sowie sonstige Darlehensverträge, Haftungsverpflichtungen wie Garantien, Patronatserklärungen, Schuldbeitritte, Sicherungsverträge, Treuhandverträge, laufende Dienstleistungsverträge etc.
- Angabe über Versicherungsverhältnisse
- Liste aller gewerblichen Schutzrechte, Urheber- und Nutzungsrechte
- Angabe zu Grundstücken, Grundpfandrechten, Erbrechten, Liste der von dem Unternehmen genutzten Grundstücke, die nicht im Eigentum der Gesellschaft stehen, Kopien aller Miet- und Pachtverträge für Grundbesitz, an denen die Gesellschaft als Mieter oder Vermieter beteiligt ist
- Angaben zur finanziellen Situation, wie Vorlage der Jahresabschlüsse, Liste der Bankkonten, Angaben zur Finanzierung sowie Angaben zur Marktstellung
- Vorlage der letzten Steuerbilanzen, Steuererklärungen, Betriebsprüfungsberichte, Angaben zu ausstehenden Steuerzahlungen und Sozialabgaben etc.
- Angaben zu umweltrechtlichen Angelegenheiten, insbesondere zu erteilten und ausstehenden Genehmigungen, zu etwaigen Verstößen der Gesellschaft gegen umweltrechtliche oder immissionsschutzrechtliche Vorschriften, Vorlage entsprechender Bescheide etc.
- Angaben zu weiteren, öffentlich-rechtlichen Rechtsverhältnissen, wie Gewerbeanmeldungen, Konzessionen, genehmigungspflichtigen Betriebsanlagen, Baugenehmigungen etc.
- Aufstellung über rechtliche Auseinandersetzungen, an denen die Gesellschaft beteiligt ist, Liste der in den letzten Jahren abgeschlossenen oder drohenden Rechtsstreitigkeiten, anhängige oder angedrohte Ordnungswidrigkeits-, Bußgeld oder Strafverfahren einschließlich laufender Ermittlungsverfahren gegen das Unternehmen oder deren Organe

Vertragsausgestaltung	
Schritt 6	• Bei der *Ausgestaltung des Kaufvertrages* ist es wichtig zu unterscheiden, ob es sich bei dem Unternehmenskauf um einen Asset Deal oder um einen Share Deal handelt

• *Vertragsbestandteile* **Asset Deal** (Kauf von Wirtschaftsgütern eines Unternehmens)	• *Vertragsbestandteile* **Share Deal** (Kauf von Unternehmensanteilen)
– Festlegung eines Übernahmestichtages des Geschäftsbetriebes des Handelsgeschäfts oder des Unternehmensteiles – Beschreibung der Kaufgegenstände des Anlage- und Vorratsvermögens (bei Grundstücken notarielle Form erforderlich) – Übernahme von Arbeitsverhältnissen und Vertragsverhältnissen mit Kunden und Lieferanten – Eintritt in sonstige Vertragsverhältnisse – Übernahme von betrieblichen Steuern und Abgaben – Regelung zur Ablösung von Sicherheiten und Bankkrediten – Einzelgegenständliche Erfassung und Übertragung der zu übernehmenden Gegenstände – Ausschluss weitergehender Übernahme-, Abführungs- und Freistellungsverpflichtungen, Abwicklung nicht übertragbarer Rechte und Pflichten	– Festlegung des Kaufgegenstandes, des Übergangsstichtages und der Übertragung (notarielle Form erforderlich bei Übertragung von GmbH-Geschäftsanteilen) – Abwicklung von Gesellschafterkonten, Verwendung des sich zum Stichtag ergebenden Gewinn- oder Verlustanteils des Verkäufers – Regelungen zu Entnahmen vor dem Übergangsstichtag, Abschluss, Übernahme und Beendigung von Vertragsverhältnissen – Erklärung des Verkäufers bezüglich gesellschaftsrechtlicher Verhältnisse, Veräußerungsbeschränkungen und Rechte Dritter, Insolvenz- und Haftungsrisiken – Erklärungen und Verpflichtungen der Verkäufer hinsichtlich der Vermögensverhältnisse des verkauften Unternehmens, bezüglich Arbeitsverhältnissen und sonstigen Vertrags- und Rechtsverhältnissen
– Regelung zur Erfassung und Bewertung des vom Käufer übernommenen Aktiv- und Passivvermögens und zur Ermittlung des Kaufpreises zum Stichtag	– Rechtswirkungen der Verkäufererklärungen, Rechtsfolgen unrichtiger oder unvollständiger Erklärungen, verschuldensabhängige und verschuldensunabhängige Haftung der Verkäufer, Gewährleistungen und Garantien

– Erklärung des Verkäufers zur Beschaffenheit des Geschäftsbetriebs und der verkauften Gegenstände, insbesondere Gewährleistungen und Garantien – Regelungen über die Rechtsfolgen unrichtiger und unvollständiger Erklärungen, verschuldensabhängige und verschuldensunabhängige Haftung des Verkäufers	– Überleitung des Unternehmens auf den Käufer, insbesondere Regelungen zum Vollzug des Unternehmenskaufvertrages

– Festlegung des Kaufpreises sowie Anpassungsmechanismen
– Schlussbestimmungen, Nebenabreden und Rechtsweg, d. h. insbesondere Möglichkeiten einer gerichtlichen Prüfung oder Vereinbarung einer Schiedsgerichtsklausel

Besondere Vertragsklauseln		
Schritt 7	• Mithilfe der **Unternehmensbewertung** wird der **Kaufpreis** des Unternehmens ermittelt. • Die Unternehmensbewertung erfolgt regelmäßig entweder mithilfe des Ertragswertverfahrens oder des Discounted Cash-Flow-Verfahrens	
Schritt 8	• Aufnahme von **Garantien und Gewährleistungen**	
Schritt 9	• Festlegung des **Closings** – Stichtag an dem das Unternehmen tatsächlich auf den Käufer übergeht. (Wichtig als zeitlicher **Referenzpunkt** für bspw. Verschaffungspflichten sowie Garantie- und Beschaffenheitserklärungen des Verkäufers). • Die **Zeitspanne** zwischen **Signing** (Vertragsschluss) und **Closing** sollte so kurz wie möglich gehalten werden	
Schritt 10	• Sollten bei dem Unternehmenskauf ausländische Vertragsparteien beteiligt sein oder befindet sich das Vermögen des Unternehmens ganz- oder teilweise im Ausland ist eine **Rechtswahlklausel** für den Streitfall geboten	
Schritt 11	• **Signing** – Vertragsabschluss	
Schritt 12	• **Closing** – Vollzug des Vertrags und Übertragung der Wirtschaftsgüter bzw. der Beteiligung	

The manufacturer's authorised representative in the EU is Springer Nature Customer Service Centre GmbH, Europaplatz 3, 69115 Heidelberg, Germany. If you have any concerns regarding our products, please contact ProductSafety@springernature.com

Printed and bound by CPI Group (UK) Ltd, Croydon, CR0 4YY

25/03/2026

02078186-0016